高山之国：塔吉克斯坦

王富忠 —— 编著

 西南财经大学出版社

中国·成都

图书在版编目(CIP)数据

高山之国:塔吉克斯坦/王富忠编著.—成都:西南财经大学出版社,2022.11
ISBN 978-7-5504-5580-1

Ⅰ.①高… Ⅱ.①王… Ⅲ.①塔吉克斯坦—概况 Ⅳ.①K936.5

中国版本图书馆 CIP 数据核字(2022)第 194480 号

高山之国:塔吉克斯坦
GAOSHAN ZHI GUO TAJIKESITAN
王富忠　编著

策划编辑:孙　婧
责任编辑:王　利
责任校对:植　苗
封面设计:墨创文化
责任印制:朱曼丽

出版发行	西南财经大学出版社(四川省成都市光华村街 55 号)
网　　址	http://cbs.swufe.edu.cn
电子邮件	bookcj@ swufe.edu.cn
邮政编码	610074
电　　话	028-87353785
照　　排	四川胜翔数码印务设计有限公司
印　　刷	四川五洲彩印有限责任公司
成品尺寸	170mm×240mm
印　　张	12.75
字　　数	232 千字
版　　次	2022 年 11 月第 1 版
印　　次	2022 年 11 月第 1 次印刷
书　　号	ISBN 978-7-5504-5580-1
定　　价	68.00 元

序

塔吉克斯坦与中国建交（1992 年 1 月 4 日建交）30 年来，双方签署了一系列奠基性的、支撑两国"高度稳固"睦邻友好关系的双边文件，其中最重要的是《关于中华人民共和国和塔吉克斯坦共和国相互关系基本原则的联合声明》。该文件为发展两国关系、造福两个邻国的人民奠定了坚实的法律基础，为维护亚洲乃至全世界的和平与稳定做出了举足轻重的贡献。

众所周知，20 世纪 90 年代初，世界发生了历史性的巨变，根本性地改变了地球上许多地区包括广袤的欧亚大陆的人们的生活。特别是在苏联迅速解体的背景下，世界政治版图上出现了一些新的主权国家。每个国家的起点不同、内部环境迥异，它们都试图找到自己政治、经济、生活和文化发展的道路，以保障其人民长期稳定的发展，找到自己在国际社会中的位置。

值得指出的是，与中亚其他新建立的国家不同，塔吉克斯坦国家新纪元从独立的第一天起就背上了因政治矛盾导致内战的沉重负担。各种政治势力燃起了敌对之火，而外国势力也试图利用这一局面来达到自己的目的。塔吉克斯坦中央政府陷入瘫痪，仇恨与恐怖的毒菌感染了整个塔吉克斯坦社会。在这些背景下，分裂主义、极端主义和恐怖主义找到了滋生的土壤，日益猖獗起来。年轻的塔吉克斯坦还未站稳脚跟，就不得不直面法治丧失、无政府主义和国家解体的切实威胁，面临社会分崩离析的深渊。刚刚恢复的塔吉克斯坦国家政体的命运，还有要求合法政府结束无法无天现象、熄灭内战之火的塔吉克斯坦人民的命运到了危急关头。

在这个危急关头，刚组建的塔吉克斯坦议会于 1992 年 11 月通过了一系列决议，旨在使和平与民族和解重返塔吉克斯坦大地，为国家的稳定持续发展创造条件。特别是组建了负责任的政府，选举出了新的国家领导人。成为国家元首的是年富力强、目标坚定的政治家埃莫马利·拉赫蒙。人民代表信任他，将国家和人民的命运交到了他手上。在新元首和新政府的巨大努力下，社会得以重新团结，在联合国、俄罗斯、伊朗及其他友好国家和组织的斡旋下，塔吉克斯坦土地上实现了和平与民族和解，人民有了获得美好生活的希望。

塔吉克斯坦人民在建设民主、法治和世俗国家的过程中取得了巨大的成就，在国际社会上赢得了应有的位置，在解决地区和国际问题上起着显著的作用。这一切都与埃莫马利·拉赫蒙密不可分。

在同伟大的东方邻国、最早承认塔吉克斯坦共和国独立的中国建立牢不可破的睦邻友好关系的过程中，拉赫蒙总统的贡献不可估量。在苏联时期，对塔吉克斯坦而言，中国是遥远而神秘的国度，"通往中国的大门"紧闭，陆路（铁路及公路）和空中皆无通道，直接的经贸往来和文化交往更无从谈起。对刚刚走上独立发展道路、在国际上寻找自己位置的年轻国家来说，同塔吉克斯坦四个邻国之一的中国这个世界大国建立友好合作关系具有极其重要甚至是生死攸关的意义。拉赫蒙总统深刻地认识到，只有发展和深化双方睦邻友好与相互协作关系，尊重两国人民独立做出的选择，塔、中两国才能走上共同发展的道路，共同造福两国人民。

1993 年 3 月 8 日至 11 日，在当选国家元首、最高苏维埃主席 100 天之后，拉赫蒙总统应时任中华人民共和国国家主席杨尚昆的邀请，第一次正式出访中华人民共和国。在北京，在友好务实的气氛中，塔吉克斯坦国家领导人同中国共产党中央委员会总书记江泽民、中华人民共和国国家主席杨尚昆和国务院总理李鹏举行了会晤与磋商，就双边关系及共同关心的国际问题深入交换了意见。塔、中两国媒体对此次访问进行了广泛报道，在亚洲乃至全世界引起了极大反响。

中方高规格的接待，以及塔方与中方领导人开诚布公、充满信任地交换意见，这次访问取得的成果——获得中国这一联合国安理会常任理事国的全方位支持，都具有极其重要的意义。这不仅对双边关系的进一步发展影响巨大，而且对加强塔吉克斯坦政府在国际上的威望意义重大。塔、中两国领导人对双方有史以来首次高级会晤取得的成果颇为满意，高度评价这一事实，即两国关系切实进入了新时代。他们坚信两国关系发展前景广阔，表示将为两国友好发展关系全面落实而不遗余力。1993年3月9日会谈结束时，双方郑重地签署了《关于中华人民共和国和塔吉克斯坦共和国相互关系基本原则的联合声明》。这一由塔吉克斯坦共和国最高苏维埃主席拉赫蒙与时任中华人民共和国国家主席杨尚昆签署的历史性文件中阐述并规定的一系列条款成为日后发展双边稳定关系、面向长期相互协作的基石。

在签署第一个联合声明之前，两国政治家及外交家们进行了大量细致的、创造性的工作。双方希望在新的历史条件下，不仅体现两个邻国建立平等互利关系的努力，而且要明确符合两国人民利益与愿望的塔、中长期合作主要方向与范围，确定更为重要的相互协作领域，包括在国际舞台上。

双方认为，两国将在相互尊重主权和领土完整、互不侵犯、互不干涉内政、平等互利、和平共处五项原则的基础上发展睦邻友好和互利合作关系。尤其重要的是，双方确认，应以和平方式解决两国之间的一切问题，相互不以任何形式使用武力或以武力相威胁，双方不参加针对对方的任何敌对行动，任何一方均不允许第三国利用其领土损害另一方的国家主权和安全利益。

今天，可以明确地说，塔吉克斯坦在真挚的朋友们（其中中国占有特殊位置）的帮助与支持下，无论是面对"水下的暗礁"，还是面对"难以预测的漩涡"，任何人、任何势力都未能改变她的航道。相反，塔吉克斯坦这条"独立的大船"稳住了、强大了，焕发了新的生机，高高地扬起了自己的风帆。

塔、中两国领导人特别强调发展经济合作是双边关系的重要组成部分，双方将在平等互利的基础上巩固和加深两国的经济合作。

文件中还指出，双方将扩大两国在科技、教育、文化、新闻、卫生、旅游、体育等领域的相互合作。

双方非常重视解决历史遗留的边界问题。对刚刚独立的塔吉克斯坦来说，这是个新的但极其重要的问题。

塔、中两国领导人深刻认识到必须找到双方都能接受的、公正合理的解决办法，认为应根据公认的国际法准则，本着协商、互谅互让的精神，继续讨论尚未解决的边界问题。目前，塔、中两国的边界已经划定，成了和平的边界、友好的边界。由双方认可的两国边界全线勘定，这一问题的解决成为两国关系发展史上的重要一笔。

双方决心花大力气来共同打击国际恐怖主义、非法贩运毒品、有组织犯罪、走私及其他犯罪活动。后来的历史证明了这一举措是多么的英明。

塔、中两国在和平与发展、裁军、防止军备竞赛等当代基本问题上的立场相同或相近。两国将促进维护和保持亚太地区以及全世界的和平、安全与稳定。《关于中华人民共和国和塔吉克斯坦共和国相互关系基本原则的联合声明》中很重要的一点是双方反对在国际事务中推行任何形式的霸权主义。

在 2007 年 1 月，双方签署了《中华人民共和国和塔吉克斯坦共和国睦邻友好合作条约》，塔、中两国高层领导人之间建立的深度互信和建设性的关系价值非凡。十几年来，双方政治对话快速全方位地展开，丰富并极大地促进了塔中关系的迅猛发展。重要的是，两国元首不仅在正式访问中进行会晤，而且还利用各种国际活动的平台见面和交流。

两国元首的密切交往为政府交往做出了榜样：两国总理和主要部门领导也经常会面，建立了友好的直接联系。每年的高层会晤都十分务实，解决了两国政府间相互协作的重要问题。两国外交、国防、经济、教育、文化、立法、友好协会等部门也保持着经常性的会晤和磋商。近年来，双边交往中起着举足轻重作用的是两国政府间经贸合作混委会以及成立于2010年的"塔吉克斯坦—中国新疆"分会。多层次的对话机制涵盖了合作的各个领域，使得我们能够灵活高效地应对并顺利解决出现的问题。

经贸合作对巩固两国关系起到了至关重要的作用。两国贸易额从零起步，到2011年已达到26.9亿美元，比1994年增长了近千倍。这很大程度上得益于两国开通的直航通道和陆路交通运输通道。与中国开通陆空通道使塔吉克斯坦得以有史以来第一次走出交通的"死胡同"，积极开展与东方邻国的贸易往来。而向塔吉克斯坦开放自己的"西大门"也使中国公司有了开发塔吉克斯坦市场、实施大型投资项目的可能。对中国来说，塔吉克斯坦因蕴含着充当过境运输国的潜能而极具开发前景。2004年开通的阔勒买—卡拉苏边境口岸成为独特的纽带和贸易桥梁，现在有60%以上的塔中贸易额是通过这个口岸实现的。

塔、中双方并不仅仅满足于现有的经贸往来。需要指出的是，中国越来越希望同塔吉克斯坦开展全方位的经贸合作。比如，致力于深化矿产资源开发的互利合作。投资开采塔吉克斯坦盛产的金矿、铅锌矿、稀有金属的中国公司数量逐年递增。纺织业和建筑材料、农业和渔业也是中国投资者关注的焦点。塔吉克斯坦在中国政府支持下实施的一系列大型能源和公路建设项目就是很好的合作范例。这样，中国公司为落实拉赫蒙总统提出的三项战略目标做出了自己实实在在的贡献。这三项战略目标是：走出交通运输的"死胡同"、能源独立、保障粮食安全。

塔、中两国领导人在首次会晤时提出的政治经济合作是建立在相互信任与建设性对话基础上的。为实现相互了解和信任做出重要贡献的有文化周活动，以及实业界、学术界、文化界以及民间外交代表经常性的交流。对保障今后塔中睦邻友好关系发展有重要意义的是教育方面的合作。在中国高校就读的塔吉克斯坦留学生人数逐年增加。自 2008 年起，孔子学院在塔吉克斯坦顺利开办，并成为学习中文及推广中国文化的中心之一。

各种各样的内部、外部环境都不同程度地试图对塔中睦邻友好合作关系施加影响。不寻常的地区形势与复杂的国际局势、共同面临的挑战与威胁不仅考验着塔中友好关系，而且也迫使两国进一步加强合作，扩大相互协作，创造长期共同发展的新机遇。显然，塔、中双方需要和平的、睦邻友好的外部环境，而进一步巩固塔中关系不仅符合两国人民的根本利益，更是亚洲稳定与安全的重要因素之一。

塔吉克斯坦与中华人民共和国进入了睦邻友好合作的第四个十年，双方面临更广阔的合作前景。路遥知马力，《关于中华人民共和国和塔吉克斯坦共和国相互关系基本原则的联合声明》的历史意义在于：它是一把独特的"钥匙"，开启了对方的"大门"，确定了加强睦邻友好与共同发展的前景。当前，中国正在积极倡议与中亚国家共同建设丝绸之路经济带的伟大梦想。这是地区繁荣发展之梦，是符合两国和两国人民根本利益与未来发展方向的伟大倡议。丝绸之路经济带建设也显示出塔、中两国并肩面对挑战与威胁，坚定地奉行和平、建设和发展方针的坚定信心。

拉希德·阿利莫夫

（塔吉克斯坦前驻华大使）

2022 年 8 月

前言

塔吉克斯坦共和国地处中亚东南部。西部和西北部与乌兹别克斯坦相邻，北部是吉尔吉斯斯坦，南部是阿富汗，东部与中国接壤。国土东西长700千米，南北宽350千米，总面积14.31万平方千米，93%的国土是高原山区，是中亚地区国土面积最小的国家。

塔吉克斯坦北部山脉属天山山系，中部属吉萨尔-阿尔泰山系，东南部为冰雪覆盖的帕米尔高原。帕米尔高原高大无比，是青藏高原的一部分，最低的山谷海拔也在3 500米以上。帕米尔高原以雪峰和冰川闻名，海拔超过6 000米的山峰有9座。海拔7 495米的索莫尼峰（原名"共产主义峰"）上终年白雪皑皑、风云变幻。因此，塔吉克斯坦又被称为"高山之国"。

塔吉克斯坦地处古丝绸之路要冲，是通往中亚、西亚和南亚的必经之地。塔吉克人的祖先粟特人曾经是这里最活跃的商业力量，架起了中西经济、文化交流的桥梁，为中西文明的发展做出了很大贡献。

2013年9月，国家主席习近平提出共建"丝绸之路经济带"和"21世纪海上丝绸之路"倡议，引起很多国家和地区的高度关注，得到了"一带一路"沿线国家和地区的广泛支持。"一带一路"倡议谋求与沿线国家开展经贸和技术合作，力求达到共商、共建、共享、共赢。

塔吉克斯坦位于"一带一路"三条走廊的交汇处，是世界上第一个与中国签署"丝绸之路经济带"建设备忘录的国家。中国与塔吉克斯坦共建

"一带一路"以来，双方的政治互信程度达到历史最好水平，经贸和人文合作深入发展，在"五通"（政策沟通、设施联通、贸易畅通、资金融通、民心相通）领域取得了令世人瞩目的成果。当前，在中国与塔吉克斯坦全面战略伙伴关系背景下，双方积极推动发展战略对接，并已经取得了积极成果。随着中国与塔吉克斯坦共建"一带一路"合作向纵深发展，中国会有更多的资金和技术注入塔吉克斯坦丰富的经济资源中，不断创新合作模式，推动塔吉克斯坦经济与社会全面发展，助力塔吉克斯坦早日实现"能源独立、摆脱交通困境、保障粮食安全"三大国家发展战略。

随着中国"一路一带"建设的逐步推进，塔吉克斯坦以其独特的地缘历史状况，要像过去在丝绸之路上所起的作用一样，恢复其在横贯欧亚大陆联系中的重要地位。正如塔吉克斯坦前驻华大使阿利莫夫先生所说，在"丝绸之路经济带"建设中，塔吉克斯坦要扮演"中转国"的关键角色。

本书较为系统地介绍了塔吉克斯坦的基本概况（包括地理地形、行政区划、资源禀赋等）、国家机构、经济发展、对外政策（包括对外贸易、吸引外资和园区合作等）、中塔合作（包括政治互信、经贸合作和人文合作等）。本书的资料绝大部分来自塔吉克斯坦政府机构网站、社会团体网站和联合国一些组织的网站，通过大量的俄文和英文翻译形成。

由于笔者学术、外语、写作水平有限，加上时间仓促，书中必然会有很多缺憾，恳请读到此书的专家学者不吝赐教，欢迎各位读者批评指正。

王富忠

2022 年 8 月

目 录

第一章　基本概况

第一节　地理地形

一、地理

塔吉克斯坦共和国，简称"塔吉克斯坦"，是位于中亚地区东南部的内陆国家（北纬 36°40′至 41°05′、东经 67°31′至 75°14′之间），东西长 700 千米，南北宽 350 千米，国土面积为 14.31 万平方千米，是中亚五个国家中国土面积最小的国家。塔吉克斯坦东部与中国新疆毗邻（边境线长 430 千米），南部与阿富汗接壤（边境线长 1 030 千米），西部与乌兹别克斯坦相连（边境线长 910 千米），北部与吉尔吉斯斯坦交界（边境线长 630 千米）。边界线总长 3 000 千米。

二、地形

塔吉克斯坦地处帕米尔高原山区，是一个典型的山区国家，素有"高山之国"的美称。境内山地和高原占 93%，只有不足 7% 的可耕地，其中约一半国土在海拔 3 000 米以上，帕米尔高原的伊斯梅尔·索莫尼峰是全国最高点，海拔 7 495 米。塔吉克斯坦的高地有：北部山脉属天山山系、中部属吉萨尔-阿尔泰山系、东南部为冰雪覆盖的帕米尔高原。塔吉克斯坦的平原谷地包括：北部的费尔干纳盆地西缘，西南部的瓦赫什谷地、吉萨尔谷地和喷赤谷地等。塔吉克斯坦的地形大致可以分为以下 5 部分：

塔吉克斯坦北部地区为库拉玛山脉和莫戈尔套山脉，二者是西天山的支脉。库拉玛山脉长 170 余千米，最高处为巴拜欧布山，最高点海拔 3 768 米。库拉玛山脉山势较为平缓，山口地区海拔不高，有利于交通运输。莫戈尔套山脉位于库拉玛山脉西南面，山脉海拔 1 600 多米，其最高点海拔 1 623 米。北部地区地形整体特点为东北部高，由东北向西南逐渐平缓，最后过渡到平原地区。

塔吉克斯坦中部地域广阔，主要山脉为吉萨尔–阿尔泰山系，它是南天山的分支，由突厥斯坦山、泽拉夫尚山、吉萨尔山、卡拉捷金山及阿尔泰山等组成，该山系东西长约 900 千米。阿尔泰山长约 400 千米，呈东北–西南走向，最高峰海拔 5 539 米，它大部分在吉尔吉斯斯坦境内，西部的一小部分在塔吉克斯坦境内。阿尔泰山在海拔 5 301 米的伊格拉峰附近又分成平行的三支山脉：突厥斯坦山、泽拉夫尚山和吉萨尔山，继续向西倾斜，最终消失在撒马尔罕绿洲附近的荒漠里。突厥斯坦山绵延于费尔干纳盆地与泽拉夫尚河之间，长度约 320 千米，最高处海拔 5 510 米。泽拉夫尚山与突厥斯坦山基本保持平行，两者中间是泽拉夫尚河。吉萨尔山是泽拉夫尚山的一个分支山脉，在塔吉克斯坦境内长约 250 千米，是阿姆河与泽拉夫尚河的分水岭。

塔吉克斯坦东南部是帕米尔高原，面积几乎占其国土面积的一半，是全国海拔最高区域。其中索莫尼峰为最高峰，海拔高度 7 495 米。著名的高山湖泊卡拉库里湖、费琴科冰川都在此地。依据帕米尔地表特征分为东西两部分，西部山体狭窄，山体落差显著，表面风化严重；东部整体海拔较高，山体落差不大，山势较为平缓，山间分布着众多盆地和河谷，宽度较大的河谷适合发展畜牧业。

费尔干纳盆地的出口及西南部分位于塔吉克斯坦境内，该部分东宽西窄，地表比较平坦，大部分为锡尔河的古河道，约占整个盆地面积的 15%。

塔吉克斯坦西南部分为塔吉克斯坦低地，这里地势较低、山脉低缓，山脉海拔高度多在 300~1 700 米之间，山间分布着很多平坦广阔的谷地和山前平地，适合农业和畜牧业发展。

第二节　自然资源

一、气候

塔吉克斯坦位于亚欧大陆腹地，远离海洋，具有明显的大陆性气候特点。塔吉克斯坦地处高原，境内多山地，地形变化多样，许多山峰终年积雪，山间河流众多。所以，塔吉克斯坦气候形成条件呈多样化特点，气候类型随着地形变化而变化，气温多变，南北温差大，总体降水较少。

塔吉克斯坦属于大陆性气候，因其境内地形多变，气候呈现不同特点。

1月份，西南部的谷地和山前平地气温平均为-2℃~2℃上下，北部山区则为-20℃，东南部的帕米尔地区气温更低。7月份西南部的谷地和山前平地气温为23℃~30℃，北部山区气温则为10℃上下，东南部的帕米尔地区气温在0℃以下，终年积雪，形成巨大冰河。

塔吉克斯坦境内谷地和山前平地地区，夏季时间长，可达200多天，年降水量较少，一般仅为150~200毫米。中部低山地带与高原谷地，年降水量较多，可达350~700毫米。海拔1 500~3 000米的山脉与高原地区为温带气候，具有夏季不热、冬季较冷的特点，一年四季多雨雪。海拔3 000米以上的高山和高原地区，夏短冬长，尤其帕米尔高原深处，冬季可达8个月，年降水量较少，个别地区不足100毫米。

塔吉克斯坦地处高山与高原地区，日照时间为2 097~3 166小时/年，夏季阳光斜射角度为75°，冬季阳光斜射角度则为28°。

二、水资源

塔吉克斯坦地处世界屋脊，境内多山、河道稠密，湖泊星罗棋布，水资源丰富。水资源总量居世界第8位，人均拥有量居世界第1位，占整个中亚地区水资源一半以上。但是塔吉克斯坦水资源利用滞后，仅为资源总量的3%左右。

塔吉克斯坦境内河网密布，长度超过10千米的河流有947条，河流总长度超过28 500千米。水动脉网主要由阿姆河和锡尔河及其支流组成。这些河流发源于高山峻岭深处，海拔高、落差大，水电资源十分富裕。主要的河流有阿姆河、锡尔河、瓦赫什河、喷赤河、泽拉夫尚河、卡菲尔尼甘河等。以上河流分属三大水系，即阿姆河水系、锡尔河水系、泽拉夫尚河水系。60%以上水流量注入阿姆河，34%左右的水流量注入锡尔河。

阿姆河发源于帕米尔高原东南部海拔4 900米的高山冰川，河道长度为1 427千米，如果以喷赤河河源计算，阿姆河全长则为2 294千米。它是中亚流程最长、水量最大的内陆河，是咸海的两大水源之一。阿姆河的支流较多，主要有瓦赫什河、喷赤河（这两条河汇合后形成阿姆河）、苏尔汉河及卡菲尔尼甘河等。阿姆河水量主要依赖冰川积雪融化与降水补给。每年春季积雪融化，河水逐渐上涨，进入夏季后高山冰川融化，河水水位高涨，出现汛期。阿姆河水资源被誉为"阿姆河宝库"。阿姆河对生活在其流域中的数百万人至关重要，水资源被用于农业、工业、发电、家庭和饮用等。

锡尔河发源于西天山山脉，穿过高山峡谷、盆地沙漠，最后注入咸海，被誉为"中亚母亲河"。锡尔河全长2 212千米，如果以纳伦河河源计算，河流总长则为 3 019 千米，流域面积 150 100 平方千米。锡尔河支流较多，主要有阿汉加兰河、奇尔奇克河、克列斯河、阿雷斯河等。锡尔河上游由两个支流汇聚而成，北支流纳伦河发源于天山山脉南脉北麓的阿克什拉克山冰川，南支流卡拉达利亚河发源于吉尔吉斯斯坦境内的费尔干纳山西南麓，南北支流在费尔干纳盆地的纳曼干附近汇合后始称锡尔河。锡尔河在塔吉克斯坦境内长度为192 千米，自突厥斯坦山与库拉玛山之间流入塔吉克斯坦。锡尔河的补给基本依赖积雪、冰川融水，其次是季节性降水。

瓦赫什河发源于塔吉克斯坦中部山区阿来谷地的达乌穆鲁克山，其河源为克孜勒苏河与穆克苏河汇合而成，克孜勒苏河与穆克苏河汇合后称为苏尔霍布河，苏尔霍布河与鄂毕兴高河汇合后始称为瓦赫什河。瓦赫什河向西南方向奔流，与喷赤河汇合后注入阿姆河。瓦赫什河实际为阿姆河的支流，河流全长524 千米，如果以源头克孜勒苏河算起，河流全长 786 千米。瓦赫什河流经深山峡谷，总落差 835 米。瓦赫什河的补给主要靠冰川积雪融化。瓦赫什河是塔吉克斯坦水资源的巨大动脉，很多水利设施建立在该河流域。

喷赤河发源于帕米尔高原东南部海拔 4 900 米以上的高山冰川，是中亚地区流程最长、水量最大的内陆河，河流全长 921 千米。喷赤河河源瓦赫吉尔河发源于阿富汗境内，自东向西流，与帕米尔河汇合后称为瓦罕河，成为阿富汗与塔吉克斯坦的界河。此后，瓦罕河北折南回，继续向西奔流，在向西拐弯处称为喷赤河。喷赤河的补给主要靠冰雪融水，其次是季节性降水。

卡菲尔尼甘河发源于塔吉克斯坦境内高山冰川，是阿姆河的第三大支流。卡菲尔尼甘河长 387 千米，其河源为中萨尔达里河与索尔瓦河。河流的补给主要是冰川积雪融水，其次是季节性降水。

泽拉夫尚河发源于突厥斯坦山东部的泽拉夫尚山的高山冰川，流经塔吉克斯坦西南部与乌兹别克斯坦东南部，最后深入查尔朱以北的沙漠之中，全长877 千米。在塔吉克斯坦境内，泽拉夫尚河边界长度为 301 千米。历史上，泽拉夫尚河曾经是阿姆河的最大支流，因开发利用和环境变迁，河流再也达不到曾经注入阿姆河的河口。泽拉夫尚河主要靠冰川融水和季节性降水补给。

塔吉克斯坦境内湖泊遍布，全境有 1 300 个湖泊，主要分布在中部山区与帕米尔高原，80% 的湖泊海拔在 3 000 米以上，97.5% 的湖泊面积不到 1 平方千米，湖泊总面积 705 平方千米。塔吉克斯坦最大湖泊为喀拉库尔湖，面积380 平方千米。该湖泊位于帕米尔高原东部，海拔 3 914 米，最大深度 240 米，被誉为"塔吉克海"。萨雷兹湖是塔吉克斯坦最深的湖，位于帕米尔高原西部的巴尔坦格河峡谷内，为 1911 年 2 月 18 日地震后在穆尔加布上形成的堰塞湖。萨雷兹湖海拔 3 263 米，湖泊长 55.8 千米，最大水深超过 500 米，面积 86.5 平方千米，储水量超过 17 立方千米。

其他较大湖泊有伊斯坎德尔库尔湖、佐尔库尔湖、雅什库尔湖等，水库有卡拉库姆水库、努列克水库、法哈德水库等，这些水库主要被用于发电和灌溉及供水。

中亚地区各国的冰川总面积约为 1.7 万平方千米，塔吉克斯坦境内冰川占总面积的 60% 以上。塔吉克斯坦境内的冰川数量为 14 509 个，冰川总面积为 11 146 平方千米，约占全国面积的 8%。

塔吉克斯坦境内最大的冰川区是最高山峰索莫尼峰（共产主义峰）和伊本·西那峰（列宁峰）附近山区，有面积最大的树突状的费琴科冰川（Федченко，651.7 平方千米）、格鲁姆-格里梅洛冰川（Грум-Гржимайло，143 平方千米）、加尔莫冰川（Гармо，114.6 平方千米）和几十个其他冰川。冰川的总冰储量约为 845 立方千米。塔吉克斯坦境内的一些冰川可以生成冰流，流量大、流速高，具有极大的破坏力。冰川融水每年可以超过 13 立方千米，这些水量导致山中河流暴涨，河水湍急，冲坏堤坝和桥梁。塔吉克斯坦的主要冰川见表 1-1。

表 1-1　塔吉克斯坦的主要冰川①

冰川名称	面积/平方千米	体积/立方千米
费琴科冰川（Федченко）	651.7	93.6
格鲁姆-格里梅洛冰川（Грум-Гржимайло）	143	19.84
加尔莫冰川（Гармо）	114.6	
维克多夫斯基冰川（Виктовского）	50.2	6.882
苏联科学院冰川（АН СССР）	48.0	5.242
纳利夫金冰川（Наливкин）	45.2	8.588
贝瓦奇冰川（Бывачий）	37.0	8.05

三、矿产资源

塔吉克斯坦矿产资源丰富，储藏量大，种类齐全。目前塔吉克斯坦已探明

---

① 塔吉克斯坦能源水利部. 水资源 [EB/OL]. https://www.mewr.tj/? page_id = 390.

且待开发的金属矿床和非金属矿床有 400 多个，其中有色金属矿产包括金、银、铝、铅、锌、镍、铜、锑、钨、铋等，以及油气和石盐、硼、煤、萤石、石灰石、彩石、宝石等 50 多种矿物质。塔吉克斯坦已探明建材原料矿 140 多处，其中 40 处已经被开采利用，很多矿产储量可保障 20~25 年甚至更长时间的开采，保证了建筑用砖、惰性材料、陶瓷石膏、面板、水泥等建材原料供应。

（一）金属矿产

1. 黄金

塔吉克斯坦的原生金与沙金储量十分丰富，已探明储量的工业金矿床有 137 个，未达到工业级别的金矿有 127 个，黄金证实储量约 500 吨。金矿主要集中在塔吉克斯坦北部山区、中部山区和帕米尔地区。

目前塔吉克斯坦的黄金开采大量集中在泽拉夫尚山谷地区。已发现的金矿点多达 118 个，其中有 63 个在彭吉肯特经济区，25 个位于艾尼斯克经济区，另有 30 个分布在戈尔诺马特钦经济区。塔罗金矿是塔吉克斯坦规模最大的金矿床，位于吉劳金矿东南 10 千米处，黄金储量达 85 吨。吉劳金矿为石英脉型矿床，含金量丰富易采。其他可供开采的金矿有乔列（36 吨）、东杜奥巴（31 吨）、乌奇克列（28 吨）、库玛诺尔（22 吨）等。

在泽拉夫尚谷地最具前景的沙金矿位于里奥木特山溪至德鲁什盖特山溪一带，这里单个矿样的金品位达到 19.28 克/米^3；在谷地 2 千米区段（在沙巴赫山溪河口下 2 千米），金品位达到 1.575 毫克/米^3。

沙金矿床除主要在泽拉夫尚-吉萨尔地区外，还分布在西帕米尔、东帕米尔和达尔瓦兹地区。其中达尔瓦兹地区的沙矿厂从事沙金的开采已经有三十多年的历史。

目前在塔吉克斯坦金从事金矿开采的公司有 10 多家。其中最主要的是中塔合资企业泽拉夫尚公司，该公司为中国紫金矿业集团控股子公司，集团持有 75%股份，塔吉克斯坦政府持有 25%股份，公司拥有吉劳（Jilau）、塔罗（Taror）、谢尔斯洪娜（Hiskhona）和奥林匹克（Olimpik）4 个采矿权，矿权许可证面积合计 1.67 平方千米，其中，吉劳金矿、塔罗金矿为公司在产矿山，该公司的黄金产量占塔吉克斯坦全国产量的 70%。此外还有阿普列夫卡公司、塔吉克斯坦金业公司、帕鲁特金矿公司等。新疆特变电工公司也获得了塔吉克斯坦北部地区东杜奥巴和库马尔克两个金矿的开采权，其所获矿山总面积为 15.4 平方千米，已探明的黄金储量为 51.7 吨，理论储量为 117.16 吨。黄金开采的利润将被用于补偿新疆特变电工公司在杜尚别建设热电厂所花费的资金。

2. 白银

塔吉克斯坦的银储量相当丰富，是中亚地区白银储量最多的国家，拥有世界上第二大银矿区，即大卡尼曼苏尔银矿区，储量近 10 万吨，其最大特点是几乎所有多金属矿石中都含有银。该矿区银的评估储量在 5 万吨以上，大规模开发可确保塔吉克斯坦在银生产领域居世界前列。

在泽拉夫尚经济区出现的含银工程项目有 26 个，其中有 12 个系原生矿体（其中最大的是附属于塔罗尔金矿床的米尔汉特矿床）。银以伴生组分形式赋存于综合性金钨矿床（吉拉乌）、原生金矿床（塔罗尔、吉日达尔夫、乔列等）、综合性汞锑矿床（吉日克鲁特和孔乔奇等）当中，塔吉克斯坦工业部门已经对这些矿床已进行了详细勘探。泽拉夫尚谷地的下基什杜特银矿床开发潜力较大，其银的预测储量超过 3 000 吨。此外，银含量获得良好工业评估的还有哈桑奇、北马拉西特和西雅奥普等呈矿现象。

3. 铝

塔吉克斯坦的铝生产及其加工产品在国际市场上具有很强的竞争能力，这主要得益于图尔比矿床的霞石、正长岩资源和来自水电站的廉价电能以及充足的人力资源等优势。霞石、正长岩是一种综合性矿物原料，此矿可提炼优质铝矾土，铝矾土平均含量为 20%。利用此原料可产出最终产品氧化铝、水泥及相关化学产品。此外，塔吉克斯坦在其境内的西帕米尔高原地区发现十字石和白云母矿，该矿可利用塔吉克斯坦正在研制中的一种独有工艺生产铝矾土。据估算，两矿将来生产的铝矾土可满足塔吉克斯坦目前铝生产规模 150 年的铝矾土用量。

4. 铜

塔吉克斯坦的铜产生于多种金属伴生矿中，主要为有色金属的矽卡岩型与水热型硫化物矿床。这些伴生矿体呈现为黄铜矿、辉铜矿、黑黝铜矿、蓝铜矿、孔雀石和形成浸染性及脉纹的其他矿物。具有开发前景的伴生铜矿床为捷拉里克、塔兹洛克和梅德内矿床等。目前已探明塔罗金矿床中含有大量的铜（10 万吨左右）。

5. 镍

塔吉克斯坦已知最大且较富的镍矿是胡卡斯矿体，分布在奥比胡木鲍区域胡卡斯河右岸，矿体呈现为扁平角砾状和密集浸染状铜镍矿石，赋存于有裂隙的、微破碎的苏长岩当中。早在 1973 年，南塔吉克地质勘探队就开始了奥比胡木鲍含镍矿体的探矿工作。现阶段的勘探与镍资源的开发始于 2006 年，塔吉克斯坦政府授权英国 Kryso 资源公司并委托其一家子公司对胡卡斯铜镍矿区进行了地质研究。同年,帕米尔地质勘探队成为合作伙伴,并对胡卡斯矿体重新取样检测,证实了矿石中铜、镍及钴的品位较高。2007年,在该区域还挖掘了几个探槽,并进行了大量物理探矿研究。这些工作是在澳大利亚专家组织下,由中国物理探矿团队完成的。

6. 铅和锌

塔吉克斯坦铅锌矿储量在中亚地区占据主导地位,国内90%的矿藏分布在北部费尔干纳盆地附近的卡拉马扎尔矿区,仅大卡尼曼苏尔和阿尔登-托普坎两矿区就已探明超过10亿吨的铅锌矿储量,且大部分可露天开采。在大卡尼曼苏尔矿床,工业区域矿石中赋存的铅锌总储量超过800万吨,矿石中除铅、锌、铋、镉外,还伴生有许多其他有价组分,且在苏联时期曾在阿尔马雷克矿冶公司(乌兹别克斯坦公司)得到有效回收。

在泽拉夫尚地区,探明的铅锌矿床有3个,出现成矿现象27处,矿体主要为方铅矿、闪锌矿、黝铜矿、黄铜矿、砷黄铁矿,呈现为扁平矿体。已查明有3个原生锌成矿现象,矿石主要为闪锌矿和黄铁矿,构成小型的矿巢和细脉。

中国企业塔中矿业在塔吉克斯坦拥有派-布拉克铅锌矿、阿尔登-托普坎铅锌矿、北阿尔登-托普坎矿三个采矿权,采矿产能600万吨/年,选矿250万吨/年,铅锌金属量超过14万吨/年,为塔吉克斯坦最大的工业项目。

7. 锑

塔吉克斯坦已探明的锑储量在亚洲排名第三,仅次于中国和泰国。主体矿床位于泽拉夫尚吉萨尔汞锑矿带,正在开发的吉日克鲁特汞锑矿床也是当今世界上较大的矿床之一,矿床由安佐布采选联合公司经营。

目前已完成详细勘探的矿床有8个:图尔科巴里达、加拉加玛尔、瓦朗吉达洛兹、乔尔洛哈、布兹诺瓦、吉尔达拉、吉日克鲁特和斯卡里诺耶等。

与锑的主体工业矿物(辉铜矿)一样,矿体中主要赋存有黄铁矿、砷黄铁矿、鸡冠石以及二次矿物。

8. 钨

塔吉克斯坦最大的钨矿为迈胡拉矽卡岩钨矿区,位于吉萨尔山脉南麓。该矿区已确定工业矿体19个,长度50~425米不等,厚度2~22米。三氧化钨平均含量0.91%,矿石为白钨矿,有少量锡石与黄铁矿、砷黄铁矿混合,并含有少量金。在泽拉夫尚区域发现的钨矿床和成矿现象有29个,主要矿物有白钨、黑钨、锡石、黄锡,呈浸染状。

9. 锡

塔吉克斯坦最大的锡矿床是分布在泽拉夫尚山脉北侧的穆什基斯顿矿床,

其长度约 1 000 米，宽度约 200 米，矿体厚度约 14 米。主要矿物是锡石、黄锡石、方铅矿、闪锌矿和黄铁矿，矿体呈浸染、矿巢、细脉状。矿体中锡品位波动在 0.3% ~ 1.45% 之间。目前重点探察阿卡尔哈尔艾利苏和阿克金尔根锡矿床。

10. 锶

在塔吉克斯坦南部，在距库里亚布市以北 46 千米处探明有奇尔塔什锶矿床。矿床勘测深度约 200 米，矿石的矿物组成较为单一，实际上仅由两种组分构成：天青石和石灰石，还没有发现矿石中存在有害杂质。剥离的黄土状亚黏土适宜于砖块与多孔烧结料的生产。丰富的天青石储量（约 2 000 万吨），完全可以建设一个生产天青石精矿的企业。

11. 稀土与稀有金属

在塔吉克斯坦的泽拉夫尚区域，已查明的稀土与稀有金属矿物中包含有镧、钇、铽、锆、铌、铍、锶、锂。它们赋存在伟晶花岗岩（卡拉苏、佩克玛吉多沃耶的成矿现象）、花岗岩浸入围岩或花岗岩（桑基萨费德）接触（矽卡岩）区域、正长岩（阿克赛）和片麻岩（佩克玛吉多沃耶）当中。

（二）能源资源

塔吉克斯坦境内的能源资源主要包括煤炭、石油、天然气和泥煤等。

1. 煤炭

在煤炭储量方面，塔吉克斯坦在中亚地区占有显著的位置。塔吉克斯坦有褐煤、岩煤、焦炭和无烟煤等，探明储量共计 46 亿吨。焦炭质量及储量都属中亚之最，品位高达 80%，燃烧值高于 9 100 卡路里，煤炭含硫量小，为 0.1% ~ 2%，储量 14 亿吨，是精炼优质金属不可缺少的燃料，主要分布在艾尼区。塔吉克斯坦无烟煤质量等级排名世界第二，储量 515 万吨。塔吉克斯坦煤炭以露天开采为主，开采条件好。塔吉克斯坦共有 17 个煤矿区和 24 个含煤矿区，其中大型煤矿有七座，包括舒拉玻斯卡耶矿、泛-雅戈诺玻斯卡耶矿、克什土特-扎乌拉斯卡耶矿、右晋斯卡耶矿、达什古坦斯卡耶矿、那扎拉伊罗夫斯卡耶矿、古拉杰京斯卡耶矿等，总储量超过 10 亿吨。舒拉玻斯卡耶矿是全国最大的褐煤矿，总储量为 1.4 亿吨；泛-雅戈诺玻斯卡耶是高品质的焦煤矿，是塔吉克斯坦最大的煤矿。

塔吉克斯坦对煤矿进行系统的调查开始于 1928 年。到 1980 年，塔吉克斯坦每年的煤炭开采量超过了 80 万吨，经济领域对煤炭的年消耗量达到了 150 万吨。独立后，塔吉克斯坦煤炭业的发展几乎完全停顿。到 2000 年，煤炭开采量下降到了 2.2 万吨。近年来，随着经济实现恢复性发展，杜尚别 2 号热电厂投入使用，塔吉克斯坦水泥厂、杜尚别热电厂等大型企业回转窑和锅炉燃料有大量需求，塔吉克斯坦煤炭开采量呈现增长势头。2014年的产量为87万吨，2015年的产量为100万吨，2016年的产量为140万吨，2017年的产量为170万吨，2018年的产量超过190万吨，2019年的产量超过200万吨，2020年前9个月煤炭产量为150万吨。

泥煤由没有完全分解的植物残渣经衰变形成，可用于化肥、燃料和化学原料。塔吉克斯坦有9处泥煤产地，吉萨尔地区的储量就达50万吨，有机物的分解程度从40%到74%。在巴达赫尚自治区分布着5个有开采价值的矿区，矿层厚达0.7米，灰分35%，水分17%，氮和硫的含量符合标准，人工铲挖也很容易。

2. 石油和天然气

塔吉克斯坦的地质构造具备生成油气的条件，类似塔吉克斯坦地质构造的周边国家都发现了大规模的油气储藏，因此有关专家预测，塔吉克斯坦地下蕴藏石油1.13亿吨，天然气储量为8630亿立方米，80%的储量主要分布在塔吉克斯坦东南部山区，其余20%部分主要分布在北部地区。塔吉克斯坦油气开发利用程度较低，首先是因为油气矿埋藏过深，大部分位于地面7000米以下，开采难度大；其次是开发难度大，国内外投资缺乏，油气产业发展缓慢。大部分油气消费依赖进口。

为解决油气短缺问题，近年来塔吉克斯坦加快与外国合作，加快油气勘探进程。2020年2月，塔吉克斯坦国家地质总局局长伊尔霍姆江·奥义穆哈马德佐达在新闻发布会上称，塔吉克斯坦在3000~5000米深处发现的20个矿床有丰富的油气资源，石油储量约262万吨，天然气约30亿立方米。

（三）非金属矿产

1. 化工矿产

岩盐矿床主要有三个，即扎-穆明、卡梅卡库尔干、图特布拉克矿山，主要分布在塔吉克斯坦西南部地区，利用地下浸出法开采。亚湾电化学工厂利用图特布拉克的盐矿山、普斯胡尔的灰岩矿山和克孜尔-图姆舒克气田的原料，生产多种产品，对矿物原料进行综合加工。岩盐探明储量为40亿吨，预测储量超过1000亿吨。岩盐矿体大多分布在塔吉克斯坦西南部和费尔干纳盆地。

萤石矿床储藏量大。工业可利用矿床为硫化物-萤石、石英-萤石和方解石-重晶石类型的矿化物。硫化物-萤石、石英-萤石主要储藏在卡拉马球扎尔和吉萨尔山脉南坡矿床中。方解石-重晶石类型的萤石矿床主要分布在帕米尔地区。

已探明的磷块岩矿床储量约有 1.12 亿吨。大量的粒状和结核状磷块岩小型沉积矿床分布在塔吉克斯坦中部和北部山区的灰岩、砂岩和粉砂岩中。层状矿体长可达 22 千米，厚约 11 米。

石棉矿床及其矿化物主要分布在塔吉克斯坦东南部山区。矿体类型为温石棉-石棉和角闪石类石棉脉。探明的矿带长 1 800~4 000 米，厚度达 750 米，含石棉 5.93%，纤维品级含量 0.18%，纤维长度达 80 毫米。

工业硼矿床主要在帕米尔地区。层状矿体除硼矿物组成的硅硼钙石外，还含赛黄晶。在塔吉克斯坦南部盆地的一些含水层中也相继发现了工业富集硼矿。

冰洲石、光学石英和方解石矿床主要分布在塔吉克斯坦中部山区和帕米尔山区。石英砂矿可用于生产硅酸盐制品，含二氧化硅达 96.16%。

2. 建材矿产

目前，塔吉克斯坦非金属建材矿床已经探明近 150 个，包括制砖黏土矿床、黏土矿床、灰岩矿床、玻璃砂矿床、砂砾材料矿床、建筑石材矿床、水泥原料矿床、亚黏土矿床等

装修材料的矿物成分种类繁多，颜色各异。主要有彩色大理石、红色花岗岩、彩色砾石、花岗闪长岩、大理石、辉长岩等。这些建材矿产开发不但满足了塔吉克斯坦建材市场的需求，部分精品还出口到周边国家和地区。

3. 饰面矿产

塔吉克斯坦的饰面材料色彩斑斓、品质上乘。彩石和宝石类饰面材料主要有斜硅镁石、镁橄榄石、贵尖晶石、红宝石、方柱石和石榴石。在帕米尔山区和达瓦兹分布着水晶、缟玛瑙矿床；在卡拉马扎尔分布着绿松石、黑曜岩、紫水晶和玛瑙矿床；塔吉克斯坦中部山区发现了光玉髓、霰石、方纳石和大理石缟玛瑙矿化物。

在杜尚别、塔博沙尔、霍罗格等地有很多饰面材料加工车间，对材料进行细致加工，做成不同类型的精品。杜尚别和霍罗格加工车间的珠宝工艺产品向许多国家和地区出口。

四、生物资源

塔吉克斯坦位于欧亚大陆的山地荒漠地带，因纬度地带性与海拔地带性特征，生物类型具有多样性特点。据统计，塔吉克斯坦哺乳类动物有 84 种，爬行类动物 49 种，鸟类有 365 种之多，有 40 多种鱼类，昆虫类有 10 000 多种，无脊椎动物超过 10 000 种。捕食性动物有雪豹、猞猁、熊、狼、狐狸、貂，

还有鹿等。

塔吉克斯坦植物资源种类相当丰富，植物物种有超过9 000多种孢子植物和种子植物，栽培的野生近缘植物1 000多种，地方特有植物1 132种，农作物物种500多个，被登记在塔吉克斯坦红皮书之中的物种有220多种。

目前，塔吉克斯坦有4个自然保护区（分别是"老虎梁""罗米特""达什蒂朱姆""佐尔库尔"）、13个保护区及国家公园。保护区的总面积占国家领土面积的21%。

五、人口

根据华经产业研究院统计数据，2020年，塔吉克斯坦人口总数为953.76万人，比2019年增长了21.66万人，人口增长率为2.3%；与2010年人口数据相比，塔吉克斯坦人口数量增长了201万人。

在人口结构方面，从性别结构来看，2020年塔吉克斯坦男性人口占比为50.4%，人口数量为480.70万人；女性占比为49.6%，人口数量为473.06万人。从年龄构成来看，2020年，塔吉克斯坦0~14周岁人口比重为37%，15~64周岁人口比重为60%。从城乡结构来看，2020年，塔吉克斯坦城镇化率为27.5%，城镇人口为262.30万人，农村人口数量为691.46万人，农村人口占总人口比重为72.5%。表1-2为塔吉克斯坦人口历史信息。

表1-2 塔吉克斯坦人口历史信息①

年份	人口/人	男性占比/%	女性占比/%	人口密度/人·每平方千米	人口增长率/%
2018年	9 107 211	50.20	49.80	63.64	2.08
2017年	8 921 343	50.22	49.78	62.34	2.13
2016年	8 734 951	50.24	49.76	61.04	2.18
2015年	8 548 651	50.27	49.73	59.74	2.27
2010年	7 641 630	50.40	49.60	53.40	2.20
2005年	6 854 176	50.33	49.67	47.90	1.97
2000年	6 216 205	50.09	49.91	43.44	1.52

---

① 世界人口大全网. 塔吉克斯坦人口历史信息［EB/OL］. http://www.chamiji.com/201803272213.html.

表1-2（续）

年份	人口/人	男性占比/%	女性占比/%	人口密度/人·每平方千米	人口增长率/%
1995 年	5 764 712	49.89	50.11	40.28	1.76
1990 年	5 283 728	49.57	50.43	36.92	3.09
1985 年	4 537 789	49.54	50.46	31.71	3.05
1980 年	3 905 413	49.32	50.68	27.29	2.87
1975 年	3 390 935	49.17	50.83	23.70	2.96
1970 年	2 930 079	49.00	51.00	20.48	3.33
1965 年	2 487 953	48.82	51.18	17.39	3.58
1960 年	2 087 038	48.64	51.36	14.58	3.07
1955 年	1 794 414	48.48	51.52	12.54	3.22
1950 年	1 531 501	48.40	51.60	10.70	0.00

第三节　行政区划

塔吉克斯坦分为 3 个州（含 1 个自治州）、1 个区、1 个直辖市，即索格特州、哈特隆州、戈尔诺-巴达赫尚自治州、中央直辖区和首都杜尚别市。

一、索格特州

该州为塔吉克斯坦国家一级行政区，位于塔吉克斯坦北部，处于泽拉夫尚山脉和突厥斯坦山脉之间，占据费尔干纳盆地西南部和泽拉夫尚盆地，与乌兹别克斯坦和吉尔吉斯斯坦两国接壤。1939 年 10 月 27 日，苏联塔吉克加盟共和国设列宁纳巴德州。1962 年 3 月 28 日，塔吉克加盟共和国州行政区划撤销，1970 年 12 月 23 日恢复。这里是古代索格底亚纳（Sogdianas）的组成部分，是古粟特人生活的地方。2000 年 11 月 10 日，列宁纳巴德州改名为索格特州（粟特）州，以此表明这个地区是古代粟特人的故乡，粟特人是今天塔吉克人的祖先。

索格特州面积 2.61 万平方千米，占全国领土总面积的 18.2%。人口约275.4 万（2020 年底数据），主要是塔吉克人、乌兹别克人、俄罗斯人、吉尔吉斯人、塔塔尔人等。主要城市有苦盏（又译为"胡占德"）、乌拉秋别、伊斯法拉、卡尼巴达姆、彭吉肯特、舒拉布、契卡洛夫斯克、凯拉库姆和塔博沙尔等。下辖 14 个区、10 个市、20 个镇。

该州地处突厥斯坦山脉和泽拉夫尚山脉之间，包括费尔干纳盆地西南部和泽拉夫尚盆地。盆地平均气温 1 月为 1℃，7 月为 28℃；海拔 1 000 米以上的山地平均气温分别为 1 月 4℃ 和 7 月 26℃。年降水量 150~400 毫米。河流有锡尔河及其支流。有大费尔干纳运河、北费尔干纳运河、凯拉库姆水库、凯拉库姆水电站。

据统计，索格特州的矿产资源超过 214 种，包括煤、石油、有色金属和稀有金属。据初步估计，这些金属矿石潜在价值为 100 亿美元。其中铅和锌矿床 26 个，铜和铋矿床 3 个，钼和钨矿床 1 个，铁矿床 3 个，金矿床 15 个，银矿床 7 个，锡矿床 1 个，硬煤矿床 11 个，石油和天然气矿床 11 个，萤石矿床 5 个，岩盐矿床 1 个。

该州主要工业部门有机器制造业、轻工业（包括丝绸、棉纺、制毯）、食品工业、建材工业等。据塔吉克斯坦工业与新技术部统计，索格特州登记的工业企业有 688 家，占全国企业总数的 30.8%，数量在全国排名第一。

该州主要农业部门为植棉业、园艺业、葡萄栽培业。畜牧业为养牛业（平原）和养羊业（山地），还有养蚕业。塔吉克斯坦有适宜农业的土地 228.5 万公顷。

全州铁路线长 173.2 千米，公路线长 360 多千米，航线连接杜尚别、莫斯科、塔什干、撒马尔罕。

索格特州有 800 多所普通教育学校，10 多所中等专业学校，高等院校有师范学院和塔吉克斯坦技术大学分校。文化设施有公共图书馆、历史方志博物馆、剧院、俱乐部、电影放映站、少年宫、儿童科技活动站等。共和国科学院植物园也在该州境内。

苦盏市位于锡尔河畔，锡尔河穿城而过，它是索格特州的政治经济文化中心，全国第二大城市，该州大部分工业企业、大专院校设在该市。契卡洛夫斯克市、卡亚库姆市、加富罗夫市均为该市的卫星城镇。苦盏市连接费尔干纳道路的主要场所和泽拉夫尚河谷的塔什干绿洲，成为人口稠密地区的大型商业中心之一。它是一个重要交通枢纽，政治、经济、军事、文化和教育科研中心，有中亚规模最大的集市之一的班沙姆别巴扎。超过 20 个民族在这里居住。人口约 19 万（2020 年底数据）。

该城始建于公元 7 世纪，是古丝绸之路上的重镇，中亚最古老的城市之一。城内有中世纪的城堡和清真寺。19 世纪 60 年代，沙俄占领了苦盏。1939 年 10 月 27 日，苦盏被更名为"列宁纳巴德"。1991 年苏联解体后，随着塔吉克斯坦的独立，恢复旧名苦盏。

苦盏市是共和国第二大经济发展中心，致力于打造大型的工业发达城市，有轻工、食品、机器制造、金属切削、家具制造等工业门类。大型企业有农业机械厂、纺织机械厂、钢筋混凝土制品厂、建筑材料厂、丝绸纺织联合企业、服装厂、鞋厂等。

苦盏市内建有火车站、航空港。城市中心有著名的苦盏广场。有师范学院、教师进修学院、共和国科学院植物园，还有地方史志博物馆、考古博物馆。普希金音乐话剧院也在该市。苦盏机场是一座服务于塔吉克斯坦第二大城市苦盏的机场。该机场海拔 442 米，设有一条 3 185 米×50 米的柏油跑道。

2012 年 6 月 2 日，中国福建省和塔吉克斯坦索格特州建立友好省州关系。2018 年 10 月 13 日，中国太原市与苦盏市建立友好城市关系。

二、哈特隆州

该州为塔吉克斯坦国家一级行政区，由库里亚布州和库尔干秋别州于 1992 年 11 月合并而成，面积 2.46 万平方千米，占全国领土总面积的 17.19%，为现任总统拉赫蒙的故乡。哈特隆州位于塔吉克斯坦西南部，南与阿富汗斯坦接壤，西与乌兹别克斯坦相邻。居民以塔吉克人为主，此外还有乌兹别克人、哈萨克人、俄罗斯人、土库曼人、塔塔尔人等。全州共有 24 个区、6 个市、18 个镇。该州主要城市有博赫塔尔市（原库尔干秋别市）、库里亚布市、努雷克市、萨班特市等。人口 342.5 万人（2020 年底数据）。

哈特隆州地处西帕米尔地区和阿赖山山区，南北气温差异较大。南部地区 7 月份气温平均 30℃，1 月份气温平均 -2℃；北部地区 7 月份气温平均 23℃，1 月份气温平均 2℃。气温冬暖夏热。瓦赫什河和卡菲尔尼甘河流经该州，瓦赫什河上游建有梯级水电站。

该州矿产资源有石油天然气、盐类和丰富的建材材料。

该州经济以农业为主，种植棉花（包括细绒棉）、谷物、马铃薯、蔬菜、水果（包括葡萄）等，养羊（包括卡拉库尔羊）、养蚕。阿魏胶是哈特隆州的特有植物，生长在山麓地带。自 2013 年起，塔吉克斯坦立法禁止未经批准擅自采收阿魏，以保护这种植物。目前，官方只允许法罗兹和明法尔这两家公司采收阿魏。2020 年 6 月，哈特隆州遭受了蝗虫灾害，果园、菜园、棉田、牧场受灾严重，许多庄稼枯萎，其中瓦赫什区受灾最严重。工业方面，有轧棉、净棉企业，有油脂、面粉、肉类加工厂、啤酒厂，还有机械制造和金属加工企业。

哈特隆州的交通运输主要靠公路，公路里程有 6 100 多千米。库尔干秋别-库里亚布之间通铁路（125 千米）。州首府库尔干秋别市与共和国首都之间有定期航班。

哈特隆州设有职业技术学校、中专学校。文化基础设施有图书馆、历史博物馆、文化宫、俱乐部、电影院、剧院等。

博赫塔尔市（2018 年由库尔干秋别市更名而来）是哈特隆州首府，是一座历史较为悠久的城市，位于该州西北部的瓦赫什河平原上。该市人口约 11 万（2020 年底数据）。

博赫塔尔市内设有火车站、航空港。有电源变压器厂、轧棉厂、丝织厂、食品厂、服装厂等。有 1 座剧院。该地兴建于公元 17 世纪，该市东北部 12 千米处有公元 7~8 世纪的艺术遗迹阿吉纳泰佩佛教遗址，内有一座身长 12 米的卧佛。市内还有其他多处名胜古迹。

2017 年 8 月 31 日，在中国国家主席习近平和塔吉克斯坦总统拉赫蒙的共同见证下，陕西省省长胡和平与塔吉克斯坦外长阿斯洛夫在北京人民大会堂共同签署了《中华人民共和国陕西省与塔吉克斯坦共和国哈特隆州建立了友好省州关系协议书》，双方建立友好省州关系。

三、戈尔诺-巴达赫尚州

塔吉克斯坦国家一级行政区，面积为 6.37 万平方千米，占塔吉克斯坦领土的 44.5%，是一个典型的地广人稀的地区。北部与吉尔吉斯斯坦接壤，西部和南部与阿富汗相邻，东部与中国毗连，是一个多山地的省份。它的名字源于俄文，意思是"多山地的巴达赫尚"。主要居民为塔吉克人，其他是少数的柯尔克孜人、俄罗斯人等。主要城市有霍罗格、末合等。全州有 7 个区 1 个市。人口 23 万（2020 年底数据）。

该州成立于 1925 年 1 月 2 日，苏联时期被划成戈尔诺-巴达赫尚自治区。1929 年塔吉克苏维埃社会主义共和国成立后，该区成为共和国的一部分。1991 年，塔吉克斯坦独立后，该区改名为"戈尔诺-巴达赫尚自治州"。

戈尔诺-巴达赫尚自治州位于帕米尔高原，是世界上第二个雪域高原，平均海拔仅次于我国西藏高原。该州自然条件差异很大，尤其是东部和西部地区更为悬殊。西部是山脉纵横交错地带，大的山脉有：万奇山脉（海拔 5 584

米）、亚兹古列姆山脉（海拔 6 974 米）、鲁尚山脉（海拔 6 080 米）、舒格南山脉（海拔 5 704 米）、科学院山脉（海拔 7 495 米）、伊什卡希姆山脉（海拔 6 096 米）。许多谷地海拔 2 000～3 000 米。东部是辽阔的高山草原地带，北起外阿莱山脉的南坡，向南铺展到喷赤河岸。

戈尔诺-巴达赫尚自治州西部地区气候属于温带大陆性气候，年降水量为 240 毫米。东部地区是寒带气候，降水量很少。冬季长夏季短，冬季寒冷，夏季凉爽，年降水量为 60～70 毫米。喷赤河流经该州，湖泊有喀拉湖和萨雷兹湖。

戈尔诺-巴达赫尚自治州矿产资源丰富，是锡、锌、铅、钨、钼以及盐、石棉、煤、宝石、碧玉、水晶、滑石、各种大理石、花岗石的产地。

农业是该州的主要经济部门。农业依靠灌溉，主要集中在西帕米尔，种植谷物、蔬菜、瓜类作物和马铃薯。有园艺业和养蚕业。东帕米尔以畜牧业为主（主要有大尾羊和牦牛）。地方工业正在发展。轻工业、食品工业和建材工业等是自治州工业的主要部门。建有霍罗格、卡来胡姆、万齐、克苏斯水电站。

该州对外联系有四条路线，分别是霍罗格-奥什、霍罗格-杜尚别（这两条路路况较佳，属帕米尔公路的一部分）、霍罗格-塔什库尔干（中途经库里玛口岸）和霍罗格-瓦罕走廊-阿富汗边界。主要公路线有奥什-霍罗格、杜尚别-霍罗格（528 千米）公路。霍罗格和杜尚别之间有空中航线。

霍罗格市是戈尔诺-巴达赫尚州的首府，位于该州西南部的贡特河和喷赤河交汇之处，人口 3 万多（2020 年底数据）。

霍罗格市成立于 1932 年，是典型的高原城市，海拔 2 000 米。霍罗格一直承担着帕米尔地区行政和交通枢纽的作用，也是重要的货物中转站。

农业是该市的主要经济部门。

霍罗格地区受半干旱气候影响，每年平均降水量 226 毫米。霍罗格市有普通教育学校数百所，音乐学校、职业技术学校、医务学校各 1 所。霍罗格州立大学成立于 1992 年。科研机构有塔吉克斯坦共和国科学院帕米尔生物研究所。有世界第二高的植物园——帕米尔植物园。市内有剧院、群众图书馆、博物馆、人民创作之家、俱乐部、电影放映站等。

2004 年 5 月 25 日中塔陆路口岸阔勒买—卡拉苏口岸开通后，霍罗格和喀什之间已经开通了客货运输业务，也已经开始有中国公民在霍罗格开设市场和宾馆。这些都是中塔之间口岸和公路开通带来的初步成果。

四、杜尚别市

杜尚别市是塔吉克斯坦的首都，是全国的政治、经济、文化中心，位于北纬38.5度、东经68.8度，坐落在瓦尔佐布河与卡菲尔尼甘河之间的吉萨尔盆地上，面积125平方千米。全市分为4个区。主要居民为塔吉克人，其他民族有塔塔尔人、乌克兰人等。人口86.34万（2020年底数据）。

杜尚别市是俄国发生"十月革命"后由久沙姆别等3个荒僻的小村建立起来的一个新兴城市。1925年起设市。1925年以前称为基什拉克（意为村）。1925—1929年称"杜尚别"，原译为"久沙姆别"，意为"星期一"，因每星期一的集市而得名。1930—1961年称"斯大林纳巴德"（Stalinabad），意为"斯大林城"。1929年成为塔吉克苏维埃社会主义共和国（苏联加盟共和国）的首都。1961年后改称"杜尚别"。1991年9月成为宣布独立后的塔吉克斯坦共和国首都。

杜尚别市及市区主要是山间盆地。夏季气温可高达40℃，冬季低温可达零下20℃。夏季炎热，冬季寒冷。

杜尚别市是塔吉克斯坦的主要工业中心，以纺织、食品加工、纺织机械制造和建材工业为主。生产棉、丝织品、植物油、工业用油、罐头、水泥、农机、织布机、电缆、电冰箱等。杜尚别市工业总产值占全国的1/3。其中大型工业企业包括：杜尚别棉纺织联合企业、钢筋混凝土构件厂、杜尚别机器制造厂、塔吉克水利工程设备联合企业、杜尚别专业自动化试验工厂、杜尚别"帕米尔"电冰箱生产联合企业、杜尚别制砖生产联合企业、杜尚别挖掘机修造厂、杜尚别汽车修理厂、杜尚别油漆涂料厂、杜尚别塑料制品及非标准型设备厂、杜尚别机械修理厂、杜尚别农业电气化试验厂、杜尚别蚕种设备厂、杜尚别纺织机械厂、塔吉克斯坦黄金采选联合企业、塔科布萤石开采联合企业、杜尚别水泥生产联合企业、杜尚别石棉水泥制品联合企业、"东方"动力设备修理厂、杜尚别电力网中心企业等。杜尚别的轻工业有饮料和矿泉水厂、杜尚别卷烟厂、杜尚别木材加工厂、卫生工程设备厂、制药厂、针织厂、织袜厂、制鞋厂、头巾厂、糖果点心厂、克鲁普斯卡娅丝绸联合企业、杜尚别印刷联合企业、杜尚别粮食产品联合企业等。

该市为全国铁路、公路、航空等交通枢纽。有通铁尔梅兹的宽轨铁路与通下喷赤和库里亚布的窄轨铁路，并有通泽拉夫尚谷地、费尔干纳盆地、瓦赫什谷地以及帕米尔的干线公路。有通往莫斯科、阿拉木图、比什凯克、阿会哈巴德、叶卡捷琳堡、新西伯利亚、沙迦、卡拉奇等城市的国际航班。市内有长途无轨电车。

杜尚别为塔吉克斯坦的科研、文教中心。科研机构包括共和国科学院（成立于1951年，有16个科研机构）。非科学院系统的科研所有：塔吉克农科所（附设 4 个试验站）、果树葡萄和蔬菜研究所、土壤研究所、畜牧和兽医科研所、塔吉克养羊业科研所、流行病学和卫生学研究所、塔吉克水利技术和土壤改良研究所、科学技术和技术经济情报科研所、计划经济和数学方法研究所、塔吉克自动化系统研究所、建筑基础和地下建筑研究所、塔吉克农业经济和体制研究所、塔吉克马铃薯研究所等。大学有塔吉克国立大学、国家医科大学、塔俄斯拉夫大学、农业大学、师范大学、理工大学、伊斯兰大学、工艺大学、外语学院、体育学院、艺术学院、商学院、税务法律学院等。有 7 座剧院，其中有以艾尼（塔吉克作家、学者、社会活动家）的名字命名的艾尼芭蕾舞歌剧院（建于 1939—1946 年）、马亚科夫话剧院、拉胡提话剧院、11 座电影院及音乐厅、马戏场等。有 5 个体育场、1 个体育馆、7 个游泳池。医疗机构有 24 所医院、59 个门诊部（其中 11 个专科门诊）、8 个流行病防疫站。

杜尚别市有多处驰名国内外的名胜古迹。主要的博物馆有：国家博物馆、地方史志博物馆、造型艺术博物馆、民族学博物馆、地质博物馆。主要的文学馆有：艾尼文学馆、图尔松扎德（塔吉克诗人、社会活动家）文学馆等。主要的纪念碑有：萨马尼纪念碑、鲁达基纪念碑、艾尼纪念碑、图尔松扎德纪念碑。

塔吉克地质博物馆成立于 1959 年，原为地质矿产部内部展室，后对公众开放。博物馆内收藏各类矿石、宝石样品 1.6 万余件，但由于场地有限，只展出了 4 500 件，其中 90% 展品是本国出产的矿石，小部分是通过交换由其他国家提供的。展馆面积 320 平方米，展出了地质学的不同学科的展品：矿物学、岩石学、古生物学和古植物学。博物馆既全面展示塔吉克的地质分布情况，又展示了矿产的分布情况，并展出了矿产和不同起源演化阶段的样品。

萨马尼纪念碑位于杜尚别市中心。萨马尼又称"萨曼"。萨曼王朝（874—999），由波斯人纳斯尔阿赫马德创建，因其祖先为波斯贵族萨曼而得名。最初建都撒马尔罕，后为布哈拉（撒、布两市现在都在乌兹别克斯坦境内）。萨马尼王朝信奉伊斯兰教，10 世纪上半叶国势最强，占据了包括今伊朗东部及阿姆河和锡尔河之间的地区，后被喀拉汗王朝所灭。

鲁达基纪念碑位于杜尚别市东北角。阿卜杜拉·鲁达基（860—941），出生于塔吉克潘吉肯特区，担任萨马尼王朝首席宫廷诗人 40 余年，一生写过 13 万首两行诗。其诗歌充满对劳动人民的爱，讴歌理性、善良，被认为是塔吉克-波斯文学的奠基人。

艾尼纪念碑位于杜尚别市东南角。萨德里丁·艾尼（1878—1954），塔吉克作家、诗人，塔吉克科学院第一任院长。其长诗《自由进行曲》号召人民起来推翻沙米尔的残暴统治，"为了光荣的十月"吹响了人民为苏维埃政权而战的号角。

图尔松扎德纪念碑位于杜尚别市西北角。米尔扎·图尔松扎德（1911—1977），塔吉克诗人。生前任塔吉克作协主席。曾任苏联作协执行委员会秘书，曾获苏联国家奖金；创作的著名诗歌有《祖国的儿子》《永恒之光》《亚洲之声》等。

杜尚别市与莫斯科市（俄罗斯）、鲁萨卡市（赞比亚）、博尔德市（美国）、萨那市（也门）、克拉根福市（奥地利）、拉合尔市（巴基斯坦）等城市结为友好城市。

五、中央直辖区

塔吉克斯坦国家直辖区是一个省级行政区，位于该国的中西部地区，面积2.84万平方千米。辖区分为13个区，即瓦赫达特区、拉什特区、吉萨尔区、图尔松扎德区、基尔加塔里区、鲁达基区、努罗博德区、法伊兹阿巴德区、罗贡区、塔维达林区、瓦尔佐布区、塔吉卡巴德区、沙赫里纳夫区。主要居民为塔吉克人，还有乌兹别克人和俄罗斯人等。主要城市有卡菲尔尼甘市、罗贡市、图尔松扎德市等。人口221万多（2020年底数据）。

中央直辖区属于温带大陆性气候。卡菲尔尼甘河流经该区。

中央直辖区有中亚最大水力发电站——努雷克水电站，塔吉克斯坦最大的工业企业——塔吉克铝制品厂。

第四节　基础设施

在苏联时期，塔吉克斯坦属于边远地区，基础设施建设整体落后于其他独联体国家。1991年塔吉克斯坦独立后，整体经济窘况使政府无力对国内基础设施领域进行投资，加上7年内战，本就陈旧的基础设施遭到破坏。落后的基础设施严重制约了塔吉克斯坦国家的经济发展。1997年内战结束以后，塔吉克斯坦政府开始在一些国家和国际组织的援助下对国内基础设施进行改善、维护、重建。进入21世纪以来，在塔吉克斯坦经济逐渐恢复发展的背景下，国内基础设施逐步得到发展。2013—2020年，在一些国家和国际组织的帮助或援助下，塔吉克斯坦新建了1 500多千米公路，修建了190座桥梁，铺设了50千米铁路，极大地提升了本国交通运输能力。塔吉克斯坦还计划新建1 500千米国际标准公路。

一、公路

塔吉克斯坦地处内陆山区，地形地貌复杂多变，自然条件致使筑路过程中开山架桥相当困难，交通基础设施比较落后。塔吉克斯坦国内交通设施主要以公路为主。据塔吉克斯坦交通部门统计，塔吉克斯坦现有公路总长137万多千米，基本上是苏联时期修筑的。长久以来，因资金筹措困难，塔吉克斯坦政府对公路设施没有进行必要的维护和保护，加上多年内战、多发的山体滑坡、泥石流等自然灾害破坏，很多公路设施损坏十分严重，一般常态的通行已较困难，无法满足塔吉克斯坦国内经济和社会发展需要。为了改变落后的公路设施，塔吉克斯坦政府将交通作为国民经济发展的优先领域，制定了公路设施战略发展规划。

塔吉克斯坦现有4条公路骨干线，均以首都杜尚别为中心，向周边地区和国家辐射。

（一）塔中（塔吉克斯坦—中国）公路

塔中公路西起杜尚别，经过哈特隆州首府库尔干秋别市、南部重镇库里亚布市（尤其是丹加拉区，该区是拉赫蒙总统的故乡）、卡莱胡姆布市一直延伸到东南部的戈尔诺-巴达赫尚州的首府霍罗格市，再向东延伸到中塔边境的阔勒买口岸（中方为卡拉苏口岸），全长1 009千米。

塔吉克斯坦独立之初，由于内战破坏、年久失修、自然条件恶化等原因，路况条件和环境非常差。为了加快国内经济发展和与中国的喀喇昆仑公路联网，自1998年起，塔吉克斯坦政府利用伊斯兰开发银行与亚洲开发银行提供的贷款、中国政府提供的优惠贷款及其他国际组织的援助，对这条公路进行分段改造，目前大部分路段已经改造完成，部分路段还处于改造之中。

因为这条公路将中国卡拉苏口岸和杜尚别连接起来，继而和中国新疆的公路网相连，成为名副其实的"中塔友谊公路"。据统计，2019年中塔公路通行货车12 591辆次，其中塔吉克斯坦方向6 304辆次，中国方向6 287辆次[①]。

近几年，中塔持续培育的杜尚别-霍罗格-喀什国际公路使两国之间建立了直接的公路联系，逐渐形成"杜尚别-边境和中国-喀什"国际交通运输通道走廊，在帕米尔地区建立了交通-经济一体化联系，对发展中、塔两国经济贸易合作具有突破性意义。

---

① 拉希德·阿利莫夫. 中国科技为塔吉克斯坦山区发展赋能 [EB/OL]. http://world.people.com.cn/n1/2020/0821/c1002-31831894.html.

（二）塔吉（塔吉克斯坦-吉尔吉斯斯坦）公路

塔吉公路由杜尚别开始，沿着瓦赫什河谷向东北方向延伸，经过达尔邦吉、吉尔加塔利等城市，最终到达东北边境城市卡拉梅克，全长338千米。该公路过境后直达吉尔吉斯斯坦南部城市奥什，与中吉乌公路对接。塔吉公路由亚洲开发银行、欧佩克基金会提供贷款，加上塔吉克斯坦政府出资，目前已经完成改造升级任务。这条公路是塔吉克斯坦国内的主要交通干线，是中国-中亚最便捷的运输通道。

塔吉公路主要蜿蜒于高山河谷之中，面临的地质灾害多，运输安全经常受到威胁。

（三）塔阿（塔吉克斯坦-阿富汗）公路

塔阿公路北起杜尚别，南至边境城市下喷赤，全长185千米。目前，塔阿公路绝大部分路段已经改造升级完毕。其中，杜尚别至哈特隆首府库尔干秋别段由亚洲开发银行、欧佩克基金会提供贷款，意大利的托基尼公司承建完成。杜思吉至边境城市下喷赤段长23.7千米，由日本政府提供无偿援助进行修复，已经完工。

（四）塔乌（塔吉克斯坦-乌兹别克斯坦）公路

塔乌公路北段南起杜尚别，北至边境口岸城市恰纳克，全长355千米，是一条建立在崇山峻岭之间的盘山公路，一侧是怪石嶙峋的山体，另一侧是深不可测的山涧，数不清的弯道令人目眩。在塔乌公路修复改造项目中，除安佐布隧道外，其余部分包括沙赫利斯坦隧道（距杜尚别199千米，长5.2千米，海拔3 370米；该隧道打通后，使得塔乌公路可以全年通行，而且大大缩短了行车时间）由中国路桥公司承建，修建资金来源于中国政府向上海合作组织成员提供的政府优惠贷款。2006年7月项目正式开工，2012年10月塔乌公路北段全线正式交付塔方使用。

塔乌公路西段东起杜尚别，西至边境城市图尔松扎德，全长64千米。由亚洲开发银行设计，中国路桥公司承建，2011年10月正式开工，工期30个月，已于2014年11月完工交付。

塔乌公路修复改造项目是上海合作组织政府间框架下最大的交通基础设施项目，合同总金额为2.96亿美元。塔乌公路的修复建设，对完善塔、乌两国公路交通运输网络，加强塔、乌贸易合作往来等都将起到积极的作用，具有较深远的政治经济意义。

二、铁路

在苏联时期，塔吉克斯坦处于苏联铁路网的末梢。独立后的塔吉克斯坦只有北、中、南三条互不相连的铁路线，需要借道邻国乌兹别克斯坦和土库曼斯坦才能与独联体及周边国家互通。例如，从杜尚别到南部的城市库尔干秋别市，需要借道乌兹别克斯坦铁尔梅兹才能连通，使得杜尚别至库尔干秋别铁路原长达432千米。塔吉克斯坦铁路总长950.7千米，使用长度616.7千米，其中114千米已超期服役。铁路的各种附属设施落后，基本运输车厢都缺乏。

铁路是塔吉克斯坦旅客和货物进出境运输的重要手段，借道乌兹别克斯坦不但浪费时间，而且通关手续和费用比较复杂，诸多方面受乌兹别克斯坦制约。2012年3月，乌兹别克斯坦方面拆除南段塔乌铁路，经国际铁路运输至塔吉克斯坦南部地区的货物必须通过其他两条铁路的转运才能到达。上述因素致使塔吉克斯坦铁路运量连年下降，严重制约了塔吉克斯坦经济发展。

为了改变铁路互通滞后局面，塔吉克斯坦政府启动了瓦赫达特-亚湾铁路（简称"瓦亚铁路"）项目。瓦亚铁路项目起自塔吉克斯坦中央直辖区瓦赫达特，经鲁达基区到哈特隆州的亚湾地区，总长约48.65千米，总投资7 200万美元，采用EPC①模式。合同工期28个月，该项目于2015年5月15日开工，仅用15个月就实现了竣工通车。瓦亚铁路实现了塔吉克斯坦铁路中段与南段联网，首次实现互联互通，是沟通塔吉克斯坦中北部经济发达区和南部资源重地的重要铁路。瓦亚铁路优化了塔吉克斯坦国内铁路网结构，大幅提升了铁路的整体运输效能。瓦亚铁路还将成为连接中国—塔吉克斯坦—阿富汗—伊朗国际铁路交通的枢纽。

三、航空

塔吉克斯坦是内陆国，没有出海口，陆路交通网络不完备，航空成为交通运输的重要组成部分。主要机场有杜尚别国际机场、苦盏国际机场、库里亚布机场。其中，杜尚别国际机场是塔吉克斯坦最大机场和枢纽机场，机场级别B，飞行区等级为4D，2015年由法国公司负责建设的新航站楼已投入使用。苦盏国际机场是塔吉克斯坦第二大国际枢纽机场，仅次于杜尚别国际机场。

塔吉克航空是塔吉克斯坦的国家航空公司，成立于1924年9月3日，总部设在塔吉克斯坦首府杜尚别市。它是世界上仍然在经营的第七家古老的航空公司，航空公司原名"塔吉克民航"，塔吉克斯坦独立后改为现名，并成为国

---

① EPC（engineering procurement construction）是指公司受业主委托，按照合同约定对工程建设项目的设计、采购、施工、试运行等实行全过程或若干阶段的承包。通常公司在总价合同条件下，对其所承包工程的质量、安全、费用和进度负责。

家航空公司。该公司主要服务于独联体、东亚国家与杜尚别之间的航线。

塔吉克斯坦索蒙航空公司（SOMON AIR）是首家私营航空公司，成立于2006年11月，2006年取得飞行许可权。2007年2月开始正式商业飞行，初期租用土耳其航空公司飞机，2008年10月购买第一架波音737飞机。2010年10月，索蒙航空公司成功首航乌鲁木齐国际机场，正式开通杜尚别-乌鲁木齐航空业务。

目前，塔吉克斯坦与独联体国家开通国际航线的城市有：莫斯科、圣彼得堡、阿拉木图、比什凯克、奥什、叶卡捷琳堡、新西伯利亚等独联体国家的重要城市。

塔吉克斯坦与其他国家和地区开通国际航线的城市有：沙迦（阿联酋）、马什哈德（伊朗）、新德里（印度）、喀布尔（阿富汗）、伊斯坦布尔（土耳其）、法兰克福（法国）、乌鲁木齐（中国）等。

塔吉克斯坦国内有杜尚别至苦盏、霍罗格、库里亚布、彭吉肯特等城市航班。

中国南方航空公司经营中塔之间两条国际航线：乌鲁木齐-杜尚别和乌鲁木齐-苦盏。

四、电力设施

塔吉克斯坦电力基础设施主要是水电站和火电厂。水电站在苏联时期就开始建设，近几年，塔吉克斯坦的水电设施呈快速发展趋势。火力发电是塔吉克斯坦电力设施的重要组成部分，目前主要有杜尚别热电厂和亚万热电厂。

（一）水电设施

塔吉克斯坦水力资源非常丰富，居世界第8位，人均世界第1位。国内长度在10千米以上的河流有947条，总长2.8万千米，河网密度达0.6千米/平方千米。从苏联时期迄今，先后在北部的泽拉夫尚河、中部的卡菲尔尼甘河和瓦赫什河、南部的喷赤河等4大水系上共建近30座大、中、小型水电站，总装机容量为509万千瓦，其中绝大部分水电站集中在瓦赫什河上，呈梯级分布。

塔吉克斯坦的主要水力资源集中在喷赤河、瓦赫什河、卡菲尔尼甘河和泽拉夫尚河流域上，在这些河上建立了不同规模的水电站。上述统计数据是潜在的、理论上的，实际开发数量非常小。

喷赤河发源于帕米尔高原，是塔吉克斯坦最大的单独河流，长度为921千米，水力资源十分丰富，根据勘探，有14个地段可以建立水电站，其中一个地段已经建立了水电站。喷赤河处于塔吉克斯坦与阿富汗交界处。喷赤河的潜在装机容量为17 900兆瓦，年发电量可达到863亿千瓦时。喷赤河水力资源统计见表1-3。

表 1-3　喷赤河水力资源统计①

序号	水电站名称/中文（俄文）	水库容量/千立方米	装机功率/兆瓦	发电量/十亿千瓦时·年$^{-1}$
1	巴尔绍尔水电站（Баршорская ГЭС）	1.25	300	1.6
2	安德罗布水电站（Андеробская ГЭС）	0.1	650	3.3
3	比萨水电站（Пишская ГЭС）	0.03	320	1.7
4	霍罗格水电站（Хорогская ГЭС）	0.01	250	1.3
5	鲁山水电站（Рушанская ГЭС）	4.1	3 000	14.8
6	亚兹古列木河水电站（Язгулемская ГЭС）	0.02	850	4.2
7	花岗岩门水电站（Гранитные ворота ГЭС）	0.03	2 100	10.5
8	谢尔戈瓦水电站（Ширговатская ГЭС）	0.04	1 000	9.7
9	霍斯塔瓦水电站（Хоставская ГЭС）	0.04	1 200	6.1
10	达什蒂朱姆水电站（Даштиджумская ГЭС）	10.2	4 000	15.6
11	朱马水电站（Джумарская ГЭС）	1.3	2 000	8.2
12	莫斯科水电站（Московская ГЭС）	0.04	880	3.4
13	科克钦水电站（Кокчинская ГЭС）	0.2	350	1.5
14	上阿姆河水利枢纽（ВерхнеАмударьинскийГидроузел）	15.2	1 000	4.4
15	总计	32.56	17 900	86.3

　　瓦赫什河是塔吉克斯坦主要河流之一，流域有 9 个地段可以修建水电站，其中 7 个地段已经建有水电站。瓦赫什河是全国水资源的大动脉，按照规划，瓦赫什河上、中、下游建立了梯级水电站。2018 年 11 月 16 日，罗贡水电站第一台机组投入运营。瓦赫什河潜在的装机总容量为 9 225.05 兆瓦，年发电量可达 336.49 亿千瓦时。瓦赫什河梯级水电站水力资源统计见表 1-4。

表 1-4　瓦赫什河梯级水电站水力资源统计②

序号	水电站名称/中文（俄文）	水库容量/千立方米	装机功率/兆瓦	发电量/十亿千瓦时·年$^{-1}$
1	罗贡水电站（Рогунская ГЭС）	13.3	3 600	17.0
2	舒罗布水电站（Шуробская ГЭС）	0.027	850	2.1

① 参见塔吉克斯坦能源水利部网站：https：//www.mewr.tj/？page_id＝614.

② 参见 塔吉克斯坦能源水利部网站：https：//www.mewr.tj/？page_id＝614.

表1-4（续）

序号	水电站名称/中文（俄文）	水库容量/千立方米	装机功率/兆瓦	发电量/十亿千瓦时·年$^{-1}$
3	努列克水电站（Нурекская ГЭС）	10.5	3 000	11.2
4	拜帕金水电站（Байпазинская ГЭС）	0.084	600	2.9
5	桑格图德1号水电站（Сангтудинская ГЭС-1）	2.7	670	2.5
6	桑格图德2号水电站（Сангтудинская ГЭС-2）	0.932	220	0.665
7	格拉夫纳亚水电站（Головная ГЭС）	—	240	0.96
8	别列巴特水电站（Перепадная ГЭС）	—	29.95	0.21
9	中央水电站（Центральная ГЭС）	—	15.1	0.114
10	总计	27.543	9 225.05	33.649

泽拉夫尚河长877千米，据勘测有13个地段可以修建水电站。泽拉夫尚河潜在装机总容量为640兆瓦，年发电量可达30.3亿千瓦时。泽拉夫尚河水力资源统计见表1-5。

表1-5　泽拉夫尚河水力资源统计①

序号	水电站名称/中文（俄文）	水库容量/千立方米	装机功率/兆瓦	发电量/十亿千瓦时·年$^{-1}$
1	艾宁水电站（Айнинская ГЭС）	0.5	160	0.95
2	亚万水电站（Яванская ГЭС）	0.05	120	0.18
3	杜普林水电站（Дупулинская ГЭС）	26	200	1.0
4	彭吉肯特1号水电站（Пенджикентская ГЭС-1）	—	50	0.27
5	彭吉肯特2号水电站（Пенджикентская ГЭС-2）	—	45	0.25
6	彭吉肯特3号水电站（Пенджикентская ГЭС-3）	—	65	0.38
7	总计	26.1	640	3.03

马特恰河是泽拉夫尚河的一条支流，水力资源蕴藏丰富，可以修建多座水电站。马特恰河的潜在装机总容量为995兆瓦，年发电量可达57.1亿千瓦时。马特恰河水力资源统计见表1-6。

---

① 参见塔吉克斯坦能源水利部网站：https://www.mewr.tj/？page_id=614.

表 1-6 马特恰河（泽拉夫尚河支流）水力资源统计①

序号	水电站名称/中文（俄文）	水库容量/千立方米	装机功率/兆瓦	发电量/十亿千瓦时·年⁻¹
1	马钦斯卡亚水电站（Матчинская ГЭС）	1.0	90	0.55
2	里亚穆特水电站（Риамутская ГЭС）	0.55	75	0.46
3	奥伯顿水电站（Обурдонская ГЭС）	0.72	120	0.35
4	达尔加水电站（Даргская ГЭС）	0.05	130	0.75
5	桑吉斯坦水电站（Сангистанская ГЭС）	0.05	140	0.9
6	帕胡塔水电站（Пахутская ГЭС）	0.05	140	0.9
7	丰达林水电站（Фондарьинская ГЭС）	——	300	1.8
8	总计	2.42	995	5.71

卡菲尔尼甘河流经塔吉克斯坦首都杜尚别市，其流域的水力资源相当丰富，据评估潜在装机总容量为 1 600 兆瓦，年发电量可达 51 亿千瓦时。卡菲尔尼甘河水力资源统计见表 1-7。

表 1-7 卡菲尔尼甘河水力资源统计②

序号	水电站名称/中文（俄文）	水库容量/千立方米	装机功率/兆瓦	发电量/十亿千瓦时·年⁻¹
1	维斯坦水电站（Вистанская ГЭС）	——	200	0.6
2	萨尔沃兹水电站（Сарвозская ГЭС）	——	250	0.8
3	亚夫罗泽水电站（Яврозская ГЭС）	0.045	400	1.1
4	罗密特水电站（Ромитская ГЭС）	1.2	450	1.4
5	巴格季格达水利枢纽（Багджигдинскийгидроузел）	0.85	150	0.6
6	下卡菲尔尼甘水利枢纽（Нижне Кафарниганский гидроузел）	2.05	150	0.6
7	总计	4.145	1 600	5.1

目前，塔吉克斯坦国内运行中的水电站有：努列克水电站（最大水电站）、桑格图德 1 号水电站、拜帕金水电站、萨尔班德水电站、桑格图德 2 号水电站、凯拉库姆水电站、沙尔沙拉水电站、中央水电站、瓦尔佐布 2 号水电

---

① 参见塔吉克斯坦能源水利部网站：https://www.mewr.tj/？page_id=614.
② 参见塔吉克斯坦能源水利部网站：https://www.mewr.tj/？page_id=614.

站、瓦尔佐布 1 号水电站、瓦尔佐布 3 号水电站，以及罗贡水电站的 2 个机组（200 兆瓦）。此外，塔吉克斯坦还有 286 座小型水电站，总装机容量 26.7 兆瓦，但多数由于地理位置限制，冬季缺水不能发电。塔吉克斯坦较大的水电站有以下几座：

1. 努列克水电站

该水电站坐落在塔吉克斯坦共和国境内瓦赫什河中游的布利桑京峡谷处，是发电、灌溉和航运等综合利用的水利枢纽。1961 年开工兴建，1972 年开始发电，1980 年建成。

努列克水电站装机容量超过 3 000 兆瓦，年发电量约占塔吉克斯坦全国电量总需求的 50%，目前仅 3/4 的装机容量能得到利用。努列克水电站已运行半个世纪，设备老化问题突出，整体需要大规模维修改造。

2019 年 3 月，努列克水电站一期改造项目启动，资金来自世界银行（2.257 亿美元）、亚洲基础设施投资银行（6 000 万美元）和欧亚开发银行（4 000 万美元），主要对 9 个水力发电机组中的 3 个进行大规模维修改造，更换和维修水力机械设备和关键基础设施部件，更换 6 个变压器，采取提高大坝安全性的措施，包括防震防洪措施。

努列克水电站二期维修改造项目总投资 1.92 亿美元，对其余 6 个水力发电机组进行大规模维修改造，重建努列克水电站大桥，维修发电厂大楼和其他关键设施，提高努列克水电站和塔吉克能源公司工作人员的操作和维护能力。目前塔吉克斯坦政府正在与合作伙伴探讨资金来源问题。

努列克水电站维修改造完成后，年发电量将增加近 3 亿千瓦时，有助于冬季弥补电力缺口，夏季扩大电力出口。

2. 罗贡水电站

该水电站位于塔吉克斯坦共和国瓦赫什河上游，是具有灌溉、发电和防洪等综合效益的大型水利枢纽。罗贡大坝是瓦赫什河最上一个梯级，下游 70 千米即为努列克大坝。罗贡水电站设计装机容量为 3 600 兆瓦，由 6 台 600 兆瓦发电机组组成，年发电量 131 亿千瓦时，是目前中亚地区在建的规模最大的水电站。所有发电机组预计在 2024 年全部建成投入运行。罗贡水电站建成并投入使用共需资金 21.987 亿美元，建成后将向中亚联合电网送电，超过目前中亚最大的努列克水电站。

罗贡水电站于 1975 年开工兴建。该工程地质条件复杂，施工难度较大，建设速度缓慢。由于苏联解体、塔吉克斯坦内战、洪水泥石流灾害等，致使该工程在 20 世纪 90 年代停滞。2008 年，塔吉克斯坦政府决定自力更生，依靠本国力量恢复罗贡水电站项目建设。2012年起正式恢复现场施工和维修改造工作。2016年10月29日，水电站成功实现截流。2018年11月16日，1号机组投产发电。2019年9月9日，2号机组投入运营。

3. 凯拉库姆水电站

该水电站位于塔吉克斯坦北部索格特州的斯尔达里亚河上，该河流入具有"塔吉克海"之称的凯拉库姆水库。水电站设计于20世纪40年代，1956年12月15日，1号机组投入使用，拥有6个机组，装机总容量12.6万千瓦。水电站是索格特州的电力供应中心。已经运行半个多世纪，目前设备老化，需要维修改造。

2014年12月，塔吉克斯坦与欧洲复兴发展银行签署了一系列融资文件，其中包括贷款担保协议、赠款协议、优惠贷款协议和贷款协议，融资总金额约7 570万美元，所得款项用于凯拉库姆水电站技术改造项目。水电站改造项目预计2023年完成。经过技术改造，水电装机容量将从126兆瓦提高到174兆瓦，年发电量将增加400万千瓦时，索格特州的电力供应状况将得到显著改善，并提高水电站的安全性。

4. 桑格图德1号水电站

该水电站建在距杜尚别120千米的瓦赫什河上，装机容量67万千瓦，拥有4个机组，年发电量27亿千瓦时，设计坝高76米，2005年4月15日正式开工，项目总造价7.2亿美元。这是塔吉克斯坦和俄罗斯的联合项目。按照塔吉克斯坦和俄罗斯两国政府间协议，俄罗斯方面拥有75%股权，塔吉克斯坦方面拥有25%股权。

2008年1月水电站第一号机组启动运营，2009年7月底该项目全部完工，水电站四台机组全部投入生产，大大缓解了塔吉克斯坦南部电力缺乏问题。

5. 桑格图德2号水电站

该水电站坐落于距杜尚别120千米的瓦赫什河上，水电站拥有4个机组，总装机容量22万千瓦，年发电量提高至10亿千瓦时，仅为桑格图德1号水电站的三分之一，2006年2月开工建设。桑格图德2号水电站是由伊朗以BOT（建设—经营—移交）方式投资1.8亿美元（塔吉克斯坦方配套资金4 000万美元）兴建，运营期限12.5年。2011年9月，水电站一期建成投产，年底水电站全部竣工。该水电站的建成将有助于解决塔吉克斯坦泽拉夫尚河谷一带部分电力短缺问题。

6. 拜帕金水电站

该水电站位于瓦赫什河上，距上游努列克大坝30千米，4台机组，水电站装机容量 60 万千瓦，年发电量 26 亿千瓦时。该水电站是利用 1969 年建成的原拜帕金灌溉枢纽，将其拦水坝加高加长改建而成的。该水电站工程于 1981 年动工，第一台机组于 1984 年投入运行，1988 年工程全部竣工。该水电站具有发电和灌溉等综合效益。

7. 格拉夫纳亚水电站

该水电站位于杜尚别以南 80 千米处的瓦赫什河上，属于瓦赫什河流域上 9 个梯级水电站的第 7 级，拥有 6 台机组，装机 240 兆瓦，年发电量 11.5 亿千瓦时。1964 年由苏联建成投运，至今已运行半个多世纪，机组、电气、闸门、起重等设备以及土建、监测等设施已大量老化、损坏，运行极不稳定，局部功能失效。2016 年，中国成都院与水电十六局联营体中标承建该电站的技改项目，涉及更换 1#、2#、3#、5#、6#机组及其辅助设备，以及厂房、渠道土建工程修复和金属结构修复工程及电站运行人员培训工作等。截至 2020 年 11 月底，已经完成 3 台机组修复和改造任务，并顺利投入运营。

8. 舒罗布水电站

该水电站位于杜尚别市以东 110 千米，是瓦赫什河上 9 座梯级水电站的第 8 级，处在罗贡水电站和努列克水电站之间。这 9 座水电站中的 7 座已建成，罗贡水电站正在建设。舒罗布水电站设计装机容量 862.5 兆瓦 ~ 1 000 兆瓦，年发电量超过 32 亿千瓦时，项目约需资金 10 亿美元。

9. 塔吉克斯坦与乌兹别克斯坦计划共建水电站

2021 年 6 月，塔吉克斯坦和乌兹别克斯坦两国政府协商建立一个开放型股份公司，目的是在塔吉克斯坦境内的泽拉夫尚河流域共同建造两座水电站。塔吉克斯坦占据公司投资股份额 50%+1 股，乌兹别克斯坦占据公司投资股份额 50%−1 股。两座水电站生产的电能计划将由乌方全部收购。两座水电站将分两个阶段建设。第一阶段建设装机容量为 140 兆瓦的亚万水电站，其年发电能力达 8 亿千瓦时，所需投资约 2.82 亿美元。第二阶段建设装机容量 135 兆瓦的丰达里约水电站，其年发电能力约 6 亿千瓦时，所需投资为 2.7 亿美元。

表 1-8 是塔吉克斯坦前几年制定的水电发展规划。随着经济与社会的发展，塔吉克斯坦综合国力不断增强。塔吉克斯坦根据国内经济与社会发展需求，会进一步科学规划水电发展计划，会有更多的水电站项目在完成科学论证后相继上马，不断解决国内电力问题，甚至还出口到周边国家。

表 1-8　塔吉克斯坦水电工程开发规划①

水电站数量	装机容量/兆瓦	年发电量/千瓦时	有效库容/亿立方米
喷赤河，15 座	18 322.5	84.918	173.6
瓦赫什河，9 座	9 178	35.36	132.29
锡尔河，1 座	126	0.6	2.5
奥比欣戈乌河，5 座	3 700	9.3	15.5
苏尔霍布河，4 座	2 100	8.7	14.5
泽拉夫尚河，6 座	640	3.01	16.4
凡河，4 座	510	3.18	7.8
马特恰河，5 座	500	3.02	12.1
卡菲尔尼甘河，6 座	1 570	4.98	26.95
巴尔坦格河，5 座	581	5.04	38.5
瓦尔佐布河，3 座	870	3.05	0.84
贡特河，13 座	284.4	1.758	2.12
总计	38 366.5	162.916	465.6

2. 火电设施

塔吉克斯坦有两个火电厂：杜尚别火电厂（发电装机总容量为 198 兆瓦，有三个发电机组，装机容量分别为 35/42/86 兆瓦，电厂是苏联时期建造，使用天然气和重油发电）；杜尚别 2 号火电厂（发电装机总容量为 400 兆瓦，有两个发电机组，装机容量分别为 50/150 兆瓦，电厂是中国近期建造，使用煤炭发电）。

杜尚别 2 号火电厂位于塔吉克斯坦共和国首都杜尚别市西北区瓦尔佐布河右岸的三角地，项目投资方是塔吉克斯坦国家电力公司，EPC 总承包方为中国新疆特变电工国际工程有限公司，该发电厂装机总容量达到 400 兆瓦，年总发电量达 22 亿千瓦时。

杜尚别 2 号发电厂工程分为两期，一期工程为 2×50 兆瓦燃煤电厂，二期工程为 2×150 兆瓦热电联产工程，同步建设烟气脱硫设施。其中第一期工程由河南第一火电建设公司建设，项目于 2012 年 10 月开工，2014 年 9 月一期 2 台

---

① 穆希德季诺夫，赵秋云. 塔吉克斯坦水电工程及其开发前景 [J]. 水利水电快报，2008（1）：22.

机组竣工并顺利启动投产。二期工程由湖北电力公司电建二公司建设，项目于2015 年 6 月开工，2016 年 12 月二期 2 台机组竣工并顺利点火运营。目前，火电厂一、二期工程全部竣工并投产。杜尚别 2 号火电厂为塔吉克斯坦电网电源支撑，为首都杜尚别市提供采暖热源，电厂建成投运后完全填补了水电站的发电缺口，供热面积超过 430 万平方米，可以解决杜尚别 70% 的居民冬季取暖问题。

五、通信设施

塔吉克斯坦独立后的 5 年内战，给经济与社会发展带来很大破坏，通信行业发展滞后。在全球网络化、信息化快速发展背景下，落后的通信行业成为塔吉克斯坦融入世界经济的一个障碍。内战结束后，塔吉克斯坦政府加快通信基础设施建设，提高国内网络化、信息化水平，出台了一系列法律法规，吸引外国通信资本培育和开发本国通信市场。中国、德国、美国、日本、韩国、俄罗斯等国家的公司纷纷在塔吉克斯坦的通信市场投资或参与项目建设。

1996 年，荷兰一家公司在杜尚别开通了 AMPS 制式模拟手机业务，宣告成立塔吉克斯坦第一家移动通信公司 TajikeTel。经过近 10 年的发展，到了2006 年，塔吉克斯坦的通信市场几乎涵盖了当时世界所有的通信技术和制式工具，突出成就是开通了 3G 业务，在边远的山区，无线电话网络也可以运营。2014 年 4 月，塔吉克 Tcell 公司开始提供 4G 服务。

目前在塔吉克斯坦共有 10 多家移动电话运营商，其中较有实力的是塔吉克斯坦最大私营通信公司 Babilon - Mobile、塔吉克斯坦与俄罗斯合资的MLTMobile、塔吉克斯坦与美国合资的 Indigo，以及中国与塔吉克斯坦合资的TKMobile（塔中移动通信公司）。塔吉克斯坦移动电话共采用 5 种技术标准：AMPS、GSM、CDMA450、CDMA2000 1X 和 3G - UMTS，移动电话网络基本形成。

塔吉克斯坦通信市场基本有四个运营商，其中 Tcell 公司占 36% 市场份额，MegaFon 公司占 25% 市场份额，Babilon Mobile 公司占 20% 市场份额，Beeline公司占 19% 市场份额，运营公司全部持有 GSM 900MHz/1800MHz 运营许可证。

目前，塔吉克斯坦 3G 网络覆盖才超过 90%，4G 仅覆盖主要城市，目前4G 网络仍是通信领域的建设重点。Tcell 公司在塔吉克斯坦拥有最广泛的 4G网络覆盖地区。

2020 年初华为公司同塔吉克斯坦运营商 MegaFon 合作，在首都杜尚别开通第一个 5G 站点，启动 5G 网络一期运营，通过引导运营商申购合适的频谱，进行站点规划和安装调试，成功开通塔吉克斯坦第一个5G站点，覆盖首都市中心的索姆尼广场，测试速率超过1G每秒，可以供普通民众免费体验。此外，华为与Tcell、Tacom的5G合同也在洽谈中，随后会陆续部署。

塔吉克斯坦主要互联网接入提供商为MLT、Megafon、Tcell、Intercom、Babilon等。据互联网世界统计（Internet World Stats，IWS）公司调查，截至2019年底，塔吉克斯坦互联网普及率为31.6%。塔吉克斯坦互联网速度较慢，资费较高，1Gb流量约1.5~2美元，用户每月上网费用相当于当地人月均工资的8%~10%。

2020年底，塔吉克斯坦新增一家移动通信公司O Mobile。运营商制定了资费标准，价格在5~15索莫尼之间，公司主攻语音通话业务。O Mobile是一家虚拟的移动运营公司，该公司从Tcell公司租赁基站，以自己的品牌推销和从事服务。

塔吉克斯坦通信行业领域正在实施国家和国际计划，互联网设施和服务质量逐年提升，通信行业发展势头良好。

六、国家电网

塔吉克斯坦独立以来，全国形成了三大电网，分别是杜尚别-瓦赫什南部电网、索格德北部电网和巴达赫尚自治州电网。

（一）杜尚别-瓦赫什南部电网

该电网由塔吉克电力控股公司经营，属于国家大型电力工业企业。它覆盖面最广，覆盖区域包括塔吉克斯坦西部、中部和南部，首都杜尚别、中央直辖区和哈特隆州。

该电网覆盖区域内输出电源电站：杜尚别2号热电厂、瓦尔佐布河梯级水电站、努列克水电站、瓦赫什河梯级水电站、桑格图德1号水电站、桑格图德2号水电站和正在建设中的罗贡水电站等。目前，这些水电站囊括了塔吉克斯坦绝大部分输出功率，是塔吉克斯坦国内电力供应的主导力量。

该电网向西与乌兹别克斯坦国家电网连接，借道乌兹别克斯坦国家电网向塔吉克斯坦北部的索格特州供电，解决北部电力短缺问题。

（二）索格德北部电网

该电网由塔吉克电力控股公司经营，属于国家大型电力工业企业。它主要覆盖索格德州，为塔吉克斯坦北部地区输送电力。

该电网覆盖区域输出电源电站比较少，主要是凯拉库姆水库发电站。近几年，一些水电站相继投入运营，一些水电站在筹建中。该电网与乌兹别克斯坦国家电网和吉尔吉斯斯坦国家电网互通。

（三）巴达赫尚自治州电网

该电网由私营公司帕米尔电网经营，根据 2002 年该公司与塔吉克斯坦政府签署的租赁协议，对该电网拥有 25 年的经营权。主要运营区域为戈尔诺-巴达赫尚自治州，为东部帕米尔高原提供电力。该电网内输出电源主要包括霍罗格水电站和帕米尔 1 号水电站，以及正在筹建的一些小型水电站。由于东部处于海拔较高的帕米尔高原，所以该电网是塔吉克斯坦国内的一个独立电网，至今没有与外部连接。

（四）新建互通电网

为了解决南北电网隔绝问题，在 2006 年上海合作组织上海峰会上，特变电工与塔吉克斯坦签订了 3.39 亿美元的"220KV 架空输电线路项目（洛拉佐尔-哈特隆）合同"和"500KV 架空输电线路项目（北-南）合同"。其中 220KV 架空输电线路项目合同金额为 0.58 亿美元，已于 2008 年竣工。500KV 架空输电线路项目合同金额为 2.81 亿美元。该项目是利用中国政府的优惠贷款实施的重大能源项目。该项目分两期建设，一期为 90 千米的"洛拉佐尔-哈特隆"的 220 千伏输变电路线，已于 2008 年 6 月竣工投产；二期为 350 千米的"南-北"500 千伏输变电工程，已于 2009 年 9 月竣工投产。500KV 线路将塔吉克斯坦南部与北部电网相连接，成为该国南北电力大通道，使塔吉克斯坦国家电网实现独立，摆脱北部地区完全依赖周边国家电力供应的历史，该工程将缓解塔吉克斯坦南部冬季枯水期用电紧张问题，并且能够将电输送到周边国家，拉动塔吉克斯坦经济发展。

随着塔吉克斯坦经济与社会的发展，国家电网不断得到优化。2010 年 6 月，塔吉克斯坦利用中国政府优惠买方信贷与少量自筹资金，由中国新疆特变电工承建"苦盏-艾尼"220 千伏输变电工程，2011 年 10 月工程竣工并投产。该项目是塔吉克斯坦国家电网建设的又一重大工程。该项目的成功建成，将结束塔吉克斯坦艾尼市和彭吉肯特地区长期缺电和孤网运行的历史，实现与北部电网联网，从而使这一区域的近 30 万人口终于享受到稳定可靠的电力供应。

2017 年 9 月，杜尚别-奥比加姆长度 100 千米的 500 千伏输电线路与杜尚别 500 千伏变电站 2 个出线间隔扩建工程开工建设，2018 年 11 月竣工后并网投入运营。该项目由中国进出口银行提供"两优"贷款实施。项目建成后解决了塔吉克斯坦直辖区及东北部山区电力供应不足问题。

另外，塔吉克斯坦后续建设"奥比加姆-努列克"500 千伏输电线路，与"杜尚别-奥比加姆"500 千伏输电线路一起，与现有 500 千伏线路并网组成国家电网的 500 千伏骨干环网。该 500 千伏输电网将瓦赫什河上大部分水电站联通起来,满足杜尚别和北部地区日益增长的电力需求。同时,500 千伏电网大大提高了供电的稳定性,减少大面积停电事故,保证国家重要地区和重要企业用电安全,保障国家南部电网和国家北部电网并网输电的可靠性。

（五）参与国际电网

2014 年 2 月,吉尔吉斯斯坦、塔吉克斯坦、阿富汗、巴基斯坦四国能源部长在美国华盛顿签署了关于实施"CASA-1000"（中亚-南亚输电项目）项目的政府间协议,拟建设从吉尔吉斯斯坦、塔吉克斯坦向阿富汗、巴基斯坦输送电力的 1 000 兆瓦高压输变电线,其中"吉-塔"段 477 千米,"塔-阿-巴"段 750 千米。该项目投资总金额约为 10 亿美元,主要依靠世界银行、科威特基金会、亚洲开发银行和伊斯兰开发银行贷款解决。2016 年 5 月,"CASA-1000"输变电项目建设正式启动。

"CASA-1000"项目将从吉尔吉斯斯坦和塔吉克斯坦向巴基斯坦供电 50 亿千瓦时。其中,塔吉克斯坦负责出口电力 30 亿千瓦时,即项目输电容量的 70%。"CASA-1000"项目塔吉克斯坦段建设于 2021 年完工,已开始供电。

在"CASA-1000"项目框架内,塔吉克斯坦电力出口的价格为 9.35 美分/千瓦时。项目的成功实施将为塔吉克斯坦每年带来超过 1.5 亿美元的收入,此外,塔吉克斯坦还将收到吉尔吉斯斯坦出口电力的过境费用。

第二章 国家机构

塔吉克斯坦宪法对国家机构框架做出了明确规定，主要包括总统、议会、政府、法院和检察院等。

第一节 总统

《塔吉克斯坦共和国宪法》第六十四条规定，总统是宪法和法律、个人与公民的权利和自由的保护人，是民族独立、国家统一和领土完整、国家稳定与一致的保证人，确保国家权力机构发挥作用和互相配合，确保塔吉克斯坦遵守国际条约。

按照塔吉克斯坦宪法的规定，总统组建办公厅作为其办事机构，保障总统实现宪法赋予的各项职权。塔吉克斯坦总统办公厅规模较大，涉及国家事务的各方面，具体见表 2-1。

表 2-1　总统办公厅机构一览表[①]

序号	机构名称（中文）	机构名称（俄文）
1	总统办公厅主任	Руководство Исполнитель ногоаппарата Президента　Республики　Таджикистан
2	总统经济事务助理	Помощник Президента Республики Таджикистан по экономическим вопросам
3	总统对外活动助理	Помощник Президента Республики Таджикистан по вопросам зарубежных связей

---

① 参见塔吉克斯坦总统府网站：http://president.tj/ru/node/6178.

表2-1（续）

序号	机构名称（中文）	机构名称（俄文）
4	总统人事助理	Помощник Президента Республики Таджикистан по кадровым вопросам
5	总统社会发展和公共关系助理	Помощник Президента Республики Таджикистан по вопросам социального развития и связям с общественностью
6	总统法律事务助理与议会中全权代表	Помощник Президента Республики Таджикистан по правовым вопросам－Полномочный представитель Президента Республики
7	总统秘书处	Секретариат Президента Республики Таджикистан
8	总统礼宾处	Протокольная служба Президента Республики Таджикистан
9	总统新闻处	Пресс-служба Президента Республики Таджикистан
10	总理秘书处	Секретариат Премьер-министра Республики Таджикистан
11	司法处	Правовое управление
12	战略规划与改革局	Управление стратегического планирования и реформ
13	财务管理局	Управление финансов
14	地方事务管理局	Управление по работе с органами местного управления
15	社会发展局	Управление социального развития
16	科教局	Управление науки и просвещения
17	基础设施建设局	Управление развития инфраструктуры
18	农业与环境保护局	Управление сельского хозяйства и защиты окружающей среды
19	涉外关系局	Управление зарубежных связей
20	业务管理与检查局	Управление делопроизводства и контроля
21	国防与执法局	Управление обороны и правопорядка
22	人权保障局	Отдел гарантий прав человека
23	翻译局	Отдел переводов
24	宗教、传统、庆典和仪式的秩序部	Отдел религии, упорядочения традиций, торжеств и обрядов
25	信息和通信技术中心	Центр информационных и коммуникационных технологий（на правах Управления）

表2-1（续）

序号	机构名称（中文）	机构名称（俄文）
26	人力资源局	Сектор кадров
27	专项工作局	Сектор спецработ
28	中央会计处	Центральная бухгалтерия（на правах Управления）
29	经济管理局	Хозяйственное управление
30	总统办公厅所属企事业单位管理局	Предприятия и учреждения при Исполнительном аппарате Президента Республики Таджикистан

　　塔吉克斯坦总统不但通过总统办公厅实现其职权，而且还掌握着一部分直属于总统的行政机构以实现其职权。具体见表2-2。

表 2-2　总统控制的直属单位①

序号	机构名称（中文）	机构名称（俄文）
1	塔吉克斯坦国家安全委员会	Совет безопасности Республики Таджикистан
2	塔吉克斯坦国家司法委员会	Совет юстиции Республики Таджикистан
3	塔吉克斯坦国家地方发展委员会	Комитет местного развития при Президенте Республики Таджикистан
4	塔吉克斯坦国家公务员局	Агентство государственной службы при Президенте Республики Таджикистан
5	塔吉克斯坦国家金融监管与反腐败局	Агентство по государственному финансовому контролю и борьбе с коррупцией Республики Таджикистан
6	塔吉克斯坦国家药物管理局	Агентство по контролю за наркотиками при Президенте Республики Таджикистан
7	塔吉克斯坦国家统计署	Агентство по статистике при Президенте Республики Таджикистан

---

① 参见塔吉克斯坦总统府网站：http://president.tj/ru/node/6178.

第二节　议会

1999 年 9 月，塔吉克斯坦就宪法修正案举行全民公决，决定成立两院制职业议会，称"马吉利西·奥利"，意为最高议会，是国家最高权力机关和立法机构。议会上院称"马吉利西·米利"，意为民族院，议会下院称"马吉利西·纳莫扬达贡"，意为代表会议。

一、上院职权

塔吉克斯坦议会上院依法对议案进行表决。除宪法另有规定外，全体议员的多数赞成议案时即可通过。塔吉克斯坦宪法规定，议会上院有 5 项职权：①设立、撤销和变更国家领土行政区划；②根据总统提名，选举或罢免宪法法院、最高法院、最高经济法院的院长、副院长和审判员；③决议褫夺宪法法院、最高法院、最高经济法院的院长、副院长和审判员的豁免权；④同意任命和罢免总检察长与副总检察长的职权；⑤履行宪法或法律规定的其他权力。

议会上院的日常运转依靠自己的一套办事机构。上院的办事机构由议长助理办公室和办公厅组成。其中办公厅由多个机构组成：①总务局；②法律局；③组织局；④社会、科教文卫、青年政策局；⑤农业、就业和生态局；⑥经济交通事务局；⑦两院事务协调和公共关系局；⑧宪法、人权法律保障局；⑨秘书处等。

二、下院职权

塔吉克斯坦下院全体议员的多数对议案做出决定，除非宪法对决议的程序另有规定。塔吉克斯坦宪法规定，议会下院有 13 项职权：①设立塔吉克斯坦共和国中央选举委员会和全民公决委员会，根据总统的建议，选举或罢免委员会主席、副主席和委员；②把法律草案和其他重要的国家和社会问题提交全民讨论；③确定国家社会和经济发展规划；④对国债做出担保决定；⑤批准或废除国际条约；⑥决定全民公决行动；⑦设立法院机构；⑧确定国家属性；⑨设立国家级奖项；⑩确认总统任命或罢免国家银行行长、副行长的决定；⑪规定军事、外交人员的衔级制和专门衔级制；⑫确定总统的工资；⑬宪法和法律规定的其他权力。

议会下院同样有一套自己的办事机构，包括：①接待处；②组织分析局；③法律局；④居民信访局；⑤翻译、编辑和出版局；⑥公务局；⑦礼宾局；⑧财政局；⑨计算机化与出版局；⑩秘书处等。

第三节　政府

根据塔吉克斯坦国家组织体制特点，政府是国家行政机构的组成部分，是国家权力执行机关。主要负责国家经济与社会发展，履行国家法律，执行总统命令和议会决议。

一、政府组成与职权

塔吉克斯坦政府由总理、第一副总理、副总理、各部部长和国家委员会主席组成。其中总理、第一副总理、副总理和重要部委组成政府常务委员会或者主席团。一般除正、副总理外，委员会或主席团成员还有国家司法部部长、国家财政部部长、国家经济发展与贸易部部长、国家财产与投资委员会主席。

政府的主要职能：保证经济、社会和精神领域有效地发挥作用，保证执行法律、最高议会决议、塔吉克斯坦总统令和指示。政府成员不能担任其他职务，不得是代表机关代表，不能从事企业经营活动。

塔吉克斯坦的总统和政府都属于国家权力的执行机构，部分行政职能部门归总统直接领导和指挥，部分行政职能部门归政府领导和指挥。

塔吉克斯坦政府机构一览见表2-3。

表2-3　塔吉克斯坦政府机构一览①

序号	机构名称（中文）	机构名称（俄文）
1	塔吉克斯坦共和国司法部	Министерство юстиции Республики Таджикистан
2	塔吉克斯坦共和国农业部	Министерство сельского хозяйства Республики Таджикистан
3	塔吉克斯坦共和国内政部	Министерство внутренних дел Республики Таджикистан

---

① 参见塔吉克斯坦总统府网站：http://president.tj/ru/node/5654.

表2-3(续)

序号	机构名称（中文）	机构名称（俄文）
4	塔吉克斯坦共和国外交部	Министерство иностранных дел Республики Таджикистан
5	塔吉克斯坦共和国教育与科学部	Министерство образования и науки Республики Таджикистан
6	塔吉克斯坦共和国劳动、移民和就业部	Министерство труда, миграции и занятости населения Республики Таджикистан
7	塔吉克斯坦共和国财政部	Министерство финансов Республики Таджикистан
8	塔吉克斯坦共和国国防部	Министерство обороны Республики Таджикистан
9	塔吉克斯坦共和国交通部	Министерство транспорта Республики Таджикистан
10	塔吉克斯坦共和国经济发展和贸易部	Министерство экономического развития и торговли Республики Таджикистан
11	塔吉克斯坦共和国工业和新技术部	Министерство промышленности и новых технологий Республики Таджикистан
12	塔吉克斯坦共和国人口卫生与社会保障部	Министерство здравоохранения и социальной защиты населения Республики Таджикистан
13	塔吉克斯坦共和国文化部	Министерство культуры Республики Таджикистан
14	塔吉克斯坦共和国能源与水力资源部	Министерство энергетики и водных ресурсов Республики Таджикистан
15	塔吉克斯坦共和国国家安全委员会	Государственный комитет национальной безопасности Республики Таджикистан
16	塔吉克斯坦共和国国土管理与测量委员会	Государственный комитет по земельному управлению и геодезии Республики Таджикистан
17	塔吉克斯坦共和国国家投资与国有资产管理委员会	Государственный комитет по инвестициям и управлению государственным имуществом Республики Таджикистан

　　塔吉克斯坦政府除了常规部委建制外，还设立了一些直属机构去管理某一专门领域的事务，具体见表2-4。

表 2-4　政府直属机构一览①

序号	机构名称（中文）	机构名称（俄文）
1	塔吉克斯坦共和国政府税务委员会	Налоговый комитет при Правительстве Республики Таджикистан
2	塔吉克斯坦共和国政府语言文字委员会	Комитет по языку и терминологии при Правительстве Республики Таджикистан
3	塔吉克斯坦共和国政府妇女与家庭事务委员会	Комитет по делам женщин и семьи при Правительстве Республики Таджикистан
4	塔吉克斯坦共和国政府建筑建设委员会	Комитет по архитектуре и строительству при Правительстве Республики Таджикистан
5	塔吉克斯坦共和国政府宗教事务、民族传统、庆典与仪式协调委员会	Комитет по делам религии, упорядочению национальных традиций, торжеств и обрядов при Правительстве Республики Таджикистан
6	塔吉克斯坦共和国政府电视与广播委员会	Комитет по телевидению и радио при Правительстве Республики Таджикистан
7	塔吉克斯坦共和国政府环境保护委员会	Комитет по охране окружающей среды при Правительстве Республики Таджикистан
8	塔吉克斯坦共和国政府紧急状态与民防委员会	омитет по чрезвычайным ситуациям и гражданской обороне при Правительстве Республики Таджикистан
9	塔吉克斯坦共和国政府青年体育与旅游委员会	Комитет по делам молодежи, спорту и туризму при Правительстве Республики Таджикистан
10	塔吉克斯坦共和国政府通信联络局	Служба связи при Правительстве Республики Таджикистан
11	塔吉克斯坦共和国政府海关总署	Таможенная служба при Правительстве Республики Таджикистан
12	塔吉克斯坦共和国政府反垄断局	Антимонопольная служба при Правительстве Республики Таджикистан
13	塔吉克斯坦共和国政府工业与矿业安全监督管理总局	Служба по государственному надзору за безопасным ведением работ в промышленности и горному надзору при Правительстве Республики Таджикистан
14	塔吉克斯坦共和国政府土壤改良与灌溉局	Агентство по мелиорации и ирригации при Правительстве Республики Таджикистан

①　参见塔吉克斯坦总统府网站：http://president.tj/ru/node/5654.

表2-4（续）

序号	机构名称（中文）	机构名称（俄文）
15	塔吉克斯坦共和国政府国家物资储备局	Агентство по государственным материальным резервам при Правительстве Республики Таджикистан
16	塔吉克斯坦共和国政府标准、计量、认证与监察局	Агентство по стандартизации, метрологии, сертификации и торговой инспекции при Правительстве Республики Таджикистан
17	塔吉克斯坦共和国政府养老与社会保险局	Агентство социального страхования и пенсий при Правительстве Республики Таджикистан
18	塔吉克斯坦共和国政府特殊遗产保护局	Агентство по обеспечению специальным имуществом при Правительстве Республики Таджикистан
19	塔吉克斯坦共和国政府物资、工程与服务采购局	Агентство по государственным закупкам товаров, работ и услуг при Правительстве Республики Таджикистан
20	塔吉克斯坦共和国政府林业局	Агентство лесного хозяйства при Правительстве Республики Таджикистан
21	塔吉克斯坦共和国政府档案总局	Главное архивное управление при Правительстве Республики Таджикистан
22	塔吉克斯坦共和国政府地质总局	Главное управление геологии при Правительстве Республики Таджикистан
23	塔吉克斯坦共和国政府国家保密总局	Главное управление по защите государственных секретов при Правительстве Республики Таджикистан

二、现任政府组成

2021年11月，塔吉克斯坦总统选举结束，拉赫蒙连任总统，组建新政府。根据拉赫蒙的总统令，科希尔·拉苏尔佐达继续担任总理职务。具体见表2-5。

表 2-5　现任政府组成人员一览表（截至 2021 年 12 月 31 日）①

序号	中文人名	俄文人名	职务
1	科希尔·拉苏尔佐达	Премьер-министр	总理
2	达夫拉塔尔·赛义德	Первый заместитель Премьер-министра	第一副总理
3	古尔马马德佐达·达夫拉特肖赫·库博纳利	Гулмахмадзода Давлатшох Курбонали	副总理
4	萨托里奥·马特鲁巴洪·阿蒙佐达	Сатториён Матлубахон Амонзода	副总理
5	乌斯蒙佐达·乌斯蒙纳利·尤努萨利	Усмонзода Усмонали Юнусали	副总理
6	阿什里扬·穆扎法尔·库本穆哈迈德	Ашуриён Музаффар Курбонмухаммад	司法部部长
7	齐约佐达·苏莱蒙·里佐伊	Зиёзода Сулаймон Ризои	农业部部长
8	拉希姆佐达·拉马宗·哈姆罗	Рахимзода Рамазон Хамро	内政部部长
9	西罗吉丁·穆赫里丁	Сироджиддин Мухриддин	外交部部长
10	伊莫姆佐达·穆罕默德·优素福·赛达利	Имомзода Мухаммадюсуф Сайдали	教育与科学部部长
11	阿蒙佐达·希林·肖迪	Амонзода Ширин Шоди	劳动、移民和就业部部长
12	卡霍佐达·费兹丁·萨托尔	Каххорзода Файзиддин Саттор	财政部部长
13	谢拉利·米尔佐	Sherali Mirzo	国防部部长
14	阿齐姆·易卜拉欣	Азим Иброхим	交通部部长
15	扎夫基佐达·扎夫基·阿明	Завкизода Завки Амин	经济发展和贸易部部长
16	卡比尔·谢拉里	Кабир Шерали	工业和新技术部部长
17	阿卜杜拉佐达·贾莫利丁·阿卜杜洛	Абдуллозода Джамолиддин Абдулло	人口卫生与社会保障部部长

---

① 参见塔吉克斯坦总统府网站：http://president.tj/ru/taxonomy/term/5/136.

表2-4（续）

序号	中文人名	俄文人名	职务
18	达夫拉佐达·祖尔菲亚·达夫拉特	Давлатзода Зулфия Давлат	文化部部长
19	朱玛·达勒·肖法基尔	Джумъа Далер Шофакир	能源与水力资源部部长
20	亚蒂莫夫·赛穆明·萨托洛维奇	ЯтимовСаймумин Сатторович	国家安全委员会主席
21	霍贾佐达·奥里夫·阿什里	Ходжазода Ориф Ашури	土地管理与测量委员会主席
22	科迪佐达·萨迪·桑金穆罗德	Кодирзода Саъди Сангинмурод	国家投资与国有资产管理委员会主席

第四节　司法机构

塔吉克斯坦的司法机构包括法院系统和检察院系统。塔吉克斯坦宪法规定，司法权是独立的，它维护人民的权利和自由，国家、团体和机关的利益，实现法治和公正。

一、法院系统

塔吉克斯坦宪法规定，宪法法院、最高法院、最高经济法院、军事法院以及戈尔诺-巴达赫尚自治州、各州、杜尚别市、市和区法院行使相应司法权。法院的组织和活动程序由宪法等法律规定。

宪法法院是捍卫共和国宪法权威的司法机构，其组织机构与活动程序由宪法专门做出规定。宪法法院具有三项职权：①确认法律、议会两院联合法律文件、上院的法律文件、下院的法律文件，总统、政府、最高法院、最高经济法院、各州和社会团体的命令和决定，以及尚未在塔吉克斯坦境内生效的协议等是否违反宪法。②解决国家机关之间的权力纠纷。③执行宪法和法律规定的其他职权。宪法法院的判决为终审判决。

塔吉克斯坦最高法院是国家最高司法机关，对军事法院、各州法院、杜尚别市法院、各市（区）法院的民事、刑事、行政及其他诉讼行使审判监督权。

塔吉克斯坦最高经济法院负责对各级经济法院审理经济纠纷案件及其他经济案件活动进行审判监督。

塔吉克斯坦军事法院是司法系统的组成部分，具有专门的管辖领域，主要对国家武装力量、内卫部队、边防部队、民防与紧急状态部、军事管理部门及其下属单位行使司法权。

二、检察院系统

塔吉克斯坦检察院系统是法律实施状况的监督机关。总检察长与各级检察长对国内法律执行是否准确和统一实施监督检查。总检察长统一集中领导全国检察院系统。总检察长对上院和总统负责。

总检察长与其下属各级检察长依法独立行使职权，不受其他国家机关或国家公职人员干涉，只遵从法律的规定。

第三章 经济发展

第一节 国民经济概况

塔吉克斯坦独立 30 年来,与中亚其他国家相比,经济发展经历了几个不同寻常的阶段。2021 年 9 月 13 日,塔吉克斯坦《亚洲报》ASIA-Plus 通讯社在报道中将塔吉克斯坦独立以来的经济发展分为三个阶段,基本上按照 10 年为一个阶段划分:

第一个阶段,20 世纪独立后的 90 年代,即刚独立和内战前后阶段。

在 20 世纪 90 年代,刚刚独立的塔吉克斯坦因国内政治矛盾陷入内战。内战几乎完全摧毁了脆弱的国民经济体系。在社会动荡的年份里,塔吉克斯坦国内普通民众主要依靠农业生产、人道主义援助和劳动移民的境外汇款生存下来。在内战期间,塔吉克斯坦的国内生产总值(GDP)降至刚刚独立之时的 1/3,从 1991 年的 27 亿美元降至 1997 年的 9.1 亿美元。1992—1996 年,塔吉克斯坦的工业总产值下滑了约 2/3,自 1997 年起才开始恢复,1997—2000 年,工业产值增长了 23%。同期,农业产值的降幅为 50%。[①] 1998 年起,经济开始恢复增长,到 2000 年,GDP 增至 13 亿美元。具体见表 3-1。

---

① 参见中国驻塔吉克斯坦大使馆经济商务处网站:http://tj.mofcom.gov.cn/article/jmxw/202109/20210903199668.shtml.

表 3-1　1997—2000 年塔吉克斯坦经济增长态势①

年份	名义 GDP /亿索莫尼	实际 GDP 指数 （1995 年＝100）	实际增长率 /%
1997	5.684	84.8	1.7
1998	10.752	89.6	5.3
1990	13.650	3.8	3.7
2000	17.837	8.2	8.3

第二个阶段，新世纪第一个 10 年（2000—2010 年），即积极发展阶段。

进入新世纪第一个 10 年后，塔吉克斯坦国内政治社会稳定，营商环境逐渐改善。国内经济发生了比较积极的变化，政府不但积极整顿国内经济领域秩序，而且开始积极引进外国投资（包括优惠贷款以及援助款项）和技术，改造和新建许多工业企业和交通通信等基础设施。引进外资和技术为塔吉克斯坦经济恢复和发展注入新的活力，大大提高了生产效率和资源有效利用率，促进了国内劳动力就业率，增加了广大居民的可支配收入，极大地改善了各区域居民生活条件。

塔吉克斯坦最初从俄罗斯、塞浦路斯、美国和哈萨克斯坦等国引进外资和技术。2007 年全年引进外资 3 亿多美元，其中俄罗斯投资额最大。同时，自2007 年起，中国开始对塔吉克斯坦进行经济投资和援助，随着投资和援助的规模不断扩大，中国成为塔吉克斯坦的主要投资来源国。外国投资主要被用于能源领域和基础设施领域。在能源领域，外资帮助塔吉克斯坦改善了旧有的水利设施，建立了新的水电站及输电网络，将塔吉克斯坦南北电网联通，同时与周边国家电网并联销售多余电力；在交通领域，外资初步改变了塔吉克斯坦公路交通和铁路交通不通畅状态；在通信领域，电信市场快速发展，便捷和高效的通信服务使用户数量、运营收入和国家预算收入不断增长。在境外务工的塔吉克斯坦公民汇回的外汇收入成为塔吉克斯坦 GDP 的重要组成部分，支持了塔吉克斯坦国内经济的发展。

2000—2010 年，塔吉克斯坦经济实际年均增幅达到 5%，通货膨胀率从 20 世纪 90 年代的 30%~40%降至 6%~7%；GDP 增长了近 3 倍，从 2000 年的 13 亿美元增至 2009 年的 50 亿美元，人均 GDP 从 138 美元增至 750 美元②。具体见表 3-2。

---

① 参见联合国统计署网站：https://unstats.un.org/unsd/economic_stat/Economic_Census/Compilation_of_Basic_Economic_Statistics.htm.

② 参见联合国统计署网站：https://unstats.un.org/unsd/economic_stat/Economic_Census/Compilation_of_Basic_Economic_Statistics.htm.

表 3-2　　　　　2003—2010 年塔吉克斯坦经济发展主要指标[①]

单位：亿索莫尼

年份	2003	2004	2005	2006	2007	2008	2009	2010
GDP	47.61	61.67	72.06	93.35	128.04	177.06	206.28	247.07
工业	14.45	14.58	16.37	19.86	23.49	25.15	29.57	36.42
农业	11.52	11.85	15.27	20.02	24.88	35.17	38.27	49.39
建筑业	1.37	4.60	3.34	5.67	10.34	18.32	20.98	25.28
贸易	5.33	9.93	11.66	15.78	1 120.94	34.32	42.94	49.52
交通通信	2.54	4.08	5.33	6.73	12.21	10.10	22.64	27.58
服务业	7.04	9.31	11.27	14.28	19.61	22.14	28.24	31.43

第三个阶段，新世纪第二个 10 年（2011—2020 年），进入复杂多样和持续快速发展阶段。

进入新世纪第二个 10 年后，塔吉克斯坦经济发展得更快。在这 10 年里，塔吉克斯坦加大对外国投资和技术的引进力度，各类国际援助规模不断扩大。一大批工业企业相继建立投产，电力、交通等基础设施项目建设力度空前加大，塔吉克斯坦的国民经济体系得到进一步发展和完善，经济规模和经济体量不断扩大，经济保持稳定快速增长。

2011—2020 年，塔吉克斯坦经济虽然受世界经济危机影响，但是依然保持年均 7% 的经济增长率，GDP 总额从 2010 年的 56 亿美元增至 2019 年的 80 亿美元，人均 GDP 从 750 美元增至 850 美元。[②]

国外劳务侨汇收入在这 10 年继续增长，几乎每年都有 100 万左右的塔吉克斯坦人在外国务工，国外劳务汇款收入超过了居民收入总额的 70%，每年的劳务侨汇约占 GDP 的 1/3 以上。2020 年，受世界疫情影响，塔吉克斯坦劳务侨汇大幅下降。

---

① 参见塔吉克斯坦国家统计署网站：http://stat.ww.tj/publications/January2020/tajikistan-in-figures-2019.pdf.

② 参见塔吉克斯坦国家统计署网站：http://stat.ww.tj/publications/January2020/tajikistan-in-figures-2019.pdf.

第二节 经济结构

1997 年塔吉克斯坦内战结束后，在国际社会的援助下，塔吉克斯坦国民经济逐步走出低谷，开始出现恢复性增长。2000 年 10 月，塔吉克斯坦实行新的金融货币政策，成功发行本国第一套新货币索莫尼，初步建立本国财政和金融系统，开始逐步完善税收、海关政策。2003 年，塔吉克斯坦政府制定国家工业发展政策，有效利用国家资源优势，加大生产技术革新力度，逐步提高产品加工水平和产品竞争力。在 2010 年之后，塔吉克斯坦经济步入稳定快速发展阶段。具体见表 3-3 和表 3-4。

表 3-3　2012—2017 年塔吉克斯坦经济发展主要指标①

年份	2012	2013	2014	2015	2016	2017
居民总人口/百万人	8.0	8.2	8.3	8.5	8.7	8.9
月均工资/索莫尼	555.29	694.89	816.27	878.91	962.16	1 144.19
年终最低工资/索莫尼	200.00	250.00	250.00	250.00	400.00	400.00
最低养老金/索莫尼	85.52	137.88	136.45	131.72	156.17	158.01
消费价格指数（与同期相比）/%	106.4	103.7	107.4	105.1	106.1	106.7
GDP/百万索莫尼	43 929.3	47 180.0	50 341.1	53 361.6	57 043.5	61 093.6
工业生产总值/百万索莫尼	10 724	11 132	11 688	13 009	15 090	20 029.8
资金投资/百万索莫尼	4 540.2	5 796.8	7 492.7	9 750.0	11 160.9	11 279.7
农业生产总值/百万索莫尼	18 695.8	20 116.7	21 021.9	21 577.8	22 234.0	24 576.0
零售额/百万索莫尼	12 222.6	14 520.5	15 493.3	16 361.0	17 342.6	18 435.2
有偿服务/百万索莫尼	10 550.3	11 457.3	11 572.3	10 692.8	10 639.3	10 884.0
出口额/百万美元	1 359.7	943.4	977.3	890.6	898.7	1 198.0
进口额/百万美元	3 778.4	4 045.4	4 297.4	3 435.6	3 031.2	2 774.9

---

① 参见塔吉克斯坦国家统计署网站：http://stat. ww. tj/publications/June2019/tajikistan-in-figures-2018.pdf.

表 3-4　2011—2017 年塔吉克斯坦 GDP 主要行业占比①　　　　单位:%

年份	2011	2012	2013	2014	2015	2016	2017
工业	14.6	13.7	12.6	12.0	13.3	15.1	17.0
建筑业	7.9	8.4	10.4	10.2	13.3	15.1	9.3
农林业	23.8	23.3	20.5	23.5	22.0	20.7	21.1
贸易	13.1	13.9	14.4	14.0	14.9	14.0	14.0
交通通信	14, 5	15.3	15.2	14.3	12.4	11.5	11.1
税收	12.4	12.4	12.7	14.0	12.6	11.3	10.8

　　从表 3-3 和表 3-4 可以看出,2012—2017 年,塔吉克斯坦的 GDP 基本保持 6% 以上的增速,整体经济保持快速增长态势。在三次产业中,农业产值 2017 年比 2012 年增长了 31%,工业产值 2017 年比 2012 年增长了将近 88%,服务业 2017 年比 2012 年增长了 3.1%。从三次产业产值比重来看,塔吉克斯坦还处于工业化进程初期,国民经济增长需要工业的强力拉动。农业作为国民经济基础,保持稳定发展,助力工业化进程推进,第三产业发展速度较慢,符合塔吉克斯坦国民经济实际。产业投资增长幅度最大,达到了 148%,有力地支持了塔吉克斯坦国民经济各领域的发展,尤其是助推了塔吉克斯坦国家工业化的发展。

一、工业

　　塔吉克斯坦的工业在国民经济体系中占据着重要地位,不仅为居民提供日常必需的生活用品与技术设备及产品,而且还提供了大量的就业岗位。塔吉克斯坦的工业包括重工业、轻工业、化学工业、电力工业等。重工业主要是采矿业、机械制造业、冶金工业等,轻工业主要有木材、食品衣服鞋子、造纸、皮革等,化工工业包括化学工程、化学工艺等,电力主要包括水电、煤电等。

　　在 1997 年结束内战后,塔吉克斯坦的工业开始呈现恢复性增长态势。1997 年,塔吉克斯坦工业产值仅为 5.65 亿索莫尼,2001 年,工业产值为 8.17 亿索莫尼,增长了 2.52 亿索莫尼,增幅约为 44.6%。

　　进入 21 世纪后,塔吉克斯坦的工业稳定快速发展。2002 年,工业发展增

---

　　① 参见塔吉克斯坦统计署网站:http://stat.ww.tj/publications/June2019/tajikistan-in-figures-2018.pdf.

幅为8.2%，工业产值达到了2001年的103%，工业产量为2001年110.3%，采矿业、轻工业及建筑业等超额完成计划。2008年全球金融危机爆发，很多国家受到很大影响，塔吉克斯坦经济则保持了连续三年增长。2010年，塔吉克斯坦工业企业总产值18亿美元，比2009年增长了9.7%；2011年工业总产值16.45亿美元，同比增长5.9%。2013—2016年，塔吉克斯坦的工业总产值分别约为111.32亿索莫尼、130.09亿索莫尼、200.29亿索莫尼、275亿索莫尼。从数据可以看出，近年来，塔吉克斯坦的工业增长了2倍多。

塔吉克斯坦各州、市和中央直辖区的地理位置、资源禀赋、交通设施等具有很大差异，工业基础和布局不同。从2015—2019年区域工业产值指标可以看出，哈特隆州与索格特州产值占主导，戈尔诺-巴达赫尚自治州工业产值最差，既说明了塔吉克斯坦各区域经济发展不平衡，南部、中部和北部工业化程度较高，经济发达，也反映了东部及边疆地区因交通设施、资源分布、工业基础等多种因素所限，工业化程度较低，经济发展缓慢，这也是一直困扰塔吉克斯坦政府的现实问题。具体见表3-5、表3-6。

表3-5　2015—2017年塔吉克斯坦区域工业产值指标[①]

单位：百万索莫尼

地区	采掘业			制造业			电力行业		
	2015年	2016年	2017年	2015年	2016年	2017年	2015年	2016年	2017年
全国总计	1 639.3	2 986.1	4 523.5	7 985.7	9 366.9	11 754	2 548.3	2 717.6	3 724
戈尔诺-巴达赫尚州	3.7	10.5	50.7	35.3	38.6	53.6	50.1	62.5	73.9
索格特州	1 285	2 488.9	4 050	3 099.2	4 150.4	5 495.1	231.4	229.2	338.0
哈特隆州	237.6	328.9	319	2 077.7	2 394.3	3 380.5	1 960.3	2 073.1	2 827.5
杜尚别市	6.5	7.0	9.3	1 037.2	1 118.8	1 223.9	218.9	265.3	363.6
中央直辖区	106.5	150.8	94.5	8 121	975.3	996.9	87.6	87.5	121.0

---

① 参见塔吉克斯坦国家统计署网站：http://stat.ww.tj/51fb883f423d5b8917905c45f3ebb697_1518696622.pdf. http://stat.ww.tj/357eafa385e4580eb1ea219927718db1_1484381355.pdf.

表 3-6　2018—2019 年塔吉克斯坦区域工业产值指标及同期相比数据①

单位：百万索莫尼

地区	采掘业		同比增长率/%	制造业		同比增长率/%	能源生产与供应		同比增长率/%	给水、废物处理与回收		同比增长率/%
	2018 年	2019 年		2018 年	2019 年		2018 年	2019 年		2018 年	2019 年	
总计	4 686	4 853	113	13 399	15 927	116	5 553	6 624	105	139	182	109
戈州	60.6	90.6	1.6p②	67.6	52.6	76	84.6	94.2	98	0.5	0.6	101
索州	4 016	3 686	100	6 324	8 187	127	804	964	106	40	51	105
哈州	331.8	365	120	3 591	4 184	114	3 400	3 913	102	38	44	97
杜市	14.8	44.1	3.2p	1 445	1 741	118	679	867	113	52	60	100
中区	262.9	667	2.8p	1 083	1 312	118	586	786	119	8.1	26	2.7p

备注：戈州即戈尔诺-巴达赫尚州，索州即索格特州，哈州即哈特隆州，杜市即杜尚别市，中区即中央直辖区。

2018 年和 2019 年，塔吉克斯坦工业产值分别为 23 777.2 百万索莫尼和 27 586.6 百万索莫尼，同比增长了 13.6%。其中制造业增长了 16.2%，采掘业增长了 12.6%，能源生产与供应业增长了 5.3%，给水、废物处理与回收业增长了 9.1%。具体见表 3-7。

表 3-7　2018—2019 年塔吉克斯坦工业部门总产值与同期相比数据③

单位：百万索莫尼

年份	2018	2019	2019 年与 2018 年同期相比/%
总计	23 777.2	27 586.6	113.6
采掘业	4 685.9	4 853.3	112.6
能源生产与供应业	5 553.4	6 624.2	105.3
给水、废物处理与回收业	138.7	181.6	109.1

在塔吉克斯坦的工业体系中，制造业是主导行业，占据工业发展的主流。2015 年产值为 79.85 亿索莫尼，2016 年产值为 93.66 亿索莫尼，2017 年产值为 117.53 亿索莫尼，2017 年与 2015 年产值相比增长了 48.5%。在 2017 年的

①　塔吉克斯坦国家统计署. Социально-экономическое положение Республики Таджикистан январь - декабрь ［EB/OL］. http://www.stat.tj.

②　这是塔吉克斯坦统计数据的一种方法，是以 100 为参数，以一定的公式核算出来的，p 是个参数，可以翻译成"倍"。

③　塔吉克斯坦国家统计署. Социально-экономическое положение Республики Таджикистан январь - декабрь ［EB/OL］. http://www.stat.tj.

制造业产值中，与居民生产和生活关系密切的食品制造业为 42.96 亿索莫尼、纺织制造业为 23.46 亿索莫尼、造纸与纸制品业为 0.14 亿索莫尼，这三类轻工业产值在制造业中的占比较大；冶金与金属制品业为 21.87 亿索莫尼、其他非金属制品业为 20.88 亿索莫尼，这两类工业在制造业中的占比也较大。可以看出，塔吉克斯坦的制造业重心以冶金与金属制品、纺织造纸、食品加工及非金属制品为主，其他行业发展缓慢，产业结构明显失衡。按照塔吉克斯坦政府制定的市场经济过渡时期的工业政策，必须确定优先发展行业，扶持和恢复最具生命力和发展前景的优势产业。除传统的优势行业外，有效地利用国家资源优势，大力发展能源、化学、食品加工等行业，正是塔吉克斯坦工业战略发展的方向，以期改变本国工业发展不均衡的局面。具体见表 3-8。

表 3-8　2015—2017 年塔吉克斯坦制造业部门产值与同期相比数据[①]

单位：千索莫尼

年份	2015	2016	2017	2016 年与 2015 年同期相比/%	2017 年与 2016 年同期相比/%
制造业产值总计	7 985 707	9 366 864	11 753 986	112.8	122.7
食品生产业	3 465 473	3 677 982	4 296 278	105.5	115.8
纺织制造业	1 287 674	1 518 293	2 346 272	104.1	130.6
皮革制品与鞋加工业	41 235	48 873	57 345	121.6	117.6
木材加工与制品业	77 353	102 771	118 704	129.5	136.5
造纸与印刷业	143 004	111 789	141 273	78.3	126.4
石油产品生产业	52 485	61 717	78 772	113.2	127.6
化学化工生产业	85 830	95 349	104 757	111.5	113.5
橡胶塑料制品业	61 370	84 678	156 897	130.4	1.8 p
其他非金属产品业	1 200 781	1 654 725	2 088 389	140.5	138.5
冶金与金属制品业	1 450 193	1 867 070	2 187 348	105.7	108.4
机械制造业	55 736	60 627	64 097	110.7	109.2
电气设备制造业	25 957	40 255	54 488	1.5p	130.9
车辆设备制造业	11 128	12 883	22 123	115.8	109.4
其他行业	27 489	29 854	37 244	111.8	129.1

---

① 参见塔吉克斯坦国家统计署网站：http://stat.ww.tj/51fb883f423d5b8917905c45f3ebb697_1518696622.pdf；http://stat.ww.tj/357eafa385e4580eb1ea219927718db1_1484381355.pdf.

2019 年与 2018 年同期相比，肉类和副食品产量增长了 6.7%，罐头增长了 14.8%，香肠制品增长了 8.9%，糖果增长了 13.2%，植物油增长了 24.8%，饮料增长了 13.5%，酒类增长了 4.7%；纺织制造业棉纤维增长了 4.1%，棉籽增加了 4.0%，棉纱增加了 4.6%，各类纺织品增加了 6.2%，地毯类增加了 43.2%；石油生产制品中只有沥青和柏油增加了，分别是 6.8% 和 11.7%；橡胶塑料及非金属制品中，水泥增加了 9.3%，建筑用砖增加了 17.3%，钢筋混凝土增加了 46.7%，塑料管增加了 36.5%。具体见表 3-9。

表 3-9　2018—2019 年塔吉克斯坦制造业部门产值与同期相比数据[①]

年份	2018	2019	2019 年与 2018 年同期相比/%
食品生产包括饮料与烟草			
肉类与副食品/吨	55 565.0	59 310.1	106.7
香肠制品/吨	4 628.4	5 038.7	108.9
乳制品/吨	14 651.0	15 194.6	103.7
罐头/千罐	23 575.3	27 054.3	114.8
糖果/吨	14 046.4	15 903.5	113.2
谷物及其他作物粉/吨	693 932.9	710 107.8	102.3
面粉产品/吨	3 393.9	3 420.6	100.8
植物油/吨	17 305.2	21 595.9	124.8
酒类/十升	51 349.4	53 758.2	104.7
饮料/十升	11 169 935.9	12 679 619.0	113.5
矿泉水/十升	1 530 240.0	1 664 229.7	108.8
纺织制造			
棉纤维/吨	98 512.3	102 520.4	104.1
棉籽/吨	151 223.9	157 242.6	104.0
棉纱/吨	19 985.4	20 912.2	104.6
各类纺织品/千米²	8 749.1	9 287.6	106.2
地毯类产品/千米²	3 055.8	4 375.9	143.2

①　塔吉克斯坦国家统计署. Социально-экономическое положение Республики Таджикистан январь - декабрь [EB/OL]. http://www.stat.tj.

表3-9(续)

年份	2018	2019	2019 年与 2018 年同期相比/%
石油产品			
除航空之外的汽油/吨	931.9	465.8	50.0
柴油/吨	17 118.4	12 492.1	73.0
重油/吨	25 865.8	15 520.9	60.0
沥青/吨	2 510.8	2 680.3	106.8
柏油/吨	92 565.7	103 436.5	111.7
橡胶塑料制品等非金属产品			
水泥/吨	3 844 274.5	4 202 199.9	109.3
建筑用砖/千块	129 155.6	151 439.5	117.3
钢筋混凝土/米³	239 592.2	351 421.0	146.7
塑料管/米	1 763 372.0	2 406 251.6	136.5

分析上述表格可见，塔吉克斯坦制造业部门产量基本呈增长趋势，只有燃料方面出现负增长。尤为突出的是橡胶塑料及非金属制品行业增加明显，塔吉克斯坦的建筑行业发展较快，包括基础设施和房地产。

塔吉克斯坦境内多山，矿产资源较为丰富。在苏联时期，塔吉克斯坦的勘探和采掘业得到初步发展，有色金属与非金属、稀有金属与贵金属矿藏开发初具规模。2010 年之后，随着国外资金与技术引进，塔吉克斯坦的采掘业得到快速发展。当然，因交通基础设施滞后，很多矿藏还是无法开采，或者是不能进行精细化开采，只能采取比较粗放的开采模式，自然生态不可避免地遭到破坏。

塔吉克斯坦的采掘业包括能源开采与非能源开采。能源开采主要是煤炭与石油天然气开采。塔吉克斯坦煤炭储藏量丰富，品质好、热能高，是主要能源之一。2015 年能源开采产值为 2.02 亿索莫尼，2017 年产值为 2.97 亿索莫尼，增幅约为 47%。非能源开采主要是非金属矿产材料、盐类等。2015 年非能源开采产值为 14.36 亿索莫尼，2017 年产值为 42.25 亿索莫尼，增幅约为 194.2%。可以看出，非能源开采发展较快，反映了与非能源开采相关的行业或领域对非能源矿物材料需求旺盛。具体见表 3-10。

表 3-10　2015—2017 年塔吉克斯坦采掘业部门产值及在工业总产值中的占比①

单位：千索莫尼

年份	2015	2016	2017	2016 年与 2015 年同期相比/%	2017 年与 2016 年同期相比/%
采掘业	1 639 343	2 986 092	4 523 512	1.5p	122.5
能源开采	202 628	205 323	297 526	110.0	148.5
非能源开采	1 436 715	2 780 770	4 225 986	1.6p	120.3

塔吉克斯坦境内多高山，丰沛的高山降水和冰川融水造就了十分丰富的水力资源，人均拥有量为世界第一。在苏联时期，塔吉克斯坦的水力资源已经得到初步开发，独立后因资金技术问题，无论是旧有水电站的维修还是新建大型水电站都受到限制。水力资源发电利用率低下，火力发电规模较小，远不能满足塔吉克斯坦国内居民用电，电力短缺成为制约塔吉克斯坦经济发展和居民生活与生产质量提高的瓶颈。近几年，塔吉克斯坦在"水电兴国"战略推动下，积极引进外资和技术，包括国际社会的专门资金和技术援助，开始有计划、分类别地维修和升级旧有的水电设施，在不同的水利储藏地段修建大、中、小型水电站，解决国内电力短缺问题。2015 年，塔吉克斯坦的电力产值约为 18.74 亿索莫尼，2017 年，电力产值约为 27.66 亿索莫尼，增幅约为 47.59%。可以看出，塔吉克斯坦的电力生产增幅很大，电力短缺矛盾开始有所缓和。具体见表 3-11。

表 3-11　2015—2017 年塔吉克斯坦电力、煤气和水生产部门产值及在工业总产值中的占比②

单位：千索莫尼

年份	2015	2016	2017	2016 年与 2015 年同期相比/%	2017 年与 2016 年同期相比/%
电力、煤气与水产值总计	2 548 375	2 717 633	3 723 992	103.7	116.5
电力生产	1 874 391	2 015 899	2 766 139	104.6	116.7
电力、煤气与水供应与分配	673 985	701 734	957 853	99.6	119.4

---

① 参见塔吉克斯坦国家统计署网站：http://stat.ww.tj/51fb883f423d5b8917905c45f3ebb697_1518696622.pdf. http://stat.ww.tj/357eafa385e4580eb1ea219927718db1_1484381355.pdf.

② 参见塔吉克斯坦国家统计署网站：http://stat.ww.tj/51fb883f423d5b8917905c45f3ebb697_1518696622.pdf. http://stat.ww.tj/357eafa385e4580eb1ea219927718db1_1484381355.pdf.

塔吉克斯坦自独立至今，经过一系列的工业经济改革，工业获得长足发展，但是工业经济发展水平在中亚国家中仍处于低水平。第一是工业结构失衡，这主要源于塔吉克斯坦独立前的经济结构，矿业开采和能源行业占比较大，其他轻重工业都显得较弱；第二是工业生产技术含量较低，很多工业产业技术附加值较低，属于中低级的劳动加工产业，产品缺乏竞争力，企业和产品的劳动密集型特征显著；第三是经济一体化程度较低，塔吉克斯坦国内多山地，交通网络设施落后，割裂了各地区经济发展的内在联系，形成较为封闭的经济发展小区域；第四是内陆位置限制了产品出口能力，很多商品出口国外时需要经过其他国家或地区，造成出口商品成本增加，在国际市场上竞争力下降；第五是基础设施落后与法制不健全，国外投资者盈利较少，外商投资兴趣不大。即使有外来投资，也基本上是流入矿业和能源领域，其他工业领域很少。

二、农业

塔吉克斯坦境内山地和高原占国土面积的93%，属典型的山地国家，54%是陡峭的山地，48%属于浅薄层土地，26%是容易被侵蚀的土地（可重复分类）。农业用地只占全国土地的三分之一左右，其中耕地面积仅占全国总面积的五分之一，农业用地比较紧张。数十年来，农业种植精耕土地总面积约85万公顷，人均耕地仅有0.1公顷，是中亚地区人均占有耕地量最少的国家。近十几年，随着国内人口数量的快速增加和土地退化的影响，农业用地、农耕地、可耕地及人均耕地面积一直在下降。详细情况见表3-12。

表3-12 2015—2019年塔吉克斯坦农业用地、农耕地与可耕地变化[①]

单位：千公顷

年份	2015	2016	2017	2018	2019
农业用地	4 738.3	4 733.5	4 740.1	4 727.7	4 727.7
农耕地	863.3	858.5	865.1	852.7	852.7
可耕地	723.3	714.1	716.9	701.8	699.9

农业是塔吉克斯坦主要的经济部门，国家不断推进农业改革，逐步改变农业所有制形式，国家对经济部门的私有化进程，在农业领域逐步建立了多种所

---

① 参见联合国粮食及农业组织网站统计数据（FAOSTAT）：https://www.fao.org/faostat/zh/#data/RL.

有制经济成分。大部分农业企业和农产品加工企业组建了新的农业经济形式，新型的农场主（农户）、集体农业、私营农业等，这些不同的经济成分在农业经济发展中各自发挥着不同的作用，塔吉克斯坦单一的公有制农业已经转型为多种所有制经营方式。塔吉克斯坦的农业以种植业和畜牧业为主。

（一）种植业

塔吉克斯坦国内种植业整体生产力水平较低，管理方式基本是粗放模式，农田灌溉渠系统比较落后，现代种植业模式只在很少地区存在。在农业结构中，种植业占据重要地位，是农业发展的支柱产业。可耕地面积的40%被用于种植棉花，棉花种植主要以细纤维棉花为主，其产值占农业产值的60%，在国民经济中占据了举足轻重的地位。同时种植少量的大麦、小麦、蔬菜和水果。由于历史原因，塔吉克斯坦农业发展整体较为落后，粮食不能自给，每年需要购买或以接受援助的方式进口大量粮食以保障国内供给。

2016年，塔吉克斯坦共和国各类农场生产谷物1 435 801吨，棉花284 705吨，马铃薯898 095吨，蔬菜1 748 276吨，瓜类594 171吨，水果364 799吨和214 776吨葡萄。与2015年同期相比，谷物增长3.1%，棉花增长5.4%，马铃薯增长1.2%，蔬菜增长4.8%，瓜类增长0.3%，水果增长22.1%，葡萄增长5.4%。具体见表3-13。

表3-13　2016年塔吉克斯坦各地区种植业产值及增长率[①]

地区	集体经济/吨	农场主经济/吨	个体经济/吨	合计/吨	与2015年同期相比/%
谷物					
全国	145 854	865 165	424 782	1 435 801	103.1
戈尔诺-巴达赫尚州	1 794	12 293	2 262	16 349	98.1
索格特州	41 470	209 603	60 579	311 653	103.8
哈特隆州	63 214	504 735	302 402	870 351	103.7
中央直辖区	39 376	138 534	59 539	237 449	100.4
棉花					
全国	51 338	233 367	—	284 705	105.4
戈尔诺-巴达赫尚州	—	—	—	—	—

① 参见塔吉克斯坦国家统计署网站：http://stat.ww.tj/357eafa385e4580eb1ea2199 27718db1_1484381355.pdf.

表3-13(续)

地区	集体经济/吨	农场主经济/吨	个体经济/吨	合计/吨	与2015年同期相比/%
索格特州	15 227	70 362	—	85 589	114.6
哈特隆州	31 253	161 796	—	193 049	102.5
中央直辖区	4 858	1 209	—	6 067	96.3
马铃薯					
全国	65 463	448 346	384 286	898 095	101.2
戈尔诺-巴达赫尚州	922	34 887	15 321	51 130	94.6
索格特州	39 857	193 426	111 600	344 882	102.7
哈特隆州	9 283	83 181	152 945	245 409	101.4
中央直辖区	15 401	136 853	104 420	256 674	100.4
蔬菜					
全国	87 978	827 568	832 730	1 748 276	104.8
戈尔诺-巴达赫尚州	16	9 645	6 001	15 662	103.5
索格特州	30 279	2 098 132	17 866	457 957	104.0
哈特隆州	34 322	457 616	462 449	954 387	105.6
中央直辖区	23 361	150 495	146 415	320 270	103.8
瓜类					
全国	29 719	434 067	130 385	594 171	100.3
戈尔诺-巴达赫尚州	54	49	58	161	66.8
索格特州	12 438	100 193	5 905	118 536	85.6
哈特隆州	15 824	326 569	120 770	463 163	105.2
中央直辖区	1 403	7 255	3 653	12 311	92.2
水果					
全国	18 744	153 397	192 658	364 799	122.1
戈尔诺-巴达赫尚州	42	9 607	9 758	19 407	101.6
索格特州	12 446	71 253	29 000	112 699	2.3p
哈特隆州	3 752	53 437	101 749	158 938	107.3
中央直辖区	2 503	19 100	52 151	73 755	89.6

表3-13（续）

地区	集体经济/吨	农场主经济/吨	个体经济/吨	合计/吨	与2015年同期相比/%
葡萄					
全国	12 227	88 251	114 299	214 776	105.4
戈尔诺-巴达赫尚州	—	—	—	—	—
索格特州	1 139	37 685	16 670	55 494	107.0
哈特隆州	1 111	24 502	74 364	99 978	103.4
中央直辖区	9 976	26 064	23 264	59 304	107.5

2017年，塔吉克斯坦共和国各类农场生产谷物 1 447 680 吨（包括小麦 900 216 吨）、棉花 386 508 吨、马铃薯 782 892 吨、蔬菜 1 859 073 吨（含洋葱 551 658 吨）、瓜类 631 239 吨、水果 405 034 吨（含苹果 137 135 吨、杏 132 628 吨）和 228 303 吨葡萄。具体见表3-14。

表3-14　2017年塔吉克斯坦各地区种植业产值及增长率①

地区	集体经济/吨	农场主经济/吨	个体经济/吨	合计/吨	与2016年同期相比/%
谷物					
全国	126 207	873 533	447 940	1 447 680	100.8
戈尔诺-巴达赫尚州	1 459	11 118	1 599	14 176	86.7
索格特州	38 285	204 638	67 075	309 998	99.5
哈特隆州	64 887	518 275	319 963	903 125	103.8
中央直辖区	21 576	139 502	59 303	220 381	92.8
棉花					
全国	60 923	325 585		386 508	135.8
戈尔诺-巴达赫尚州	—	—		—	—
索格特州	20 898	96 547		117 445	137.2
哈特隆州	34 737	224 541		259 278	134.3
中央直辖区	5 288	4 497		9 785	161.3

---

① 参见塔吉克斯坦国家统计署网站：http://stat.ww.tj/51fb883f423d5b8917905c45 f3ebb697_1518696622.pdf.

表3-14(续)

地区	集体经济 /吨	农场主 经济/吨	个体经济 /吨	合计 /吨	与2016年 同期相比/%
马铃薯					
全国	57 176	429 890	295 826	782 892	87.2
戈尔诺-巴达赫尚州	892	33 172	17 146	51 210	100.2
索格特州	35 381	199 315	90 168	324 864	94.2
哈特隆州	6 232	65 005	91 440	162 677	66.3
中央直辖区	14 671	132 398	97 072	244 141	95.1
蔬菜					
全国	80 179	911 925	866 969	1 859 073	106.3
戈尔诺-巴达赫尚州	22	9 546	7 270	16 838	107.5
索格特州	30 778	226 130	223 643	480 551	104.9
哈特隆州	36 799	496 206	488 216	1 021 221	107.0
中央直辖区	12 580	180 043	147 840	340 463	106.3
瓜类					
全国	29 100	464 675	137 464	631 239	106.2
戈尔诺-巴达赫尚州	58	15	58	131	81.4
索格特州	11 480	112 577	8 879	132 936	112.1
哈特隆州	16 631	340 601	125 208	482 440	104.2
中央直辖区	931	11 482	3 319	15 732	127.8
水果					
全国	18 093	177 911	209 030	405 034	111.0
戈尔诺-巴达赫尚州	43	9 813	9 889	19 745	101.7
索格特州	9 084	77 359	37 301	123 744	109.8
哈特隆州	4 927	63 697	105 253	173 877	109.4
中央直辖区	4 039	27 042	56 587	87 668	118.9
葡萄					
全国	7 877	106 165	114 261	228 303	106.3
戈尔诺-巴达赫尚州	—	—	—	—	—
索格特州	1 236	39 167	16 720	57 123	102.9
哈特隆州	749	25 762	74 908	101 419	101.4
中央直辖区	5 892	41 236	22 633	69 761	117.6

2017 年种植业与 2016 年种植业同期相比,谷物增长 0.8%,棉花增长 35.8%,蔬菜增长 6.3%(包括洋葱增长 0.1%),瓜类减少 6.2%,水果减少 11.0%,葡萄减少 6.3%,马铃薯减少 12.8%。塔吉克斯坦的粮食产量增长依然缓慢,棉花增幅最显著,受天气影响,瓜类、水果、马铃薯等产量减少。

2018 年全年,塔吉克斯坦共和国各类农场生产谷物 1 295 677 吨(包括 778 982 吨小麦)、300 359 吨棉花、964 635 吨马铃薯、2 119 396 吨蔬菜(包括 679 094 吨洋葱)、641 738 吨瓜类、447 731 吨水果、241 790 吨葡萄。与 2017 年同期相比,马铃薯产量增长了 23.2%,蔬菜增长了 14.0%,瓜类增长了 1.7%,水果增长了 10.5%,葡萄增长了 5.9%,棉花增长了 22.3%,只有谷物产量减少了 10.5%。具体见表 3-15。

表 3-15　2018 年塔吉克斯坦各地区种植业产值及增长率①

地区	集体经济/吨	农场主经济/吨	个体经济/吨	合计/吨	与 2017 年同期相比/%
谷物					
全国	109 340	752 496	433 841	1 295 677	89.5
戈尔诺-巴达赫尚州	1 396	6 952	1 226	9 574	67.5
索格特州	43 449	161 376	67 567	272 392	87.9
哈特隆州	49 345	464 801	308 414	822 560	91.1
中央直辖区	15 150	119 367	56 635	191 151	86.7
小麦					
全国	67 637	481 867	229 478	778 982	85.4
戈尔诺-巴达赫尚州	1 347	3 629	549	5 525	70.8
索格特州	16 356	66 372	24 354	107 081	87.1
哈特隆州	39 052	339 069	173 824	551 945	88.1
中央直辖区	10 882	72 797	30 751	114 431	73.7
棉花					
全国	58 930	241 429	—	300 359	77.7
戈尔诺-巴达赫尚州	—	—	—	—	—

① 参见塔吉克斯坦国家统计署网站:http://stat.ww.tj/51fb883f423d5b8917905c45f3ebb697_1518696622.pdf.

表3-15（续）

地区	集体经济/吨	农场主经济/吨	个体经济/吨	合计/吨	与2017年同期相比/%
索格特州	24 284	86 010	—	110 294	93.9
哈特隆州	28 630	150 130	—	178 760	68.9
中央直辖区	6 016	5 289	—	11 305	115.5
马铃薯					
全国	72 180	577 464	314 991	964 635	123.2
戈尔诺-巴达赫尚州	660	26 589	8 299	35 548	69.4
索格特州	42 960	270 960	102 042	415 962	128.0
哈特隆州	9 895	105 548	101 097	216 540	133.1
中央直辖区	18 666	174 366	103 552	296 584	121.5
蔬菜					
全国	102 421	1 124 570	892 404	2 119 396	114.0
戈尔诺-巴达赫尚州	119	6 653	4 611	11 383	67.6
索格特州	34 009	268 279	215 635	517 923	107.8
哈特隆州	53 980	621 672	522 675	1 198 327	117.3
中央直辖区	14 314	227 967	149 483	391 763	115.1
瓜类					
全国	29 811	476 865	135 062	641 738	101.7
戈尔诺-巴达赫尚州	58	15	15	88	67.3
索格特州	11 270	96 799	5 723	113 791	85.6
哈特隆州	18 141	368 586	125 708	512 435	106.2
中央直辖区	343	11 465	3 616	15 424	98.0
水果					
全国	22 841	202 374	222 516	447 731	110.5
戈尔诺-巴达赫尚州	40	10 107	10 033	20 180	102.2
索格特州	12 310	83 345	43 676	139 331	112.6
哈特隆州	5 708	74 545	108 215	188 468	108.4
中央直辖区	4 783	34 378	60 592	99 752	113.8

表3-15（续）

地区	集体经济 /吨	农场主 经济/吨	个体经济 /吨	合计 /吨	与2017年 同期相比/%
葡萄					
全国	10 031	114 776	116 983	241 790	105.9
戈尔诺-巴达赫尚州	—	—	—	—	—
索格特州	1 938	42 805	16 620	61 363	107.4
哈特隆州	839	26 760	76 938	104 536	103.1
中央直辖区	7 254	45 211	23 426	75 891	108.8

2019 年 1~4 月，塔吉克斯坦共和国各类农场生产 1 649 吨马铃薯、57 516 吨蔬菜（包括洋葱 35 426 吨）和 402 吨水果，与 2018 年同期相比，马铃薯产量增长了 2.4 倍，蔬菜增长 31.1%（包括洋葱增长 1.8%）、水果增长 5.7%。具体见 3-16。

表 3-16　2019 年 1~4 月塔吉克斯坦各地区种植业产值及增长率表①

地区	集体经济 /吨	农场主 经济/吨	个体经济 /吨	合计 /吨	与2018年 同期相比/%
马铃薯					
全国	160	1 320	168	1 649	2.4 p
戈尔诺-巴达赫尚州	—	—	—	—	—
索格特州	—	—	—	—	—
哈特隆州	160	1 320	168	1 649	2.4 p
中央直辖区	—	—	—	—	—
蔬菜					
全国	1 576	51 542	4 398	57 516	131.1
戈尔诺-巴达赫尚州	—	—	—	—	—
索格特州	45	370	157	572	112.8
哈特隆州	1 511	50 169	3 582	55 262	132.2
中央直辖区	20	1 003	659	1 682	106.8

① 塔吉克斯坦国家统计署. Социально-экономическое положение Республики Таджикистан январь – декабрь2019［EB/OL］. http://www.stat.tj.

表3-16(续)

地区	集体经济/吨	农场主经济/吨	个体经济/吨	合计/吨	与2018年同期相比/%
洋葱					
全国	683	33 681	1 062	35 426	101.8
戈尔诺-巴达赫尚州	—	—	—	—	—
索格特州	—	—	—	—	—
哈特隆州	683	33 681	1 062	35 426	101.8
中央直辖区	—	—	—	—	—
水果					
全国	—	300	102	402	105.7
戈尔诺-巴达赫尚州	—	—	—	—	—
索格特州	—	—	—	—	—
哈特隆州	—	300	102	402	105.7
中央直辖区	—	—	—	—	—

（二）畜牧业

畜牧业是塔吉克斯坦共和国农业的两大主要部门之一。塔吉克斯坦具有发展畜牧业的有利条件，良好的天然牧场和历史悠久的草原传统文化以及牧民吃苦耐劳的优秀品质等是该国发展畜牧业的基本保证。塔吉克斯坦国土的1/2海拔在3 000米以上，分布着很多河谷和山间平地，这些地方气候温和、雨量充沛、水草丰美，很适合于牛、羊等牲畜牧养。

塔吉克斯坦畜牧业主要以养牛业和养羊业为主。养牛业和养羊业是畜牧业中的传统部门，主要提供肉、奶、皮等畜产品。此外，还有一定数量的养禽业和养马业。近年来，肉、奶、蛋产量减少的幅度都很大。

截至2017年1月1日，与2015年同期相比，各类农场牲畜与家禽数量，牛的总数量为226.88万头，增长了3.7%；奶牛的总数量为116.64万头，增长了4.3%；羊的总数量为541.53万只，增长了4.1%；家禽类总数量为511.23万只，减少了1.3%；马类总数量为8.0万匹，增长了2.1%。2016年塔吉克斯坦各地区各类农场牲畜与家禽养殖数量统计见表3-17。

表 3-17　2016 年塔吉克斯坦各地区各类农场牲畜与家禽养殖数量统计①

地区	集体经济	农场主经济	个体经济	合计	与 2015 年同期相比/%
牛/头					
全国	24 851	136 149	2 107 837	2 268 837	103.7
戈尔诺-巴达赫尚州	425	5 898	110 917	117 240	102.4
索格特州	5 394	41 896	578 935	626 225	103.8
哈特隆州	10 664	73 126	859 833	943 623	105.0
中央直辖区	8 368	15 229	558 152	581 749	101.8
奶牛/头					
全国	7 585	36 761	1 122 098	1 166 444	104.3
戈尔诺-巴达赫尚州	109	1 643	39 531	41 283	101.5
索格特州	1 718	12 392	322 574	336 684	103.9
哈特隆州	3 017	18 754	458 892	480 663	105.2
中央直辖区	2 741	3 972	301 101	307 814	103.8
羊/只					
全国	264 597	712 228	4 438 436	5 415 261	104.1
戈尔诺-巴达赫尚州	2 751	22 646	350 082	375 479	102.4
索格特州	48 868	175 024	1 236 055	1 459 947	103.7
哈特隆州	165 334	329 123	1 715 087	2 209 544	105.9
中央直辖区	47 644	185 435	1 137 212	1 370 291	102.2
家禽/只					
全国	1 358 257	353 544	3 400 497	5 112 298	98.7
戈尔诺-巴达赫尚州	150	—	129 789	129 939	101.4
索格特州	865 684	98 108	724 308	1 688 100	98.0
哈特隆州	28 719	215 560	1 526 058	1 770 337	104.3
中央直辖区	463 704	39 876	1 020 342	1 523 922	93.5
马/匹					
全国	4 752	16 311	58 930	79 993	102.1
戈尔诺-巴达赫尚州	18	37	278	333	102.5

---

① 参见塔吉克斯坦国家统计署网站：http://stat.ww.tj/357eafa385e4580eb1ea21992 7718db1_1484381355.pdf.

表3-17（续）

地区	集体经济	农场主经济	个体经济	合计	与2015年同期相比/%
索格特州	852	1 385	6 387	8 624	102.9
哈特隆州	2 510	12 971	41 320	56 801	100.6
中央直辖区	1 372	1 918	10 945	14 235	107.8

2016年，塔吉克斯坦境内各类农场的肉类年产量是233 329吨，与2015年同期相比增长了7.2%。其中索格特州肉类产量增长了10.8%，哈特隆州肉类产量增长了7.5%，戈尔诺-巴达赫尚州肉类产量增长了7.5%。塔吉克斯坦境内各类农场牛奶年产量为917 990吨，与2015年同期相比增长了3.3%。其中索格特州牛奶产量增长了4.5%，戈尔诺-巴达赫尚州牛奶产量增长了4.0%，哈特隆州牛奶产量增长了3.5%。塔吉克斯坦境内各类农场鸡蛋年产量为3.372亿枚，与2015年同期相比增长了5.6%。其中索格特州鸡蛋产量增长了6.3%，戈尔诺-巴达赫尚州鸡蛋产量增长了1.4%，哈特隆州鸡蛋产量增长了6.8%。塔吉克斯坦境内各类农场羊毛年产量为7 303.6吨，与2015年同期相比增长了3.8%。其中索格特州羊毛产量增长了7.0%，哈特隆州羊毛产量增长了3.3%，中央直辖区羊毛产量增加了2.5%，戈尔诺-巴达赫尚州羊毛产量增长了1.2%。蚕茧在报告期内产量868.6吨，同比增长了4.0%；蜂蜜年产量为3 995.6吨，同比增长了3.7%。2016年塔吉克斯坦各地区各类农场畜牧产品数量统计见表3-18。

表3-18　2016年塔吉克斯坦各地区各类农场畜牧产品数量统计①

地区	集体经济	农场主经济	个体经济	合计	与2015年同期相比/%
牲畜与家禽类/吨					
全国	3 737	8 146	221 447	233 329	107.2
戈尔诺-巴达赫尚州	29	364	9 860	10 253	107.5
索格特州	765	2 137	50 445	53 346	110.8
哈特隆州	1 687	4 588	119 425	125 700	107.5
中央直辖区	1 256	1 057	41 717	44 030	102.1

---

① 参见塔吉克斯坦国家统计署网站：http://stat.ww.tj/357eafa385e4580eb1ea219927718db1_1484381355.pdf。

表3-18(续)

地区	集体经济	农场主经济	个体经济	合计	与2015年同期相比/%
牛奶/吨					
全国	16 152	33 985	867 854	917 990	103.3
戈尔诺-巴达赫尚州	9	190	21 136	21 334	104.0
索格特州	2 694	16 846	230 239	249 779	104.5
哈特隆州	3 605	13 892	429 573	447 070	103.5
中央直辖区	9 844	3 057	186 906	199 807	101.2
鸡蛋/千枚					
全国	173 648	7 745	155 759	337 152	94.4
戈尔诺-巴达赫尚州	—	—	5 478	5 478	101.4
索格特州	111 114	4 806.9	35 223	151 144	106.3
哈特隆州	2 309.3	2 169	64 751	69 229	106.8
中央直辖区	60 225.2	769	50 307	111 301	76.8
羊毛/吨					
全国	326.4	958.5	6 018.7	7 303.6	103.8
戈尔诺-巴达赫尚州	5.0	20.0	224.0	249.0	101.2
索格特州	45.1	206.2	1 219.0	1 470.3	107.0
哈特隆州	250.3	647.7	3 955.7	4 853.7	103.3
中央直辖区	26.0	84.6	620.0	730.6	102.5
蚕茧/吨					
全国	161.7	665.4	41.5	868.6	104.0
戈尔诺-巴达赫尚州	—	—	—	—	—
索格特州	88.0	288.7	—	376.7	110.5
哈特隆州	30.6	350.6	—	381.2	101.5
中央直辖区	43.1	26.1	41.5	110.7	93.4
蜂蜜/吨					
全国	95.5	249.1	3 651.0	3 995.6	103.7
戈尔诺-巴达赫尚州	10.0	0.1	118.0	128.1	101.7
索格特州	14.8	0.8	1 283.2	1 298.8	102.3
哈特隆州	13.8	192.3	755.4	961.5	101.8
中央直辖区	56.9	55.9	1 494.4	1 607.2	106.2

截至 2018 年 1 月 1 日，塔吉克斯坦国内各类农场牛的总数量为 231.5 万头，与 2016 年同期相比增长了 1.7%；奶牛的总数量为 119.25 万头，与 2016 年同期相比增长了 2.0%；羊的总数量为 556.74 万只，与 2016 年同期相比增长了 2.8%；家禽类总数量为 525.57 万只，与 2016 年同期相比增长了 2.8%；马类总数量为 8.048 万匹，与 2016 年同期相比增长了 0.6%。2017 年塔吉克斯坦各地区各类农场的牲畜与家禽养殖数量统计见表 3-19。

表 3-19　2017 年塔吉克斯坦各地区各类农场的牲畜与家禽养殖数量统计①

地区	集体经济	农场主经济	个体经济	合计	与 2016 年同期相比/%
牛/头					
全国	23 725	138 757	2 152 813	2 315 295	101.7
戈尔诺-巴达赫尚州	413	5 499	112 372	118 284	100.9
索格特州	5 261	42 178	589 274	636 713	100.4
哈特隆州	10 173	74 754	884 564	969 491	102.7
中央直辖区	7 878	16 326	566 603	590 807	101.6
奶牛/头					
全国	7 166	38 525	1 146 851	1 192 542	102.0
戈尔诺-巴达赫尚州	116	1 631	41 356	43 103	104.4
索格特州	1 662	12 511	327 584	341 757	100.5
哈特隆州	2 819	19 984	471 639	494 442	102.9
中央直辖区	2 569	4 399	306 272	313 240	101.8
羊/只					
全国	256 801	748 647	4 561 906	5 567 354	102.8
戈尔诺-巴达赫尚州	2 670	21 823	374 614	399 107	106.3
索格特州	47 810	177 059	1 281 525	1 506 394	103.2
哈特隆州	170 764	341 632	1 752 140	2 264 536	102.5
中央直辖区	35 557	208 133	1 153 627	1 397 317	102.0

---

① 参见塔吉克斯坦国家统计署网站：http://stat.ww.tj/51fb883f423d5b8917905c45f3ebb697_1518696622.pdf.

表3-19(续)

地区	集体经济	农场主经济	个体经济	合计	与2016年同期相比/%
家禽/只					
全国	1 483 248	331 260	3 441 159	5 255 667	102.8
戈尔诺-巴达赫尚州	150	—	129 791	129 941	100.0
索格特州	928 695	100 883	727 954	1 757 532	104.1
哈特隆州	33 091	211 481	1 560 064	1 804 636	101.9
中央直辖区	521 312	18 896	1 023 350	1 563 558	102.6
马/匹					
全国	4 349	16 696	59 433	80 478	100.6
戈尔诺-巴达赫尚州	17	25	290	332	99.7
索格特州	848	1 389	6 161	8 398	97.4
哈特隆州	2 273	13 329	41 897	57 499	101.2
中央直辖区	1 211	1 953	11 085	14 249	100.1

2017 年塔吉克斯坦境内各类农场的肉类年产量是 248 769 吨,与 2016 年同期相比增长了 6.6%。其中索格特州肉类产量增长了 2.3%,哈特隆州肉类产量增长了 9.6%,戈尔诺-巴达赫尚州肉类产量增长了 0.4%。塔吉克斯坦境内各类农场牛奶年产量为 949 972 吨,与 2016 年同期相比增长了 3.5%。其中索格特州牛奶产量增长了 2.3%,戈尔诺-巴达赫尚州牛奶产量增长了 0.8%,哈特隆州牛奶产量增长了 4.6%。塔吉克斯坦境内各类农场鸡蛋年产量为 3.414 亿枚,与 2016 年同期相比增长了 5.6%。其中索格特州鸡蛋产量增长了 10.9%,戈尔诺-巴达赫尚州鸡蛋产量增长了 2.1%,哈特隆州鸡蛋产量增长了 8.7%。塔吉克斯坦境内各类农场羊毛年产量为 7 521.5 吨,与 2016 年同期相比增长了 3.0%。其中索格特州羊毛产量增长了 0.6%,哈特隆州羊毛产量增长了 3.6%,中央直辖区羊毛产量增长了 3.7%,戈尔诺-巴达赫尚州羊毛产量增长了 3.2%。蚕茧在报告期内产量 909.8 吨,同比增长了 4.7%;蜂蜜年产量为 4 101.7 吨,同比增长了 2.7%。2017 年塔吉克斯坦各地区各类农场畜牧产品数量统计见表 3-20。

表 3-20　2017 年塔吉克斯坦各地区各类农场畜牧产品数量统计①

地区	集体经济	农场主经济	个体经济	合计	与 2016 年同期相比/%
牲畜与家禽类/吨					
全国	3 710	8 925	236 134	248 769	106.6
戈尔诺-巴达赫尚州	12	314	9 971	10 297	100.4
索格特州	1 026	2 180	51 378	54 584	102.3
哈特隆州	1 466	5 257	131 045	137 768	109.6
中央直辖区	1 206	1 174	43 740	46 120	104.7
牛奶/吨					
全国	16 795	35 955	897 222	949 972	103.5
戈尔诺-巴达赫尚州	8	192	21 297	21 497	100.8
索格特州	2 844	17 409	235 341	255 594	102.3
哈特隆州	3 074	15 169	449 372	467 615	104.6
中央直辖区	10 869	3 185	191 212	205 266	102.7
鸡蛋/千枚					
全国	151 280	11 307	178 814	341 400	101.3
戈尔诺-巴达赫尚州	—	—	5 593	5 593	102.1
索格特州	110 659	8 197	48 700	167 556	110.9
哈特隆州	2 969	2 267	70 012	75 248	108.7
中央直辖区	37 652	843	54 509	93 004	83.6
羊毛/吨					
全国	373.0	993.2	6 155.3	7 521.5	103.0
戈尔诺-巴达赫尚州	4.0	23.0	230.0	257.0	103.2
索格特州	44.2	217.6	1 217.3	1 479.1	100.6
哈特隆州	303.1	657.6	4 067.0	5 027.7	103.6
中央直辖区	21.7	95.0	641.0	757.7	103.7
蚕茧/吨					
全国	154.7	710.7	44.0	909.4	104.7

① 参见塔吉克斯坦国家统计署网站：http://stat.ww.tj/51fb883f423d5b8917905c45f3ebb697_1518696622.pdf.

表3-20（续）

地区	集体经济	农场主经济	个体经济	合计	与2016年同期相比/%
戈尔诺-巴达赫尚州	—	—	—	—	—
索格特州	90.3	294.4	—	384.7	102.1
哈特隆州	30.6	385.9	—	416.5	109.3
中央直辖区	33.8	30.4	44.0	108.2	97.7
蜂蜜/吨					
全国	87.9	253.6	3 760.2	4 101.7	102.7
戈尔诺-巴达赫尚州	6.0	0.1	119.0	125.1	97.7
索格特州	15.1	0.4	1 344.8	1 360.3	104.7
哈特隆州	17.2	195.4	763.8	976.4	101.5
中央直辖区	49.6	57.7	1 532.6	1 639.9	102.0

截至2019年1月1日，塔吉克斯坦各类农场的牛有233.85万头，增加2.33万头，增长率为1%，其中索格特州增长了1.2%，哈特隆州增长了1.1%，戈尔诺-巴达赫尚州增长了0.6%，中央直辖区增长了0.8%；各类羊的数量为566.16万头，增加9.43万头，增长率为1.7%。2018年塔吉克斯坦各地区各类农场的牲畜与家禽养殖数量统计见表3-21。

表3-21 2018年塔吉克斯坦各地区各类农场的牲畜与家禽养殖数量统计[①]

地区	集体经济	农场主经济	个体经济	合计	与2017年同期相比/%
牛/头					
全国	23 287	141 258	2 174 004	2 338 549	101.0
戈尔诺-巴达赫尚州	524	5 480	112 948	118 952	100.6
索格特州	5 275	42 489	596 356	644 120	101.2
哈特隆州	9 322	76 725	893 681	979 728	101.1
中央直辖区	8 166	16 564	571 019	595 749	100.8

---

① 塔吉克斯坦国家统计署. Социально-экономическое положение Республики Таджикистанянварь – декабрь2018 ［EB/OL］. http://www.stat.tj.

表3-21（续）

地区	集体经济	农场主经济	个体经济	合计	与2017年同期相比/%
奶牛/头					
全国	6 954	39 457	1 158 910	1 205 321	101.1
戈尔诺-巴达赫尚州	158	1 643	41 751	43 552	101.0
索格特州	1 622	12 598	333 214	347 434	101.7
哈特隆州	2 643	20 763	476 260	499 666	101.1
中央直辖区	2 531	4 453	307 685	314 669	100.5
羊/只					
全国	237 942	796 752	4 626 928	5 661 622	101.7
戈尔诺-巴达赫尚州	1 000	22 441	381 475	404 916	101.5
索格特州	48 101	177 845	1 309 684	1 535 630	101.9
哈特隆州	147 764	382 715	1 771 880	2 302 359	101.7
中央直辖区	41 077	213 751	1 163 889	1 418 717	101.5
家禽/匹					
全国	2 837 315	351 623	3 467 937	6 656 875	126.7
戈尔诺-巴达赫尚州	2 250	—	140 896	143 146	110.2
索格特州	1 873 167	158 918	734 781	2 766 866	157.4
哈特隆州	55 032	190 310	1 567 411	1 812 753	100.4
中央直辖区	906 866	2 395	1 024 849	1 934 110	123.7
马/匹					
全国	3 877	16 824	60 467	81 168	100.9
戈尔诺-巴达赫尚州	9	23	300	332	100.0
索格特州	879	1 325	6 294	8 498	101.2
哈特隆州	1 901	13 997	42 491	58 389	101.5
中央直辖区	1 088	1 479	11 382	13 949	97.9

2018年塔吉克斯坦境内各类农场畜牧产品产量与2017年同期相比，肉类产量为261 927吨，增长了5.3%；牛奶产量983 053吨，增长了3.5%；鸡蛋产量为4.03亿枚，增长了31.9%；羊毛产量7 638.7吨，增长了1.6%；蚕茧产量737.7吨，增长了18.9%；蜂蜜产量为4 182.0吨，增长了2.0%。2018年塔吉克斯坦各地区各类农场畜牧产品数量统计见表3-22。

表 3-22　2018 年塔吉克斯坦各地区各类农场畜牧产品数量统计①

地区	集体经济	农场主经济	个体经济	合计	与 2017 年同期相比/%
牲畜与家禽类/吨					
全国	3 947	11 104	246 876	261 927	105.3
戈尔诺-巴达赫尚州	4	343	10 001	10 348	100.5
索格特州	1 055	2 239	53 213	56 507	103.5
哈特隆州	1 247	7 402	139 368	148 017	107.4
中央直辖区	1 641	1 120	44 293	47 054	102.0
牛奶/吨					
全国	16 338	37 511	929 204	983 053	103.5
戈尔诺-巴达赫尚州	—	194.7	21 424	21 619	100.6
索格特州	2 636	17 798	244 468	264 901	103.6
哈特隆州	3 035	16 020	468 207	487 262	104.2
中央直辖区	10 667	3 499	195 105	209 271	102.0
鸡蛋/千枚					
全国	259 165	11 188	179 931	450 284	131.9
戈尔诺-巴达赫尚州	17	—	5 648	5 665	101.3
索格特州	163 848	7 911	50 948	222 708	132.9
哈特隆州	4 217	2 581	72 126	78 924	104.9
中央直辖区	91 083	696	51 209	142 988	1.5 p
羊毛/吨					
全国	342.6	1 066.7	6 229.4	7 638.7	101.6
戈尔诺-巴达赫尚州	—	23.1	234.2	257.3	100.1
索格特州	44.8	224.4	1 245.1	1 514.3	102.4
哈特隆州	267.9	721.7	4 149.7	5 139.3	102.2
中央直辖区	29.9	97.5	600.4	727.8	96.1
蚕茧/吨					
全国	133.5	556.6	47.6	737.7	81.1

① 塔吉克斯坦国家统计署. Социально-экономическое положение Республики Таджикистанянварь – декабрь2018 ［EB/OL］. http://www.stat.tj.

表3-22(续)

地区	集体经济	农场主经济	个体经济	合计	与2017年同期相比/%
戈尔诺-巴达赫尚州	—	—	—	—	—
索格特州	93.6	273.2	—	366.8	95.3
哈特隆州	8.5	253.5	—	262.0	62.9
中央直辖区	31.4	29.9	47，6	108.9	100.3
蜂蜜/吨					
全国	97.3	249.3	3 835.4	4 182.0	102.0
戈尔诺-巴达赫尚州	7.8	0.1	117.3	125.2	100.1
索格特州	15.8	1.0	1 365.9	1 382.7	101.6
哈特隆州	12.3	205.3	778.4	996.0	102.0
中央直辖区	61.4	42.9	1 573.8	1 678.1	102.3

2019年1~4月塔吉克斯坦各类农场肉类产量总计45 485吨,与2018年同期相比增长了4.4%;其中哈特隆州农场肉类产量增长了6.5%,索格特州增长了2.6%,戈尔诺-巴达赫尚州增长了3.6%。塔吉克斯坦各类农场牛奶产量244 065吨,与2018年同期相比增长了3.2%;其中哈特隆州的牛奶产量增长了4.1%,索格特州增长了2.4%,戈尔诺-巴达赫尚州下降了3.7%。塔吉克斯坦各类农场的鸡蛋产量为2.012亿枚,与2018年同期相比增长了1.8%;羊毛产量1 368.9吨,与2018年同期相比增长了2.6%。2019年1~4月塔吉克斯坦各地区各类农场畜牧产品数量统计见表3-23。

表3-23　2019年1~4月塔吉克斯坦各地区各类农场畜牧产品数量统计[①]

地区	集体经济	农场主经济	个体经济	合计	与2017年同期相比/%
牲畜与家禽类/吨					
全国	1 613	4 284	39 588	45 485	104.4
戈尔诺-巴达赫尚州	1	92	1 852	1 945	103.6
索格特州	522	747	12 360	13 629	102.6

---

① 塔吉克斯坦国家统计署. Социально-экономическое положение Республики Таджикистанянварь – декабрь2019［EB/OL］. http://www.stat.tj.

表3-23(续)

地区	集体经济	农场主经济	个体经济	合计	与2017年同期相比/%
哈特隆州	331	3 019	15 840	19 190	106.5
中央直辖区	759	427	9 536	10 722	103.4
牛奶/吨					
全国	5 362	11 323	227 380	244 065	103.2
戈尔诺-巴达赫尚州	—	0.3	2 054	2 054	96.3
索格特州	734	5 331	84 899	90 964	102.4
哈特隆州	1 076	4 864	88 602	94 542	104.1
中央直辖区	3 552	1 128	51 825	56 505	103.1
鸡蛋/千枚					
全国	143 758	6 400	51 079	201 237	1.8 p
戈尔诺-巴达赫尚州	12	—	576	588	99.2
索格特州	93 819	5 330	15 033	114 181	2.2 p
哈特隆州	2 387	1 018	25 184	28 589	107.4
中央直辖区	47 540	52	10 286	57 879	1.9 p
羊毛/吨					
全国	72.4	258.4	1 038.1	1 368.9	102.6
戈尔诺-巴达赫尚州	—	—	38.9	38.9	74.8
索格特州	11.6	37.3	295.8	344.7	103.0
哈特隆州	58.8	216.6	684.4	959.8	104.0
中央直辖区	2.0	4.5	19.0	25.5	105.4
蚕茧/吨					
全国	5.4	40.3	0.0	45.7	1.6 p
戈尔诺-巴达赫尚州	—	—	—	—	
索格特州	—	—	—	—	
哈特隆州	5.4	40.3	—	45.7	1.6 p
中央直辖区					

塔吉克斯坦的农业发展较为缓慢，很多农业土地需要灌溉，但是灌溉基础设施陈旧老化，灌溉系统只有一半可以运行。农业领域效益低、收益周期长，农业领域投资额度不高。近几年，塔吉克斯坦人口急剧增加，开荒、砍伐、放

牧过度，造成水土流失严重，加之不合理利用土地和水，土地土质退化，地力下降，整体自然环境不断恶化。

三、建筑业

随着塔吉克斯坦国内政局逐渐平稳，经济呈现快速发展趋势，GDP 保持较快速度增长，塔吉克斯坦建筑市场出现繁荣景象。城市房地产扩张与旧房改造、农村拆旧房盖新房、城乡公共基础设施改造与修建、经济发展衍生的各类工业与农业生产厂房及车间的修建等都推动了建筑市场快速发展。近几年，随着"一带一路"倡议落地实施，在中国援助下，塔吉克斯坦很多城市的高楼大厦、商场酒店相继落成开业。

2017 年，塔吉克斯坦固定资产投资额为 112.085 亿索莫尼，与 2016 年同期相比增长 104.1%（按可比价格计算）。如果按照地区计算固定资产投资增长情况，中央直辖区占比和增幅均为最高。具体见表 3-24。

表 3-24　2016 年与 2017 年塔吉克斯坦各地区固定资产投资与占比数据统计①

地区	固定资产投资/百万索莫尼		各地区占比/%	
	2016 年	2017 年	2016 年	2017 年
全国	11 074.5	11 208.5	100.0	100.0
戈尔诺-巴达赫尚州	350.4	395.7	3.2	3.5
哈特隆州	2 330.1	2 160.7	21.0	19.3
索格特州	1 913.6	2 052.3	17.3	18.3
杜尚别市	2 958.2	2 797.7	26.7	25.0
中央直辖区	3 522.2	3 802.1	31.8	33.9

2018 年，塔吉克斯坦固定资产投资额为 130.514 亿索莫尼，与 2017 年同比增长 107.8%（按可比价格计算）。各个地区投资分别为：戈尔诺-巴达赫尚州 5.056 亿索莫尼，占比 3.9%；哈特隆州 26.63 亿索莫尼，占比 20.4%；索格特州 14.826 亿索莫尼，占比 11.4%；杜尚别市 27.43 亿索莫尼，占比 21%；中央直辖区 56.57 亿索莫尼，占比 43.3%。中央直辖区固定资产投资占比最多，也是增长率最高的地区，表明中央直辖区建筑市场发展较快。具体见表 3-25。

----

① 参见塔吉克斯坦国家统计署网站：http://stat.ww.tj/51fb883f423d5b8917905c45f3ebb697_1518696622.pdf.

表 3-25　2017 年与 2018 年塔吉克斯坦各地区固定资产投资与占比数据统计①

地区	固定资产投资/百万索莫尼		各地区占比/%	
	2017 年	2018 年	2017 年	2018 年
全国	11 208.5	13 051.4	100.0	100.0
戈尔诺-巴达赫尚州	395.7	505.6	3.2	3.9
哈特隆州	2 160.7	2 663.1	21.0	20.4
索格特州	2 052.3	1 482.6	17.3	11.4
杜尚别市	2 797.7	2 743.0	26.7	21.0
中央直辖区	3 802.1	5 657.1	31.8	43.3

2019 年，塔吉克斯坦固定资产投资额为 121.403 亿索莫尼，与 2018 年同比增长 93.7%（按可比价格计算）。各个地区投资分别为：戈尔诺-巴达赫尚州 2.493 亿索莫尼，占比 2.1%；哈特隆州 25.408 亿索莫尼，占比 20.9%；索格特州 17.179 亿索莫尼，占比 14.1%；杜尚别市 32.15 亿索莫尼，占比 26.5%；中央直辖区 44.173 亿索莫尼，占比 36.4%。2019 年各地固定资产投资中，戈尔诺-巴达赫尚州、中央直辖区呈下降趋势，哈特隆州基本保持 2018 年水平，只有索格特州和杜尚别市有所增加，首都杜尚别市增幅大一些，表明首都的建筑市场出现了繁荣景象。具体见表 3-26。

表 3-26　2018 年与 2019 年塔吉克斯坦各地区固定资产投资与占比数据统计②

地区	固定资产投资/百万索莫尼		各地区占比/%	
	2018 年	2019 年	2018 年	2019 年
全国	13 051.4	12 140.3	100.0	100.0
戈尔诺-巴达赫尚州	505.6	249.3	3.9	2.1
哈特隆州	2 663.1	2 540.8	20.4	20.9
索格特州	1 482.6	1 717.9	11.4	14.1
杜尚别市	2 743.0	3 215.0	21.0	26.5
中央直辖区	5 657.1	4 417.3	43.3	36.4

---

① 塔吉克斯坦国家统计署. Социально－экономическоеположение Республики Таджикистан январь－декабрь2018［EB/OL］. http://www.stat.tj.

② 塔吉克斯坦国家统计署. Социально－экономическоеположение Республики Таджикистан январь－декабрь2019［EB/OL］. http://www.stat.tj.

在固定资产投资中，2017年生产类投资74.51亿索莫尼，占比66.5%，非生产类投资37.57亿索莫尼，占比33.5%。其中电力设施投资42.99亿索莫尼，是2016年投资额的114.7%；运输通信行业投资11.577亿索莫尼，是2016年投资额的80.1%。2018年生产类投资91.79亿索莫尼，占比70.3%；非生产类投资38.72亿索莫尼，占比29.7%。其中电力设施投资59.03亿索莫尼，是2017年投资额的127.1%；运输通信行业投资11.376亿索莫尼，是2017年投资额的91%。2019年生产类投资72.40亿索莫尼，占比59.6%；非生产类投资49.00亿索莫尼，占比40.4%。其中电力设施投资45.515亿索莫尼，是2018年投资额的82%；运输通信行业投资9.936亿索莫尼，是2018年投资额的88%。具体见表3-27。

表3-27　2017—2019年塔吉克斯坦各类经济活动中固定资产投资额①

投资类别	2017年/百万索莫尼	占上年之比率/%	2018年/百万索莫尼	占上年之比率/%	2019年/百万索莫尼	占上年之比率/%
全国	11 208.5	104.1	13 051.4	107.8	12 140.3	93.7
1. 生产类：	7 451.1	103.9	9 179.3	114.1	7 240.0	79.4
农、林、狩类	64.8	105.5	32.7	46.7	35.4	109.0
采矿类	1 076.6	3.2p	532.6	45.8	278.6	52.7
燃料能源矿开采类	1 076.6	3.2p	532.6	45，8	—	—
加工类	721.0	51.6	1 466.0	1.9p	667.9	45.9
纺织服装生产类	57.1	47.1	922.6	15.0p	31.0	3.4
发电输电配电类	4 057.9	112.9	5 590.9	127.6	4 551.5	82.0
水、燃气、蒸汽和热水的生产、配送类	241.4	1.6p	312.1	119.7	370.5	119.5
批发和零售；修理家用车辆用品类	131.7	70.1	107.8	75.8	342.5	3.2p
运输通信类	1 157.7	80.1	1 137.6	91.0	993.6	88.0
铁路运输类	161.1	30.4	3.0	1.7	—	—

---

① 塔吉克斯坦国家统计署. Социально‐экономическоеположение Республики Таджикистан январь‐декабрь：2017、2018、2019［EB/OL］. http://www.stat.tj.

表3-27（续）

投资类别	2017年/百万索莫尼	占上年之比率/%	2018年/百万索莫尼	占上年之比率/%	2019年/百万索莫尼	占上年之比率/%
2. 非生产类：	3 757.4	104.6	3 872.1	95.4	4 900.3	127.4
公共行政、国防、社会保障类	197.7	92.9	271.7	127.3	349.7	129.6
酒店餐厅类	7.4	57.2	30.4	3.8p	82.9	2.7p
教育类	723.7	110.2	510.1	65.3	653.5	129.0
医疗与社保类	221.0	1.7p	229.8	96.3	344.4	1.5p
其他公共设施个人服务类	579.6	120.6	575.2	91.9	789.7	138.9
文体娱乐类	534.7	121.4	572.5	99.1	617.6	108.6
其他非生产类	2 028.0	96.7	2 254.9	103.0	2 680.1	119.7

2017年各类固定资产投资中，国家固定投资10.983亿索莫尼，占比20.3%；股份公司固定资产投资1.648亿索莫尼，占比3.0%；农业企业固定资产投资0.81亿索莫尼，占比1.5%；合资企业固定资产投资0.073亿索莫尼，占比0.1%；个人固定资产投资4.352亿索莫尼，占比8.1%；私营企业固定资产投资2.786亿索莫尼，占比5.2%；有限责任公司固定资产投资6.244亿索莫尼，占比11.6%；外资企业固定资产投资27.152亿索莫尼，占比50.2%；商业中心固定资产投资0.002亿索莫尼，占比0.004%（忽略不计）。

2018年各类固定资产投资中，国家固定投资12.904亿索莫尼，占比32.3%；股份公司固定资产投资1.404亿索莫尼，占比3.5%；商业中心固定资产投资0.016亿索莫尼，占比0.1%；合资企业固定资产投资0.772亿索莫尼，占比1.9%；个人固定资产投资3.874亿索莫尼，占比9.7%；私营企业固定资产投资3.656亿索莫尼，占比9.2%；农业企业固定资产投资0.526亿索莫尼，占比1.3%；有限责任公司固定资产投资7.16亿索莫尼，占比17.9%；外资企业固定资产投资9.638亿索莫尼，占比24.1%。

2019年各类固定资产投资中，国家固定投资12.904亿索莫尼，占比32.3%；股份公司固定资产投资1.404亿索莫尼，占比3.5%；商业中心固定资产投资0.016亿索莫尼，占比0.1%；合资企业固定资产投资0.772亿索莫尼，占比1.9%；个人固定资产投资3.874亿索莫尼，占比9.7%；私营企业固定资产投资 3.656 亿索莫尼，占比 9.2%；农业企业固定资产投资 0.526 亿索莫尼，占比 1.3%；有限责任公司固定资产投资 7.16 亿索莫尼，占比 17.9%；外资企业固定资产投资 9.638 亿索莫尼，占比 24.1%。

第三节　国家发展战略规划

塔吉克斯坦独立以来，非常重视国家发展战略规划的制定与实施。从 2000 年开始，先后制定了经济发展规划、国家发展战略规划及阶段性规划等，按照既定规划有序推进国家经济和社会发展。

一、《2015 年前塔吉克斯坦共和国经济发展纲要》

早在 2004 年，塔吉克斯坦政府就制定与发布了《2015 年前塔吉克斯坦共和国经济发展纲要》。《2015 年前塔吉克斯坦共和国经济发展纲要》把 2015 年之前的经济发展分为三个阶段：第一个阶段是 2000—2005 年，是塔吉克斯坦结束内战后国家建设逐渐走向和平发展时期，在塔吉克斯坦政府努力下国内经济平均增速为 9% 左右。按照现行价格计算，GDP 增长 3.3 倍，人均 GDP 增长 43.8%，工业总产值增加 3.8 倍，农业总产值增加 3.4 倍。这一阶段的发展成就是发展纲要出台之前取得的，也是发展纲要制定的经验基础，按照发展纲要规定的指标，这一阶段的发展目标已经基本实现。第二个阶段是 2005—2010 年，是塔吉克斯坦经济全面发展稳定阶段，经济发展增速预计不低于 10%，但是由于受到全球金融危机影响，国内经济平均增速实际为 6.6%。按照现行价格计算，GDP 增长 75.4%，人均 GDP 增长 47.0%，工业总产值增长 89.0%，农业总产值增长 58.8%。第三阶段是 2010—2015 年，是塔吉克斯坦国内经济稳定增长阶段，发展纲要预定增速不低于 10%，但随着国内外形势变化，对经济增长目标和速度进行了修改，将 GDP 增速下调为 7%。按照现行价格计算，GDP 增长 77.1%，人均 GDP 增长 48.4%，工业总产值增长 51.3%，农业总产值增长 17.2%[1]。2013 年塔吉克斯坦实现经济增速 7.4%[2]。具体见表 3-28。

---

① 岳萍. 塔吉克斯坦确定 2015 年社会经济发展的主要指标 [J]. 中亚信息，2007 (6)：17.

② 参见中华人民共和国商务部网站：http://tj.mofcom.gov.cn/article/yshj/201407/20140700675764.shtml.

表 3-28 《2015 年前塔吉克斯坦共和国经济发展纲要》确定的经济发展主要指标①②

项目	单位（现行价格计算）	2000年	2005年	2010年	2015年	增长速度			
						2005年比2000年	2010年比2005年	2015年比2010年	2015年比2000年
GDP	亿索莫尼	—	59.20	103.86	183.93	3.3倍	175.4%	177.1%	10.2倍
人均GDP	索莫尼	292.2	420.1	617.4	915.7	143.8%	147.0%	148.4%	3.1倍
工业总产值	亿索莫尼	—	52.38	99.10	149.90	3.8倍	189.0%	151.3%	11.0倍
农业总产值	亿索莫尼	—	23.69	37.63	44.12	3.4倍	158.8%	117.2%	6.1倍
对外贸易额	亿美元	14.59	18.30	21.05	22.54	125.9%	115.0%	107.1%	154.1%
电力工业	亿索莫尼		4.87	10.88	18.15	4.9倍	2.2倍	1.7倍	18.3倍
染料工业	亿索莫尼		0.12	1.27	5.79	6.5倍	10.9倍	4.6倍	231倍
有色冶金工业	亿索莫尼		15.29	22.55	27.36	1.98倍	147.5%	121.3倍	3.5倍
石化工业	亿索莫尼		0.70	1.34	1.59	3倍	1.9倍	118.3%	6.8倍
机械制造加工业	亿索莫尼		0.29	0.61	0.96	2.4倍	2.1倍	1.6倍	8.0倍
建筑业	亿索莫尼		2.70	15.59	23.88	25.7倍	5.7倍	153.2%	227倍
木材加工业	亿索莫尼		0.18	0.54	0.66	12.3倍	3倍	123.3%	44.0倍
轻工业	亿索莫尼		8.73	14.50	21.53	4.1倍	166.0%	148.5%	10.0倍
食品工业	亿索莫尼		5.02	6.31	9.72	3.4倍	125.6倍	154%	6.6倍
印刷业	亿索莫尼		0.017	0.019	0.022	154.5%	111.8%	115.8%	2.0倍

二、《塔吉克斯坦共和国至 2015 年国家发展战略规划》

2007 年塔吉克斯坦政府制定与发布了《塔吉克斯坦共和国至 2015 年国家发展战略规划》，详细分析了塔吉克斯坦独立后经济发展各个阶段和遇到的挑战，指出从 2000 年开始国家经济发展进入强劲时期，2000—2005 年 GDP 增长率平均为 9.3%，通货膨胀下降 7%。但是各地区的贫困率依然很高，国家致力于进一步经济市场化，创造经济发展的制度环境和功能环境，进一步发展现代公民社会和发展社会，提高公共服务的数量和质量，实现千年目标。

实现上述目标的基础优势包括：①潜在的水电资源和淡水资源；②多样化

---

① 岳萍. 塔吉克斯坦确定 2015 年社会经济发展的主要指标［J］. 中亚信息，2007（6）：17-23.

② 单位混乱问题：原表格的单位就是这样的，而如果统一为大单位，可能数字上不好处理。

的矿产资源；③丰富的旅游资源；④农业和工业加工原料；⑤较大未开发适合农耕的土地；⑥生产无公害的产品的环境条件；⑦有利的战略地理位置；⑧相对廉价的劳动力。劣势包括：①内陆国的地理位置；②远离发达国家的经济中心；③缺乏可以获得的石油天然气储量；④自然地理特点把国家领土划分成很多发展不平衡的地区；⑤周边地区政治不稳定；⑥应付自然灾害、打击恐怖主义和毒品犯罪的成本高。

塔吉克斯坦社会稳定、经济持续发展及减少贫困也面临着一些严重挑战：①效率低下的行政管理体制，主要是行政和司法系统的表现不够有效；②薄弱的投资氛围，造成这种情况的主要原因是过度的行政障碍、腐败、公共和私营基础设施发展不足，以及解决关键经济问题（劳动生产率低、竞争不足、投资不足和私营部门发展不足）的弱点；③竞争力不足，主要是人为限制严重影响了经济实体动机和决策能力；④公共基础设施和私人基础设施发展缓慢，致使经济发展变得缓慢无力；⑤人力资本急剧下降，主要是教育、医疗和社会服务跟不上，导致公众无法接受先进的管理技术和创新经验；⑥国外移民管理工作相对滞后，国内高出生率造成劳动力过剩，失业率高；⑦地方政府改革力度不足，地方政府的权力、权利和问责制不明确，导致参与改革的积极性不高；⑧国际合作取得的成果有限，主要是进出口商品多样化水平低和跨境合作有限，出口市场没有充分利用竞争优势，国内经济很容易受到国际市场需求和价格波动影响；⑨国民经济结构效率低，实际生产部门对国民生产总值贡献率低下，国家出口机会受到限制，私有化显现不良效果，中小企业的贡献率微不足道；⑩执法、人权保护、社会发展等不充分，这些问题是司法制度薄弱和立法及执法机制不完善造成的。

《塔吉克斯坦共和国至 2015 年国家发展战略规划》主要分为三大部分：①基础部分，主要涉及建立适当的体制和机制，包括公共行政改革、宏观经济发展、改善投资环境、发展私营部门、加强区域合作与融入全球经济；②经济发展部分，主要涉及建立支持经济发展的物质环境，保障粮食安全与工农综合经济发展，促进基础设施、通信、能源和工业发展；③社会发展部分，主要涉及扩大社会基础服务机会和解决社会发展问题，具体为推动卫生保健体系、教育科学体系发展，扩大给水、卫生、住房和公共服务机会，改进社会福利，促进性别平等和环境可持续发展。

《塔吉克斯坦共和国至 2015 年国家发展战略规划》确定的发展目标：①推动公共行政改革，建立一个透明、问责和打击腐败的制度体系；②扩大经济自由，在加强产权保护和法治建设的基础上，发展私营部门和吸引投资；

③发展人类潜力，增加面向穷人的社会服务数量和质量，实现千年目标，扩大公众对发展进程的参与度，加强发展伙伴关系。

《塔吉克斯坦共和国至 2015 年国家发展战略规划》在促进经济发展部分，提出一般优先发展领域：①将生产部门组合成一个综合系统，将部门政策重新定位，促进生产多样化和现代化，提高出口潜力，确保粮食安全，发展有序竞争，消除过度的行政干预，保护消费者权利和营商环境；②更加有效地利用现有资源，包括水电、土地、矿产、固定生产资金和基础设施，提高劳动力的总体水平，建立有利于中小企业发展的环境；③倡议中小企业投资当前急需发展的领域。同时，《塔吉克斯坦共和国至 2015 年国家发展战略规划》确定特别优先发展的具体产业：①扩大能源产能，包括弥补现有的电力短缺和电力出口。②提高农业生产部门生产率，包括强化农村的私营生产部门，即：a. 提高棉花生产效率，解决棉花债务问题；b. 发展农业创业活动，确保土地使用的平等权和保障；c. 重建和发展灌溉系统。③为选定的私人工业部门群体及中小企业提供特别投资支持，为下游加工创造有利条件，支持向阿富汗进行工业出口，改进立法和许可程序包括电信和采矿部门，放宽使用"电子政府"系统数据库。

《塔吉克斯坦共和国至 2015 年国家发展战略规划》在社会福利方面，提出社会福利制度改革要考虑市场经济条件，调整基本的事业培训制度，以适应劳动力市场需求，确保有效就业和劳动力国外转移政策目标，建立合同关系和改善工作条件及加强劳动安全保障。

《塔吉克斯坦共和国至 2015 年国家发展战略规划》在促进环境可持续发展方面，提出强化公共机构的潜在能力，促进环境可持续发展；通过预防和有效管理自然资源，解决与自然灾害有关的问题，保护生物多样性和生态系统。

《塔吉克斯坦共和国至 2015 年国家发展战略规划》确定了融资机制：①改进政府管理财政的方法，包括规划和执行一揽子方案和有效支出机制；②在政府和援助国之间开展建设性对话，以吸引援助国提供援助，为国家优先发展项目采取必要措施，与援助组织签署援助协议；③推动政府和私营部门之间的建设性对话，建设一个公私合作机制，以吸引私人投资来帮助实施和实现国家发展战略规划。

《塔吉克斯坦共和国至 2015 年国家发展战略规划》的主要宏观经济目标见表 3-29。

表 3-29 《塔吉克斯坦共和国至 2015 年国家发展战略规划》的
主要宏观经济目标①

以 2006 年 价格为参考	计量 单位	2006 年	第一种设想		第二种设想		第三种设想	
			2010 年	2015 年	2010 年	2015 年	2010 年	2015 年
实际 GDP	亿索莫尼	92.72	112.70	143.84	122.22	171.42	130.88	201.38
人均 GDP	索莫尼	1 311.3	1 477.7	1 733.5	1 602.5	2 065.9	1 716.1	2 426.9
年均 GDP 增长率	%	107	105	105	107	107	109	109
年通货膨胀率	%	12.5	6	5	6	4	5.5	3
出口占 GDP 比率	%	49.8	48.1	52.4	56.3	58.6	58.9	62.7
进口占 GDP 比率	%	61.3	65.5	69.7	64.9	62.3	58.1	55.8
货币规模占 GDP 比率	%	11	15	16	15	16	15	16
固定资产投资 占 GDP 比率	%	9.5	12	11	12	11	12	11
财政收入占 GDP 比率	%	17.8	20.0	21.5	20.0	21.5	20.0	21.5
财政支出占 GDP 比率	%	17.5	20.5	22.0	20.5	22.0	20.5	22.0
预算盈余占 GDP 比率	%	0.3	−0.5	−0.5	−0.5	−0.5	−0.5	−0.5
外债占 GDP 比率	%	31.0	64.3	53.3	57.9	38.8	49.2	36.9
外债利息占财政 收入比率	%	2.6	3.3	4.0	2.9	2.7	2.6	2.3

《塔吉克斯坦共和国至 2015 年国家发展战略规划》中主要的社会发展指
标见表 3-30。

————————

① 国际粮农组织. NATIONAL DEVELOPMENT STRATEGY OF THE REPUBLIC OF
TAJIKISTAN FOR THE PERIOD TO 2015 [EB/OL]. http://extwprlegs1.fao.org/docs/pdf/
taj170268.pdf.

表 3-30 《塔吉克斯坦共和国至 2015 年国家发展战略规划》中主要的
社会发展指标①

千年发展目标	战略规划指标	2003 年	2010 年	2015 年
消除极端贫困	按购买力平价计算的贫困指标为每天 2.15 美元/%	64	48	32
	营养不良(5 岁以下儿童)/% ——急性的 ——慢性的	7.6 (2004) 31.4(2004)	5.5 26.0	3.8 20.9
	缺碘(甲状腺发生率) ——5 岁以下儿童 ——育龄妇女	64.0 60.0	45.1 42.5	32.0 30.0
	贫血发生率/% ——5 岁以下儿童 ——育龄妇女	37.0 48.0	26.5 34.0	18.5 24.0
	5 岁以下儿童维生素 A 缺乏症发生率/%	51.8 (2002)	36.4	25.9
实现普及小学教育	入学率总体指标/%	88.0(2004)	91.0	25.9
	15~24 岁国民识字率/%	88.4(2004)	95.0	99.1
促进性别平等和赋予妇女权利	在校男女比例/%			
	学龄前儿童(1~4 岁)/%	52.0/48.0	52.0/48.0	52.0/48.0
	小学(5~9 岁)/%	54.4/45.6	53.4/46.6	53.0/47.0
	初中(10~11 岁)/%	53.5/46.5	53.4/46.6	53.1/46.9
	有文化男女比例(15~24 岁)/%	98/100	99.0/100	100/100
降低儿童死亡率	婴儿死亡率/%	89	68	29.6

三、《塔吉克斯坦共和国至 2030 年国家发展战略》②

(一)《塔吉克斯坦共和国至 2030 年国家发展战略》的提出

2014 年 4 月 22 日,塔吉克斯坦总统拉赫蒙发表国情咨文,提出开始策划

---

① 国际粮农组织. NATIONAL DEVELOPMENT STRATEGY OF THE REPUBLIC OF TAJIKISTAN FOR THE PERIOD TO 2015 [EB/OL]. http://extwprlegs1.fao.org/docs/pdf/taj170268.pdf.

② 塔吉克斯坦自由经济区. НАЦИОНАЛЬНАЯ СТРАТЕГИЯ РАЗВИТИЯ РЕСПУБЛИКИ ТАДЖИКИСТАН НА ПЕРИОД ДО 2030 ГОДА (2016) [EB/OL]. http://www.fez.tj/govern-ance/24-nacionalnaya-strategiya-razvitiya-respublikan-na-period-do-2030-goda.html.

制定至 2030 年发展战略规划。2015 年 5 月 14 日，在塔吉克斯坦跨部门工作组第一次会议上讨论了《塔吉克斯坦共和国至 2030 年国家发展战略纲要》。2016 年 3 月下旬，塔吉克斯坦政府有关部门审议新修订的《塔吉克斯坦共和国至 2030 年国家发展战略》。2016 年 6 月 21 日，塔吉克斯坦政府召开会议讨论《塔吉克斯坦共和国至 2030 年国家发展战略》草案。2016 年 9 月，《塔吉克斯坦共和国至 2030 年国家发展战略》文件获得议会通过。

（二）《塔吉克斯坦共和国至 2030 年国家发展战略》（后文全部简称《国家发展战略》）的主要内容

1. 2030 年的塔吉克斯坦

《国家发展战略》在此部分确定了未来 15 年的国家发展战略目标：

（1）"确保能源安全和高效使用电力能源"。这包括实施能源多样化，开发水电资源，促进现有油气和煤炭产能发展，开发新的有机燃料矿床，利用技术创新开发可再生能源，建设新的现代化水电站；有效利用现有能源能力和实现电力出口潜力；对石油天然气工业进行现代化技术改造，开发新的油田；实施大规模节能计划，提高国民经济中能源效能；发展国内外能源基础设施；建立有效的能源安全风险管理和监控体系；从财政上确保能源部门可持续工作和活力；对水资源进行综合管理。

（2）"将塔吉克斯坦从交通死角转变为重要交通枢纽国家"。这包括建立或重建运输基础设施；建立过境运输走廊；发展运输业，提高部门效率；确保和提高运输效率；维护和发展中小型机场网络；为残疾人提供公共交通服务；尽量减少运输的负面效应；制定低成本和可靠的互联网接入和电信服务政策；扩大通信服务覆盖范围；提高国内电信市场竞争力，利用本国的过境电信潜力，扩大中亚国家的过境电信潜力；为跨境光纤通信线路发展创造有利条件；加强跨境电信基础设施建设；为网络信息通信技术园区的发展创造有利条件。

（3）"确保粮食安全和为公众提供高品质食物"。这包括推进土地和水利改革；通过农产品工业部门的稳定增长实现粮食安全；实施农业生产多样化措施；提高国内市场获得改良种子和肥料的机会，通过激励使用新的农业方法和技术来增加农产品产量；建立有效的粮食安全与营养供给风险管理和监测体系；通过协调农业政策，采取多种政策改善国民营养状况；建立土地水资源管理体系；维护作为农业和粮食安全的灌溉和排水设施；修复灌溉和排水系统，改良盐碱地和湿地状况；保障灌溉和排水系统的运行和维修费用；改进政府对农业机械和灌溉用电的补贴政策，降低灌溉排水行业的关税；发展农产品市场，克服各种壁垒，确保农产品直接进入市场；加强政府对灌溉排水部门的支持；实施政府激励机制，开发新的盐碱地作物和未使用过的土地。

（4）"扩大生产性就业"。这包括支持发展中小企业，增加就业机会；促进绿色就业，支持绿色创业体系和服务市场；开发矿藏和新土地，为农村人口提供就业机会；发展职业技能网络教育，关注妇女、青年和残疾人的就业需求；通过立法促进农业部门小企业发展；促进多渠道劳务移民；发展出口的劳动密集型经济部门；协调国家就业和教育政策；促进青年就业和创业；扩大和巩固中产阶级规模。

为了落实《国家发展战略》，塔吉克斯坦政府制定了三个阶段的中期配套实施计划：

（1）向新经济增长模式过渡时期（2016—2020年）。其主要任务是以投资和生产为导向发展进出口替代产业；吸引投资转向经济部门和基础设施以确保工业增长速度；在农业和金融部门创造新的就业机会；开拓新的出口市场，减少对劳务移民汇款的依赖。

（2）加速投资发展阶段（2021—2025年）。其主要目标是直接吸引外国投资及国内资金；通过提高竞争力和投资规模增加经济吸引力；加强宏观经济政策的稳定性和提高金融部门的效率；优先实施能源安全战略以满足人口和经济增长的需求；逐步消除社会差距，保证社会平等；优化现有资源，吸引额外投资；调整财政资源和国民经济结构。

（3）加速工业化完成和发展创新能力阶段（2026—2030年）。其主要任务是通过加强农业集约化生产实现经济增长多样化；加快金融业、旅游业和商业的发展；提高资本、管理机构和先进技术对经济增长的贡献率；提高公共和私人职业教育投入；加强创新能力和现代技术运用能力；建立有效的交通运输基础设施和国际物流过境走廊；调整经济结构和经济体制，增加私人投资在GDP中的占比；提高城乡生活质量；形成创新型人力资源；加强水资源管理系统建设。

《国家发展战略》实施资金来源主要是国家预算、私人投资、合作伙伴投资、多边组织的资金和技术援助等。预计所需资金为1 181亿美元，其中私人（私营部门）投资547亿美元（占46.3%），预算资金561亿美元（占47.5%）、伙伴关系国投资73亿美元（占6.2%）。

2. 发展机遇与挑战

塔吉克斯坦是一个开放的经济体，挑战来自内部和外部，务必采取预防性措施应对挑战，否则挑战将变成威胁。

实施《国家发展战略》遇到的挑战包括：①国民经济竞争力低下、技术基础落后、创新活动水平低、固定资产磨损高、能源消耗污染高、治理污染技术低下；②国内储蓄和投资的比例很低，阻碍了农业现代化、工业化和基础设施发展；③低下的公共行政能力限制了经济发展政策的制定与执行；④不利于经济发展的营商环境；⑤工业经济在国民经济中的比重下降；⑥基础设施发展薄弱，损耗严重；⑦影子部门和非正规就业阻碍了投资、降低了生产率、缩小了预算收入基础、限制了政府监管效率，助长了腐败；⑧人力资源质量低下、使用效率低；⑨劳动力市场和教育体系联系不足；⑩青年、妇女特别是农村残疾人参与社会与经济活动的程度不足；⑪卫生系统效率低下；⑫给水系统落后于经济和人口增长；⑬落后的交通限制了国民经济的竞争力；⑭自然风险高，灾害频发；⑮世界政治经济形势变化快；⑯缺乏吸引外国投资的制度，限制了本国经济竞争力；⑰劳动力国外转移成本高；⑱劳务输出汇款额降低；⑲燃料价格上涨。

实施《国家发展战略》遇到的机遇包括：①优越的地理位置可以促进区域贸易和成为过境通道；②加强区域经济一体化和发展现代国际过境基础设施，可以提高国民经济竞争力及投资吸引力；③邻国与合作伙伴经济增长为发展出口工业提供了外部条件；④存在建立以出口为导向的生产集群的资源潜力；⑤大量的可用劳动力及潜在劳动力的增加可以吸引更多的投资；⑥水力资源是塔吉克斯坦能源潜力的基础；⑦通信和信息技术发展为建立电子政府提供了技术基础；⑧私人汇款继续增加；⑨有利的气候条件、丰富的自然资源和历史文化遗产为旅游业发展创造了条件；⑩年轻一代对创新和新事物持开放态度；⑪具有未使用的资源和拥有专业能力的妇女及青年。

3. 加强国家体制能力建设

公共行政体系对社会与经济发展具有直接与间接的影响，是国家预防性、工业化、创新性的重要因素。实施《国家发展战略》必须建立有效的公共行政制度，促进区域各项事业发展。

4. 人力资本的发展

人力资源是社会与经济发展的基础，人力资源是国家优先发展的领域。发展人力资源包括：①发展教育与科学，提高教育科学质量；②促进卫生制度改革，保证人民获得保健和营养的机会；③建立社会保障制度，为人力资源的发展创造条件；④提高人民文化水平，建立文化机构和国家艺术体系，促进社会进步；⑤改善人民的生产与生活条件，建立宜居环境和舒适的工作环境；⑥减少社会领域中的不平等现象。

5. 经济增长的质量和实体经济部门的效率

此部分主要阐述了世界经济增长放缓影响了塔吉克斯坦的贸易、投资和合作关系，在此背景下，保持经济增长、确保国民经济发展多样化、保持和提高竞争力成为最重要的任务。国家要建立一种新的发展模式，实现对实体经济部门的投资和新技术引进，实施生产性就业政策，整合资源形成金融体系。实现以新发展模式推动工业增长，为农业和金融部门创造新市场，限制低消费进口，减少对劳务移民汇款的依赖。

6. 监测与评估

在这方面，主要是监测和评估《国家发展战略》的实施成效，并随着国内形势的发展，不断调整、修改和完善发展战略目标，以更好地实现《国家发展战略》的既定目标，实现塔吉克斯坦社会发展与国家工业化愿景。

《塔吉克斯坦共和国至 2030 年国家发展战略》的主要目标和指标见表 3-31。

表 3-31 《塔吉克斯坦共和国至 2030 年国家发展战略》的
主要目标和指标

指标名称	计量单位	2015 年	工业目标指标			工业创新目标指标		
			2020 年	2025 年	2030 年	2020 年	2025 年	2030 年
人口（年底）	千人	8 547.4（2016 年 1 月 1 日之前）	9 500	10 490	11 580	9 500	10 490	11 580
人均 GDP	索莫尼	5 663	8 430	12 297	17 754	8 869	14 302	23 131
实际 GDP 年增长率	%	6.0	6.7	6.9	7.8	7.5	8.9	9.6
			6~7			8~9		
国内总储蓄占 GDP 比率	%	18.0	22	26	28	30	35	40
私人投资占 GDP 比率	%	5	10	15	18	12	20	25
工业产值占 GDP 比率	%	12.3	12.5~13.2	16	20~20.5	13~13.5	16~16.5	20~21
工业								
采掘业占 GDP 比率	%	—	11~12	11~11.5	9~10	11~11.5	10~10.5	8~9
制造业占 GDP 比率	%	—	72~74	74~75	76~75.5	73~74	75~76	78~78.5

表3-31（续）

指标名称	计量单位	2015年	工业目标指标			工业创新目标指标		
			2020年	2025年	2030年	2020年	2025年	2030年
燃气、水和能源的生产与分配业占GDP比率	%	—	15~16	14~14.5	14~14.5	15~15.5	14~14.5	13~13.5
农业占GDP比率	%	23.3	21	20.1	19~19.5	19.5~20.5	18~18.5	17~18
服务业占GDP比率	%	—	37~37.5	34~34.2	28.5~29.5	38~38.5	35~35.5	30~30.6
建筑业占GDP比率	%	—	16~16.5	17~17.6	18.5~19.5	16~16.5	18~18.5	19.2~20.2
GDP间接税额比率	%	13.4	12.6	12.5	12.5	12.3	12	12
总发电量	亿千瓦时	17.1	26.2	37.5	40.7	26.2	37.6	45
人均发电量	千千瓦时/人	2.02	2.78	3.64	3.67	2.78	3.65	4.06
工业产出增长率（2015年）	%	100	160	260	400	200	400	510
货币化率（货币供应量占GDP比率）	%	22.3	32~34	36~38	40~42	44~46	48~50	52~56
贷款总额占GDP比率	%	23.2	30~32	34~36	38~40	39~41	43~46	48~50
资本化（证券）占GDP比率	%	0	6~8	8~10	10~12	8~10	12~14	16~20
石油开采量	千吨	24.6	25.0	30.0	36.0	30.6	37.5	45.0
天然气开采量	千立方米	4 102	4 600	5 000	6 000	5 750	6 250	7 500
煤开采量	百万吨	1.04	4.05	6.9	10.4	5.3	10.3	15.1

《塔吉克斯坦共和国至2030年国家发展战略》社会发展指标见表3-32。

表3-32 《塔吉克斯坦共和国至2030年国家发展战略》社会发展指标

指标名称	计量单位	2015年	预期目标		
			2020年	2025年	2030年
出生后预期寿命 －男 －女	岁	73.5 71.7 75.5	75.7 73.8 77.7	77.8 75.9 80.0	80.0 78.0 82.2
中产阶级比例	%	22.4	30	40	50

表3-32(续)

指标名称	计量单位	2015年	预期目标		
			2020年	2025年	2030年
就业人口中接受职业教育的比例 （包括妇女）	%	26 20	至少30 （至少24）	至少50 （至少40）	至少60 （至少50）
实际年工资增长率	%	0.6	5	5	5
妇女和男人工资比例	%	62	65	70	75
按照既定标准为弱势群体提供服务	份	6	10	12	15
社保和医保机构为残疾人 提供保障设施	%	50	100	100	100
3～6岁儿童受教育覆盖率	%	12	30	40	50
平均受教育年限	年	9.6	10	11	12
科学教育总支出占GDP比率	%	0.15	至少0.8	至少1.2	至少1.5
科研人员占就业人员比例	%	0.15	至少0.3	至少0.5	至少0.6
医疗保健人均资金份额	份	18/28	60/92	65/100	65/100
养老金增长率	%	—	6	6	6
住房供应水平	平方米/人	12	13	15	17

在塔吉克斯坦基础设施方面，水电设施和交通设施是重点发展领域。为此塔吉克斯坦政府提出"水电兴国"战略，即依托丰富的水力资源，利用国内政府财政预算和各类国际融资，大力兴建兴修水电站，将水电基础设施发展作为国民经济优先发展领域，在满足国内需求的前提下，逐步将塔吉克斯坦打造成中南亚地区电力出口大国。塔吉克斯坦将周边国家阿富汗、巴基斯坦、伊朗作为电力输出主要目标市场，将吉尔吉斯斯坦、哈萨克斯坦、乌兹别克斯坦及中国作为未来潜在电力销售市场。为实现"水电兴国"战略，塔吉克斯坦政府制定了水电开发中长期发展规划。至2010年为第一规划期，达到年发电量264亿千瓦时，实现出口60亿千瓦时；至2020年为第二规划期，年发电量570亿~600亿千瓦时，出口300亿千瓦时；至2025年为第三规划期，年发电量800亿千瓦时，出口475亿千瓦时[①]。事实上，由于塔吉克斯坦水电设施陈旧和季节性枯水期影响，在第一、二规划期内的电力出口目标远远未达到。

---

① 参见快资讯网：https://www.360kuai.com/pc/91c5bf5065b201e83？cota＝3&kuai_so＝1&sign＝360_57c3bbd1&refer_scene＝so_1.

2020 年塔吉克斯坦国内水力发电总量 181 亿千瓦时，出口到乌兹别克斯坦、吉尔吉斯斯坦和阿富汗。①

在实施交通兴国战略方面，2011 年塔吉克斯坦制定了《塔吉克斯坦共和国至 2025 年交通领域发展国家专项规划》，规划涵盖了公路、铁路、航空等交通领域的多个方面，对陆空交通领域的发展现状和存在的问题进行了科学的详细分析，根据实际情况分别制定了交通各领域的短期发展规划（至 2015 年）、中期发展规划（至 2020 年）和长期发展规划（至 2025 年）等，建设投资主要利用国内政府预算和国际金融市场融资。预计总投资额 99.2 亿美元，其中公路运输领域拟投资 3.46 亿美元，铁路领域拟投资 58.92 亿美元，航空领域拟投资 2.43 亿美元，公路建设和改造领域拟投资 23.34 亿美元，交通环保领域拟投资 3 186 万美元②。

第四节　经济政策与转型

经济政策是一个国家或政府为了保障居民最大限度地就业、稳定商品价格水平、促进经济快速发展、维持外汇收支平衡等宏观经济政策目标而制定的解决经济发展问题的指导原则和宏观措施。一个国家或政府经济政策的制定和实施必须保持连续性和稳定性，才能保证经济可持续发展。不稳定的经济政策势必会给日常经济运行带来波动，甚至是巨大损失；同时，国家的经济政策具有宏观性，要求在经济运行中必须根据国内外经济发展形势变化而做出回应，对经济政策做相应的调整。一般而言，一个国家主要的经济政策有财政政策和货币政策，分别由各级财政部门和中央银行执行。

塔吉克斯坦独立后，国内各项工作尚处于探索之中时，内战爆发了，本就脆弱的国民经济遭到严重破坏，国民经济损失惨重。从 1995 年开始，塔吉克斯坦开始实施《深化经济改革和加快向市场关系过渡的紧急措施》与《1995—2000 年经济改革纲要》，其中纲要明确规定，逐步推进国有资产私有化改革是塔吉克斯坦经济转型的一项基本任务。塔吉克斯坦经济改革的目标是确立以市场经济为导向的国民经济政策，抛弃原来的计划经济政策。

---

① 参见新浪财经网：https://finance.sina.com.cn/roll/2021 - 01 - 16/doc - ikftpn-nx7558848.shtml.

② 参见快资讯网：https://www.360kuai.com/pc/91c5bf5065b201e83？cota = 3&kuai_so = 1&sign = 360_57c3bbd1&refer_scene = so_1.

在推进私有化方面，塔吉克斯坦独立之初即颁布《关于塔吉克斯坦私有财产非国有化和私有化法》，开始实施国有资产私有化，建立财产私有制度。在推进私有化的起始阶段，私有化的领域主要是经济贸易、服务行业、交通行业等小型企业。1997年塔吉克斯坦政府再颁布《关于国家财产私有化法》，扩大私有制规模，加速私有化进程，降低国民经济中的公有制成分。在加速扩大私有化的进程中，私有化对象主要是工业企业、大型交通设施、通信行业以及建筑行业等大中型工业企业。经过多年的私有化改革，塔吉克斯坦国内企业获得生机，经济发展潜力被激发出来，很多企业生产得到恢复，经济效率得到提高。当前塔吉克斯坦已经建立起来以私有制为主体，多种经济成分共存的经济制度。

财政政策与金融政策是一个国家重要的经济政策，属于国家经济宏观调控的重要方式。塔吉克斯坦独立之后，国家财政一度陷入困境，财政赤字不断攀升，财政困难重重，严重影响了经济发展。随着经济改革进入稳定期，财政状况日渐好转。2000年，塔吉克斯坦政府成功发行本国新货币索莫尼，实施新的货币政策，初步建立了独立的国家财政政策和金融体系。在逐步建立和完善经济政策的过程中，塔吉克斯坦政府进一步制定了财经政策、税收政策、海关政策等。国家经济政策的制定和完善促进了塔吉克斯坦经济的发展，使塔吉克斯坦的经济转型进入稳定发展期。

一、财政政策

财政政策是指国家为了实现一定的宏观经济目标而调整财政收支规模与财政收支平衡的基本原则及措施的总称。财政政策是国家极其重要的经济政策之一，是国家经济政策体系的重要组成部分，同时它本身也是一个独立的政策体系。它具有导向功能、协调功能、控制功能、稳定功能。

（一）财政预算

塔吉克斯坦公共财政法规定，塔吉克斯坦国家财政体系结构包括国家预算、政府公共债务、政府信托基金。

塔吉克斯坦国家预算体系结构包括两个层级：第一层级主要包括共和国预算和国家信托基金预算；第二层级是地方政府预算，主要包括戈尔诺-巴达赫尚自治州及其城市和地区，其他州、市和地区下属地区，杜尚别市及其下属地区，中央直辖区下属城镇和地区的预算。

塔吉克斯坦国家预算方案由各级政府提交对应权力机关审议批准，国家信托基金与中央政府预算同时提交议会下院审议批准。

世界各国在编制国家预算时必须遵循一定的原则，即选择预算形式、体系和在预算编制、审查、执行过程中所必须遵循的指导思想，是制定国家财政收支计划的重要方针。塔吉克斯坦在编制国家预算方案时，也必须遵循以下原则：①国家预算制度统一原则，即在国家预算制度运作中，要采用统一的预算分类和预算程序；②国家预算的独立性原则，即各级政府依照公共财政法独立编制预算方案；③国家预算收入和支出的完整性和强制性原则，即依法将所有收入和支出纳入国家预算方案中；④国家预算平衡原则，即国家预算收入和预算支出要保持一致，批准和执行预算的授权机构要以尽量减少预算赤字为前提；⑤国家预算使用的有效性原则，即考虑将核定预算资源取得最佳效果或者以最低预算取得预期效果；⑥国家预算执行的确定性原则，即将国家预算资金用于实现预先确定的成果以及相应的数量和质量指标；⑦全额支付国家预算资金的原则，即预算收入和赤字资金来源的收入不能与预算的某些支出挂钩；⑧国家预算的公开性原则，即保证国家预算的透明度，要求在大众媒体上公布核定预算和执行情况报告，全面报告执行情况，提供其他预算信息，构成国家秘密和其他受法律保护的秘密资料除外；⑨国家预算的可靠性原则，即社会与经济发展指标预测具有可靠性，制定经济发展预算草案要考虑到预算收支的现实性；⑩国家预算资金的目标性和用途性原则，即预算拨款被分配给预算资金的使用者，并说明其用途；⑪国家预算方案的合理性原则，即根据法律或相关文件，确定一些项目列入预算及预算收支是否具有合理性；⑫国家预算执行的及时性原则，即依据相关法律，在规定的时间和程序内将预算资金划拨给预算接受者。

塔吉克斯坦国家预算分为中央政府预算和地方政府预算。中央政府预算主要由中央政府各部门预算组成，地方政府预算主要由地方政府各单位预算组成。

（二）国家预算收入

塔吉克斯坦国家预算包括国家税收收入、非税收收入、赠款及无偿捐助款等组成。国家税收、预算中的其他强制性付款由国家法律规定，中央和地方的税收分配由《塔吉克斯坦国家财政预算法》① 规定。国家关税由《塔吉克斯坦国家财政预算法》确定。

---

① 塔吉克斯坦国家财政部. ЗАКОН РЕСПУБЛИКИ ТАДЖИКИСТАН О ГОСУДАРСТВЕННЫХ ФИНАНСАХ РЕСПУБЛИКИ ТАДЖИКИСТАН［EB/OL］. http://minfin.tj/index.php？do＝static&page＝Budgetniy_proces_2019_2021.

国家税收政策详见本书第 102 页。

非税收入包括：①政府与公共行政部门及有关预算组织依法提供的有偿服务收入；②法定的国家银行利润和国有企业利润；③政府储备及储备收入、政府存款和投资的利息、金融资产的股息；④使用国有财产的租金；⑤刑事、民事和行政处罚收入；⑥其他来源的收入，涉及罚款、违约罚金及利息、违反国家财经纪律对国家预算造成的损害的赔偿。

国家预算外收入包括：①自然人和法人、国际组织和其他国家政府的赠款和其他无偿捐助；②中央政府和地方政府预算之间结算的资金；③为冲抵财政赤字出售财产所得及国内外借款。

国家信托基金收入包括：①国家法律规定的具有特殊性与强制性的税收和付款；②自然人与法人的自愿无偿捐款；③国家预算资金；④基金作为法人实体从事经营的营业收入；⑤国家法律规定的其他收入。国家信托基金收入列入塔吉克斯坦共和国国家预算。

地方政府预算收入由地方税收和非税收收入以及从国家税收和收费中提取的资金组成。地方政府预算的税收收入包括：①法定的地方税收和其他强制性地方政府预算支付；②法定的移交地方政府预算的国家税收收入；③法定免除的国家关税。地方政府预算的非税收入包括：①从共和国预算中获得的收入，以补贴、结算的形式进入地方政府预算；②使用本地公共财产的租金；③地方行政机关、预算组织提供有偿服务的收入；④法定的其他收入来源，主要有对不履行合同义务的罚款、违约罚金及利息、违反财务纪律对地方政府预算造成的损害的赔偿。预算外收入主要包括自然人、法人和国际组织的赠款和其他无偿捐助。

根据塔吉克斯坦国家财政部发布的《2019 年塔吉克斯坦国家预算案》，2019 年塔吉克斯坦国家预算收入为 237.74 亿索莫尼，比 2018 年国家预算收入（210.03 亿索莫尼）提高 27.71 亿索莫尼，增长 13.4%。

2019 年塔吉克斯坦中央政府预算收入为 101.728 亿索莫尼，比 2018 年中央政府预算收入（95.328 亿索莫尼）提高 6.40 亿索莫尼，增长 6.7%。2018—2019 年度塔吉克斯坦中央政府预算收入与对比见表 3-33。

表 3-33 2018—2019 年度塔吉克斯坦中央政府预算收入与对比①

名目	2018 年度预算收入/亿索莫尼	2019 年度预算收入/亿索莫尼	年度增长率/%	备注
税收收入	81.835	87.780	7.3	
非税收入	9.443	10.949	15.95	
无偿援助收入	4.050	3.000	-25.93	援助减少

2019 年塔吉克斯坦地方政府预算收入为 75.854 亿索莫尼，比 2018 年地方政府预算收入（67.757 亿索莫尼）提高 8.097 亿索莫尼，增长 12%。2018—2019 年度塔吉克斯坦地方政府预算收入与对比见表 3-34。

表 3-34 2018—2019 年度塔吉克斯坦地方政府预算收入与对比②

名目	2018 年度收入/亿索莫尼	2019 年度收入/亿索莫尼	年度增长率/%
所得税收入	17.905	19.777	10.46
销售税收	13.897	15.959	14.82
增值税收	15.199	16.252	0.07
特殊税收	6.575	7.138	0.09
其他税收	14.181	16.728	17.96

（三）国家预算支出

塔吉克斯坦公共财政法规定，塔吉克斯坦国家预算支出基础和原则包括：①国家预算支出的结构、形式、方法和手段统一的原则；②国家预算支出保障最低社会标准的原则；③国家预算支出保障法定公共服务财政费用的原则。

塔吉克斯坦国家预算支出按经济活动重要性分为运转性支出和资本性支出。运转性支出是预算支出的一部分，旨在确保各级政府和公共行政机构日常运转需要，用于支持地方政府预算组织、国家信托基金的日常活动，用于补贴

---

① 塔吉克斯坦国家财政部. К ЗАКОНУ РЕСПУБЛИКИ ТАДЖИКИСТАН 《О ГОСУДАРСТВЕННОМ БЮДЖЕТЕ РЕСПУБЛИКИ ТАДЖИКИСТАН ДЛЯ 2019 ГОДА》［EB/OL］. http://minfin.tj/index.php? do=static&page=Budgetniy_proces_2019_2021.

② 塔吉克斯坦国家财政部. К ЗАКОНУ РЕСПУБЛИКИ ТАДЖИКИСТАН 《О ГОСУДАРСТВЕННОМ БЮДЖЕТЕ РЕСПУБЛИКИ ТАДЖИКИСТАН ДЛЯ 2019 ГОДА》［EB/OL］. http://minfin.tj/index.php? do=static&page=Budgetniy_proces_2019_2021.

国家预算体系的其他层次。资本性支出是指为发展投资活动而安排的预算支出。资本性支出包括：①根据经济发展投资计划为现有或新成立的法人实体提供的资金支出；②为法人实体提供的融资贷款；③固定资产的购置和维修费用支出；④增加国家公益事业财产的开支；⑤根据经济分类列入资本性支出的其他费用。另外，资本性支出还包括设立的各类发展基金。

塔吉克斯坦国家预算支出的形式包括：①维持预算组织运转资金；②支付自然人和法人根据国家和地方合同履行的货物（工程、服务）购买的资金；③居民生活补贴；④政府当局做出决定导致预算开支增加或预算收入减少而引起的额外开支的补偿拨款；⑤对法人实体的预算贷款；⑥对法人实体的补贴；⑦对个人的补贴和贷款；⑧现有或新成立的法人实体的法定资本投资；⑨国家预算体系其他层次和国家信托基金的预算贷款、赠款、补助金；⑩对其他国家的贷款；⑪偿还债务利息的预算支出。

根据塔吉克斯坦国家预算支出方案，以下活动费用列入国家预算支出范围：①确保塔吉克斯坦共和国议会两院、中央选举委员会、总统办公厅、国家行政机构、国家预算法确定的其他重要支出；②国家司法系统的预算支出；③开展国际活动、确保国际协定及与国际金融组织签署的协定运转的预算支出，国家预算法确定的开展国际文化科学与信息合作的预算支出；④维护国防和国家安全的预算支出；⑤支持基础研究与科技进步的预算支出；⑥支持交通与能源基础设施发展的预算支出；⑦支持国家农业发展和确保粮食安全的预算支出；⑧国家自然生态环境保护的预算支出；⑨国家应对自然灾害和紧急情况的预算支出；⑩建立国家所有财产和融资的预算支出；⑪偿还国债本息的预算支出；⑫国际信托基金支出、社会保障养老金、津贴和其他社会福利的预算支出；⑬充实国家贵重金属和宝石储备及国家物资储备的预算开支；⑭国家举行选举活动的预算支出；⑮国家投资发展计划的预算开支；⑯确保政府与公共行政机构运行中造成的预算收支平衡；⑰确保其他级别权力机构正常行使国家权力的预算支出；⑱对地方国家权力机构进行财政支持的预算支出；⑲官方发布统计报告的预算支出；⑳其他重要的国家预算支出。

地方政府预算支出为下列活动提供预算资金支持：①确保地方权力机构运转的预算支出；②确保乡镇自治机构运转的预算支出；③地方公共财产的形成和管理的预算支出；④组织、维持和发展教育、科技、文化、体育的预算支出，保障期刊、报纸发行的预算支出，地方政府管理的其他公共机构运转的预算支出；⑤住房与公益事业发展的预算支出；⑥地方公路修建与维护的预算支出；⑦地方绿化的预算支出；⑧处理生活垃圾的预算支出；⑨交通运输组织运行的预算支出；⑩自然环境保护的预算支出；⑪落实地方当局发展目标的预算支出；⑫地方当局偿还债务的预算支出；⑬居民生活补贴的预算支出；⑭地方举行选举的预算支出；⑮预算法确定的地方当局的其他决定与重要事务的预算支出。

根据塔吉克斯坦公共财政法，以下活动的费用由中央政府预算和地方政府预算共同资助：①国家发展工业、农业、建筑、能源、运输、通信等基础设施的预算支出；②执法部门的预算支出；③消防安全的预算支出；④确保科学技术进步的研究、开发、设计和探索活动的预算支出；⑤居民的教育、文化、卫生和体育等福利的预算支出；⑥自然环境资源保护及水文观测活动的预算支出；⑦自然灾害和紧急情况预防管理的预算支出；⑧建立各类市场基础设施的预算支出；⑨各类媒体活动的预算支出；⑩对其他预算支出的援助；⑪中央与地方共管的部门及乡镇自治机构的预算支出。

根据塔吉克斯坦国家财政部发布的《2019 年塔吉克斯坦国家预算案》，2019 年塔吉克斯坦国家预算支出为 241.651 亿索莫尼，比 2018 年国家预算支出（213.374 亿索莫尼）提高 28.277 亿索莫尼，增长 13.25%。

2019 年塔吉克斯坦中央政府预算支出 105.522 亿索莫尼，比 2018 年中央政府预算支出（98.57 亿索莫尼）提高 6.952 亿索莫尼，增长 7%。具体见表 3-35。

表 3-35 2018—2019 年度塔吉克斯坦中央政府预算支出与对比①

名目	2018 年度预算支出 /亿索莫尼	2019 年度预算支出 /亿索莫尼	年度增长率 /%
公共权力部门	7.201	8.743	21.4
社会部门	17.748	18.772	5.8
实体经济部门	46.942	49.768	6.0

2019 年塔吉克斯坦地方政府预算支出为 67.803 亿索莫尼，比 2018 年地方政府预算（59.731 亿索莫尼）提高 9.872 亿索莫尼，增长 17%。具体见表 3-36。

---

① 塔吉克斯坦国家财政部. К ЗАКОНУ РЕСПУБЛИКИ ТАДЖИКИСТАН《О ГОСУД АРСТВЕННОМ БЮДЖЕТЕ РЕСПУБЛИКИ ТАДЖИКИСТАН ДЛЯ 2019 ГОДА》[EB/OL]. http://minfin.tj/index.php? do＝static&page＝Budgetniy_proces_2019_2021.

表 3-36　2018—2019 年度塔吉克斯坦地方政府预算支出与对比①

名目	2018 年度预算支出 /亿索莫尼	2019 年度预算支出 /亿索莫尼	年度增长率 /%
社会部门	45.274	52.283	15.48
实体经济部门	9.559	11.873	24.21
其他部门	3.097	3.647	17.75

（四）国家预算平衡

1. 国家预算盈余

根据塔吉克斯坦公共财政法的规定，财政预算收入超过财政预算支出时出现预算盈余，包括中央政府预算盈余和地方政府预算盈余。预算盈余存入塔吉克斯坦国家银行、其他银行或信贷机构。预算盈余主要用于弥补下一年度财政预算赤字及处理自然灾害、紧急情况和其他意外支出。

2. 国家预算赤字及资金来源

预算支出超过预算收入即为预算赤字。根据塔吉克斯坦公共财政法的规定，如果下一个财政年度的预算支出超过预算收入，预算法案应批准该预算赤字的资金来源。地方政府预算的经常性支出不得超过预算的总收入，中央政府预算赤字总额不得超过预算拨款和国家债券发行总额。如果不考虑塔吉克斯坦中央政府预算的财政援助，地方政府预算赤字总额不得超过其预算收入的2%。地方政府预算赤字资金来源的收入专门用于投资支出，禁止偿还地方政府债务本息。中央政府预算赤字的资金来源：内部来源包括以本国货币形式从信贷机构获得贷款、以本国货币形式发行的国债、上一年度的预算盈余、国家预算体系上层的预算贷款；外部来源包括以外国货币形式发行的国债，以外国货币形式从其他国家、银行、国际金融组织及公司获得的融资。

根据塔吉克斯坦国家财政部发布的《2019 年塔吉克斯坦国家预算案》，2019 年塔吉克斯坦常规性预算赤字为 3.91 亿索莫尼，主要来源：①国有财产私有化收入（0.25 亿索莫尼）；②发行国债所得（1.00 亿索莫尼）；③超额完成地方政府预算收入所得（0.117 亿索莫尼）；④国际金融机构的贷款和无偿援助所得（1.543 亿索莫尼）；⑤中央财政预算的自由资金（1.00 亿索莫尼）。

---

① 塔吉克斯坦国家财政部. К ЗАКОНУ РЕСПУБЛИКИ ТАДЖИКИСТАН 《О ГОСУДАРСТВЕННОМ БЮДЖЕТЕ РЕСПУБЛИКИ ТАДЖИКИСТАН ДЛЯ 2019 ГОДА》［EB/OL］. http://minfin.tj/index.php? do＝static&page＝Budgetniy_proces_2019_2021.

（五）国家债务

塔吉克斯坦的国家债务包括对国内自然人和法人所负担债务以及对其他国家、国际金融组织及其他国际法主体所负担的债务。塔吉克斯坦的国家债务由国家所有财产提供担保与负责偿还。国内外借款的权限、构成、程序、登记及重组等由塔吉克斯坦国家法律规定。

二、税收政策

税收政策是一个国家财政收入政策的重要组成部分。塔吉克斯坦独立以后，制定了本国的税收法律制度，其税收法律制度主要沿袭苏联时期的税收体制。随着塔吉克斯坦经济的发展，其税收制度相应进行了改革与完善。1999年1月1日实施1998年修订的《塔吉克斯坦共和国税法》，2005年1月1日实施2004年修订的《塔吉克斯坦共和国税法》，2013年1月1日实施2012年修订的《塔吉克斯坦共和国税收法》，标志着塔吉克斯坦税收政策进一步完善，体现了塔吉克斯坦税收制度特色。

2021年11月3日，塔吉克斯坦议会通过新的《塔吉克斯坦共和国税法》修订案，根据第1844号总统令修订后的税法于2022年1月1日生效，税法第三十三条于2023年1月1日生效。修订后的税法共15章57节399条款。

按照塔吉克斯坦宪法和税法的规定，国家税收主管部门是国家税收委员会。根据塔吉克斯坦当前税法的规定，在塔吉克斯坦的外国公司、外国人以及塔吉克斯坦公司、塔吉克斯坦公民都要向国家纳税，全国实行统一的纳税制度。

按照塔吉克斯坦税法的规定，税种分为国家税和地方税。新修订的税法规定，国家税有6类：所得税、增值税、消费税、自然资源税、社会税、销售税（初级铝），地方税即为财产税。另外税法还规定了特殊税收和免除税收制度。新修订的税法把之前的8个国税税种修订为6个，地方税种由之前的2个修订为1个。

国税税种如下：

（1）所得税，指国家对法人、自然人和其他经济组织在一定时期内的各种所得征收的一类税收，包括企业所得税和个人所得税。

塔吉克斯坦税法规定，所得税纳税人是指法人、本国居民和非本国居民，符合法定条件的外国实体被视为纳税人。

居民纳税人的纳税对象是来自塔吉克斯坦境内外的收入，税率为12%；非居民个人在塔吉克斯坦工作所得应纳税收入按20%的税率征税；除上述之外的其他自然人的收入按照15%的税率征税。

法人纳税对象为来自塔吉克斯坦国内外的收入，免征企业所得税的除外；非居民企业来自塔吉克斯坦境内的收入。法人纳税税率分为：①从事商品生产经营活动的企业按照13%的税率征税；②金融信贷机构和通信公司按照20%的税率征税；③从事自然资源开发和加工的企业按照18%的税率征税。

（2）增值税是间接税，是对商品、劳务和服务的生产和流通的各个环节所征之税。

塔吉克斯坦税法规定，所有从事塔吉克斯坦应税商品进口活动的单位和个人都是增值税纳税人；提供应税劳务或服务但未注册成为增值税纳税人的非居民，同样为此类劳务和服务的增值税纳税人。

塔吉克斯坦的增值税的征税对象范围非常广泛，税法详细规定了8大类征税对象，涉及所有商品流转和劳务、服务的提供环节。

塔吉克斯坦税法规定，税法未做规定的增值税税率一律为应税销售额的15%、应税出口额的15%；出口和使用较低税率的情况除外；该税率为主要税率，称为标准税率。餐饮业、建筑业、酒店等行业按7%的税率征税。国内农产品生产加工、教育培训、医疗服务、度假疗养等行业按5%的税率征税。

（3）消费税是价内税，包含在应税消费品（服务）的销售价格之中。塔吉克斯坦税法规定，发生应税交易的自然人和法人为消费税纳税人，包括在塔吉克斯坦境内的外国自然人和法人。

消费税的应税对象包括应税商品和应税活动，商品包括酒类、烟草、矿物、轮胎类、汽车类、贵金属和宝石类、地毯等；应税活动主要是通信服务类。

消费税税率由塔吉克斯坦政府根据对外经济活动清单确定，按照应税商品的销售价格进行从价定率计征或依据应税商品的实物从量定额计税；酒类按照酒精含量确定税率，通信服务按照7%的税率征税。

（4）自然资源税，是指法人或自然人在使用国家自然资源包括开发地下资源或用水进行发电时所缴纳税收。自然资源税包括地下资源使用税和水资源税。

自然资源税包括以下几项费用：

①签字盖章税。自然资源使用者为获得许可证所确定的一定区域内地下资源使用权而缴纳的税收。该项税收金额由塔吉克斯坦政府确定，并反映在自然资源使用合同之中。

②商业勘探税。自然资源使用者按照许可证规定的范围勘察出具有经济效益的矿产并依法登记以获得采矿权所缴纳的税收。商业勘探税的金额由塔吉克

斯坦政府按照法定程序确定，并反映在使用合同之中。

③开采税。采矿人按照许可证的规定开采矿物或者加工提取矿物时缴纳的费用。开采税分为两种，一般矿产的开采税为 4%～10% 不等，特殊矿产开采税为 0～10% 不等。

④水资源税。这是在塔吉克斯坦境内，以发水电为目的利用水资源所缴纳的税收。水资源税主要针对水电站。塔吉克斯坦税法规定，水资源税的税率为每 1 000 千瓦时发电量的 0.06 倍。

⑤出口税。纳税人出口宝石、黑色金属、有色金属、稀有金属、放射性金属、采矿和化学原料、宝石和原材料及出口来自塔吉克斯坦共和国的初级加工假石、原棉、棉纤维、棉纱和纱线、茧、丝线、羊毛和皮革等所缴纳的税收。该项税收是新设立的，2023 年 1 月 1 日起生效。2023—2024 年该税率为 2%，2025—2026 年该税率为 4%，2027 年后该税率为 6%。

（5）社会税。社会税纳税人是指在塔吉克斯坦境内根据劳动协议（合同）或在未签订劳动协议（合同）的情况下，雇佣居民自然人并向其发放工资、报酬和其他收益的法人及其他经济实体，或向居民自然人提供的服务（劳务）进行支付的法人及其他经济实体，或从事个体经营活动的自然人。

社会税的税率为：①保险公司的税率为 25%，被保险人缴纳的税率为 1%；其他保险组织的税率为 20%，被保险人缴纳的税率为 2%。②具有经营许可证的个体经营者作为被保险人时，所缴纳社会税税率为 1%。③为外国使（领）馆、国际组织驻塔吉克斯坦代表处提供劳工、服务且独立缴纳社会税的塔吉克斯坦公民，社会税税率为：保险公司的税率为 20%，被保险人的税率为 2%。

（6）销售税（初级铝）。销售税的纳税人是拥有征税对象的人。征税对象是指应税商品的交易，以及由塔吉克斯坦政府确定的在境内根据海关加工制度生产并应纳税的其他种类应税商品。税法规定初级铝的销售税税率为 3%，由塔吉克斯坦政府确定的在境内根据海关加工制度生产并应纳税的其他种类应税商品的税率为 1%。

新的税法将塔吉克斯坦地方税合并为一个税种，即财产税，包括不动产税、土地税和车辆税。

（1）不动产税，即以不动产为课税对象的税收。不动产税的缴纳人是指不动产所有人或使用不动产的自然人和法人。不动产税率是根据不动产占用面积及其使用目的确定的，在计算指标的基础上，还会考虑到城市和地区的区域系数。

不动产的税率包括：①不到 90m² 住宅建筑物按照 3% 征税，90m² ~ 200m² 住宅建筑物按照 4% 征税，超过 200m² 的住宅建筑物按照 6% 征税；②用作商业活动、餐饮服务和居民日常服务的不动产，不到 250m² 的不动产按照 12% 征税，250m² ~ 500m² 的不动产按照 15% 征税，超过 500m² 的不动产按照 18% 征税；③用于其他类型活动的不动产，不到 200m² 的不动产按照 9% 征税，200m² ~ 500m² 的不动产按照 12% 征税，超过 500m² 的不动产按照 15% 征税；④杜尚别市、苦盏市、库尔干秋别市、库里亚布市的不动产，在税率上适用上述②③款税率的 2 倍。

表 3-37 是对不动产的纳税额进行调节的区域系数①。

表 3-37　不动产纳税额的区域系数

序号	不动产所在城市、地区	区域系数
1	杜尚别市区	1
2	苦盏、库尔干秋别、库里亚布市市区	0.8
3	卡拉库姆、奇卡洛夫斯克、塔博沙尔、伊斯塔拉夫尚、伊斯法拉、卡尼巴达姆、彭吉肯特、瓦赫达特、图尔松扎德、罗贡、努雷克、萨班德、霍罗格等市市区	0.6
4	第 1、2、3 号区域未列出的其他城市和地区	0.4
5	农村地区：伊斯塔拉夫尚、凯拉库姆、奇卡洛夫斯克、加富罗夫、伊斯法拉、卡尼巴丹、斯皮塔门、拉苏洛夫、瓦赫达特、鲁达基、图尔松扎德、沙赫里纳夫、吉萨尔、亚万、沃斯、丹加拉、库里亚布、法尔霍尔、哈马多尼、穆米纳巴德、努雷克、瓦赫什、库博迪翁、库姆桑吉尔、诺西里·希斯拉夫、潘杰、萨班德、胡罗松、贾洛利丁·巴尔希、吉利库尔、沙赫里托斯	0.3
6	未在 5 号和 7 号之中的其他农村地区	0.2
7	农村地区：罗贡、萨莫德瓦什蒂奇、艾尼、马斯查山、沙赫里斯坦、努拉巴德、什特、万奇、达尔瓦兹、伊什卡希姆、罗什特卡拉、鲁松、穆尔加布、舒格楠	0.1

（2）土地税，是对土地征税的总称。根据土地的价格、面积或收益等作为课税依据计算征收。塔吉克斯坦税法规定，土地税纳税人为土地使用者，或者将土地转让给用于终生继承、无限期、定期使用或用于出租的土地用户，但

---

① 参见塔吉克斯坦国家税收委员会网站：https://www.andoz.tj/docs/kodex/Tax%20Code__01-01-2022_RT_en.pdf.

从事农业生产者除外。土地转作出租用途的，出租人被视为土地税缴纳人。

塔吉克斯坦税法规定，塔吉克斯坦政府每5年调整一次税率；国家主管机关根据上一年度通货膨胀水平，每年完成土地税税率的指数化，并在官方网站上进行公布。

自然人在居民点（城镇、乡镇）使用的土地，根据土地面积及其用途计算土地税的金额：①不到0.12公顷的灌溉土地和不到0.15公顷的非灌溉土地，依照规定的税率缴纳；②0.12公顷~0.20公顷灌溉土地、0.15公顷~0.25公顷非灌溉土地，依照①税率的2倍缴纳；③超过0.20公顷的灌溉土地和超过0.25公顷的非灌溉土地，依照①税率的3倍缴纳。④用于商业活动的土地，除个人企业家外，依照①税率的5倍缴纳。⑤法人使用土地依照①税率的5倍缴纳。

（3）车辆税，即以运输车辆为征税对象所开征的税。塔吉克斯坦税法规定，由政府确定清单上的轿车、卡车、摩托车、公共客车和其他电动和履带式自走机器、飞机、直升机、铁路机车，船、游艇、帆船、船只、雪地摩托、摩托雪橇、摩托艇和其他水上和空中运输工具为征税对象。

车辆税的税率按照1个马力的发动机功率进行计算，具体见表3-38[①]。

表3-38　车辆税的税率

征税项目		税率/%
摩托车和小摩托车		2.5
小轿车	（1）不到250马力	7.5
	（2）250~300马力	10
	（3）超过300~350马力	12
	（4）超过350马力	15
公共客车	（1）12座及以下	7.5
	（2）13~30座	8.5
	（3）31座及以上	9.5

---

① 参见塔吉克斯坦国家税收委员会网站：https://www.andoz.tj/docs/kodex/Tax%20Code__01-01-2022_RT_en.pdf.

表3-38（续）

征税项目		税率/%
载重汽车	不到10吨的载重汽车或其他小型运输车辆	11
	载重量为10~20吨	12.5
	载重量为21~40吨	13.5
	载重量超过40吨	14.5
拖拉机、带有施工用发动机的运输工具，农用车辆除外		2
雪地车和摩托雪橇		1.8
船、摩托艇、游艇、帆船、水上自行车和其他水上交通工具		15
铁路机车		1
飞机、直升机和其他空中交通工具		10

三、金融政策

金融政策一般指中央银行为实现宏观经济调控目标而采用各种方式调节货币、利率和汇率水平，从而影响宏观经济的各种方针和措施的总称。

（一）银行体系

1996年、1998年塔吉克斯坦议会相继通过的《塔吉克斯坦国家银行法》和《塔吉克斯坦银行和银行活动法》是塔吉克斯坦的基本银行立法，是发展和监管各类银行活动的基本法律规范，是银行立法体系的基础规范。

《塔吉克斯坦国家银行法》规定了塔吉克斯坦国家银行的法律地位、结构原则、主要任务和职能、与政府当局的互动、货币政策的目标和主要工具、银行监管的原则和手段、信贷机构的重组和清算顺序、组织货币流通和结算及其他职能和权限。塔吉克斯坦国家银行即中央银行，是政府机构的重要组成部分，由国家全资拥有，向塔吉克斯坦议会下院负责；同时它依法作为一个独立的法人实体，独立安排及执行其业务活动，不受任何行政机关干涉。

塔吉克斯坦国家银行的主要目标是维持国内价格的长期稳定，同时维护国家银行体系的稳定，协助支付系统高效、不间断地运行。

塔吉克斯坦国家银行的职能包括：①塔吉克斯坦共和国货币政策的制定和实施；②进行经济运行和货币供求分析，根据塔吉克斯坦共和国政府的需求向其提交建议，并公布分析结果；③向贷款机构发放经营许可证，并对其活动进行监管和监督；④向具有借贷史的机构发放经营活动许可证，并对其活动进行管理和监督；⑤执行和监管支付、清算、结算系统和货币服务系统的活动；⑥垄断货币发行、流通和回笼职能；⑦国家外汇的储备和管理；⑧执行银行交易职能；⑨创造保护银行客户利益的有利条件；⑩代表塔吉克斯坦承担义务，并履行塔吉克斯坦参与国际金融机构交易活动的义务；⑪编制塔吉克斯坦国际收支平衡表。

塔吉克斯坦国家银行由中央机构和 5 个地区分支机构组成，其中中央机构由 32 个部门组成。目前，塔吉克斯坦国家银行领导层由行长、第一副行长和 2 个副行长组成。

《银行和银行活动法》规定了塔吉克斯坦国内银行和非银行金融机构以及塔吉克斯坦国家银行系统的含义、银行业务清单、银行与客户和政府的相互关系原则、银行设立顺序、银行活动的登记和许可（包括外资银行）、撤销银行业务许可证的原因、会计和报告原则、审计检查命令。

在银行活动监管方面，主要依据塔吉克斯坦民法和其他法律，对各类银行活动开展法律监管。

当前，塔吉克斯坦国家银行关于银行注册令和银行活动许可证的规范性法案，规定了各类银行活动的标准，对违反银行立法要求的银行实施制裁，包括撤销许可证。另外，塔吉克斯坦共和国非现金结算和监管其他银行活动的法令已获批准并生效。

（二）金融宏观审慎政策与金融稳定机构

1. 金融宏观审慎政策

金融宏观审慎政策是一系列旨在降低金融部门风险的谨慎行动。它被用于识别、监测和评估金融稳定的系统性风险，以保持整个金融系统的稳定性。同时增强金融系统的弹性，防止和减少系统性风险积累，以确保金融部门对经济增长做出可持续贡献。

金融宏观审慎政策框架形成于 2008 年全球金融危机爆发后。2009 年，国际清算银行提出金融宏观审慎的概念。2009 年 4 月的 G20 匹兹堡峰会开始正式使用"金融宏观审慎政策"这个提法。2010 年 11 月的 G20 首尔峰会进一步形成了金融宏观审慎政策的基础性框架。随后，金融宏观审慎政策框架的主要内容逐渐为世界各国所采纳。

塔吉克斯坦金融宏观审慎政策是根据 2016 年 7 月 12 日塔吉克斯坦国家银行董事会决议形成的"塔吉克斯坦国家银行宏观审慎框架"来制定的。金融宏观审慎政策的中期目标旨在实现主要目标，确保在实施过程中提高透明度，主要包括以下内容：

（1）缓解和防止风险加权资产和破产的过度增长；

（2）缓解并防止流动性不足和期限错配；

（3）缓解和防止外汇存款、贷款和不良贷款的增长；

（4）限制直接和间接的接触性聚集；

（5）强化金融体系的透明度和信心。

塔吉克斯坦中央银行实施金融宏观审慎政策的决策过程遵循四个步骤：

（1）系统性风险的识别和评估；

（2）选择金融宏观审慎政策工具；

（3）实施金融宏观审慎政策工具；

（4）评估金融宏观审慎政策工具的效果。

为了实现金融宏观审慎政策的中期目标，塔吉克斯坦国家银行采用了金融稳定委员会推荐的工具，以及在金融系统性风险评估基础上开发的工具。金融宏观审慎政策只负责减少未来危机发生的可能性，并不承担完全消除危机的责任。

2. 金融稳定机构

塔吉克斯坦为了维护国家金融秩序稳定，在国际货币基金组织（IMF）和世界银行（WB）的技术援助下，相继建立了国家银行金融稳定委员会、国家金融稳定理事会。

（1）国家银行金融稳定委员会

根据国际货币基金组织的建议，在世界银行（塔吉克斯坦共和国金融发展政策）模型范围内，由世界银行提供各种技术支持，于2016年3月1日，塔吉克斯坦在国家银行董事会下设立了作为咨询机构的金融稳定委员会。该委员会根据塔吉克斯坦现行金融立法和自身章程开展活动，维护本国金融体系稳定性，实施有效的宏观审慎政策，监督信贷金融机构的活动。

该委员会的组成人员包括：塔吉克斯坦国家银行第一副行长出任委员会主席、塔吉克斯坦国家银行监督银行监管部的副行长任委员会副主席，另外还有8名其他成员。该委员会成员大多是相关机构部门的负责人，其活动涉及金融体系的稳定、信贷金融机构行为管理和监督以及货币政策的实现。

该委员会会议每季度举行一次，在需要的情况下（危机情况），委员会可根据委员会主席（或副主席）的指示，考虑到对当前金融体系状况的评估，或应委员会中一名成员的请求，邀请召开特别会议。

该委员会根据自身章程实施以下具体职能：

第一，从世界和国家的角度分析宏观经济和金融体系，考虑和预防可能出现的风险；

第二，根据周期报告和分析，考虑提出有关实施宏观审慎政策的可能性措施的建议；

第三，审议实施宏观审慎政策措施的结果；

第四，审议对信贷金融机构监督和管理的结果；

第五，协调委员的活动与货币政策预测和银行监管的主要方向；

第六，促进塔吉克斯坦国家银行分支机构与金融系统部门之间信息共享活动；

第七，在协调个人存款保险基金和金融系统部门的其他监管机构中，实施保持金融稳定性的行动。

此外，该委员会还向塔吉克斯坦国家银行董事会（供参考）提交关于减少金融系统脆弱性、维护金融信贷组织系统稳定的建议，对具有高风险的金融信贷机构和修改法律标准行为设定额外要求。

（2）国家金融稳定理事会

为防止和克服潜在风险以及全球金融危机对国民经济的负面影响，在世界银行的技术援助下，2018年6月21日，塔吉克斯坦中央政府通过决议，决定建立塔吉克斯坦国家金融稳定理事会。

该理事会是一个跨部门咨询机构，设立的目的是审查所有与维护金融稳定性相关的问题，识别金融系统的系统性风险，并对减少此类风险的措施提出建议。

国家金融稳定理事会组成成员如下：

——塔吉克斯坦国家经济发展和贸易部部长担任理事会主席；

——塔吉克斯坦国家银行行长担任理事会协调秘书；

——塔吉克斯坦共和国财政部部长担任理事会副主席；

——塔吉克斯坦私人存款保险基金会主席担任理事会常任理事；

——塔吉克斯坦共和国总统办公厅代表担任作为独立观察员。

国家金融稳定理事会将至少每六个月举行一次会议。同时，理事会主席将根据塔吉克斯坦共和国政府的指示或理事会多数成员的提议，邀请理事会举行特别会议。

国家金融稳定理事会制定评估办法，对各类形式的国家财政支持开展有效性评估，向塔吉克斯坦中央政府提交报告，并在做出决定之前，开展与国家财政支持相关的分析。

国家金融稳定理事会的主要目标包括：

第一，定期评估金融系统稳定性；

第二，协调实施宏观和微观审慎政策（一系列旨在降低金融体系风险的措施），以消除可能存在的脆弱性；

第三，识别和评估现有的风险水平，以及未来的可能威胁对金融系统的影响；

第四，就有关恢复金融稳定的措施提出建议；

第五，促进协调理事会成员之间信息共享；

第六，向塔吉克斯坦中央政府提出有关在金融稳定规定的框架内遵守监管政策的建议；

第七，制定、审查和实施应急方案，控制和消除经济和金融危机的影响；

第八，促进塔吉克斯坦政府参与和金融稳定相关的地区及全球方案；

第九，在金融部门的监管领域内研究和实施最佳实践。

如果出现危机局势或不可预见的破坏稳定事件，包括自然灾害，理事会将制订并提出应急计划，一方面预防破坏金融稳定的事件发生，一方面是消除、管控和解决破坏金融稳定的事件。

（三）商业银行

截至 2021 年 12 月 31 日，塔吉克斯坦共和国有 63 家信贷金融机构在运转，包括 13 家传统银行、1 家伊斯兰银行、18 家小额信贷存款机构、4 家小额信贷机构、27 个小额信贷基金。

从 2020 年 12 月 31 日至 2021 年 12 月 31 日，中央银行只给 1 家新银行发放了许可证，有 5 家银行被吊销许可证，有 2 家小额信贷机构被吊销许可证。具体见表 3-39。

表 3-39　2020—2021 年塔吉克斯坦国内银行体系结构与变化① 单位：个

金融机构	2020 年 12 月 31 日	2021 年 12 月 31 日	变化（+/-）
1. 全部信贷机构	69	63	-6
1.1 银行	19	14	-5
1.1.1 传统银行	18	13	-5
1.1.2 伊斯兰银行	1	1	0

---

① 参见：Review of Banking System of the Republic of Tajikistan on December 31, 2021 [EB/OL]. https://www.nbt.tj/upload/iblock/7af/% D0% 9D% D0% B8% D0% B7% D0% BE% D0% BC% D0% B8% 20% D0% B1% D0% BE% D0% BD% D0% BA% D0% B8 _ 2021. 12%20-%20ENG.pdf.

表3-39(续)

金融机构	2020 年 12 月 31 日	2021 年 12 月 31 日	变化(+/−)
1.2 小额信贷机构	50	49	−1
1.2.1 小额信贷存款机构	18	18	0
1.2.2 小额信贷贷款机构	5	4	−1
1.2.3 小额信贷基金	27	27	0
2. 全部金融分支机构	1 935	1 852	−83
2.1 分支机构	356	295	−61
2.1.1 伊斯兰银行窗口	2	2	0
2.2 银行服务中心	1 241	1 204	−37
2.3 小额信贷服务中心	338	356	15

自新冠肺炎疫情发生以来，塔吉克斯坦经济受到很大影响，在国际贸易、国际运输、国际劳务汇款三个方面，遭受的冲击最为严重。这导致国家财政收入降低，一系列由国家投资、具有战略意义的项目建设受到了影响。在金融领域，一些信贷机构陷入财政危机，相继退出金融市场。截至 2021 年 12 月 31 日，塔吉克斯坦国内有 14 家商业银行，其中 13 家传统银行、1 家伊斯兰银行，与 2020 年 12 月 31 日相比，银行减少 5 个，各类金融组织的分支机构减少了 83 个。

塔吉克斯坦商业银行名录、通信方式见表 3-40。

表 3-40　塔吉克斯坦商业银行名录、通信方式①

序号	银行名称	通信地址和方式
1	东方银行 （ОАО"Ориёнбанк"）	Website：www.orienbank.com Email：info@ orienbank.com Телефон：（+992 37）221−11−09，（+992 44）600−37−03，（+992 37）221−10−19，（+992 44）600−37−13 Адрес：г.Душанбе，проспект Рудаки，95/1

---

① 参见：Акционеры банков, которые владеют преимущественной долей участия, на 31.12.2021г〔EB/OL〕. https://www.nbt.tj/en/banking_system/banks.php.

表3-40（续）

序号	银行名称	通信地址和方式
2	塔吉克斯坦国际储蓄银行 （ГСБ РТ "Амонатбанк"）	Website：www.amonatbonk.tj Email：info@ amonatbonk.tj Телефон：（+992 37）227-55-50，（+992 44）600-90-20，600-90-67 Адрес：ш.Душанбе, проспект Рудаки, 105
3	埃斯哈塔银行 （ОАО"Банк Эсхата"）	Website：www.eskhata.com Email：info@ eskhata.tj Телефон：（+992 44）600-0-600，（+992 3422）4-39-45，（+992 3422）6-46-77，6-69-99 Адрес：г.Худжанд, ул.Гагарина, 135
4	塔希德银行 （ОАО "Тавхидбанк"）	Website：www.tawhidbank.tj Email：info@ tawhidbank.tj Телефон：（+992 44）600-47-70，（+992 44）610-00-90，600-47-75 Адрес：г.Душанбе, ул.С.Айни 4/1
5	塔吉克斯坦第一小型金融银行 （ЗАО"Первый микрофинансовый банк"）	Website：www.fmfb.com.tj Email：info@ fmfb.com.tj Телефон：（+992 37）227-91-70，227-91-71，227-91-72，227-91-74 Адрес：г. Душанбе, ул. Пушкина 10
6	塔吉克斯坦发展银行 （Бонки рушди Точикистон）	Website：www.brt.tj Email：info@ brt.tj Телефон：（+992 44）600-55-65，600-55-60，600-55-62，600-99-99 Адрес：г. Душанбе, ул. А. Пушкина, 20
7	伊朗吉特若拉特银行 杜尚别分行 （Филиалбанка"Тиджорат" ИРИ вг.Душанбе）	Website：www.tejaratbank.tj Email：B_T_Dushanbe@ Tejarat-bank.tj Телефон：（+992 44）600-05-21，600-05-25 Адрес：г.Душанбе, пр.Рудаки, 88
8	塔吉克斯坦哈利克银行 （ЗАО "ХалыкБанкТаджикистан"）	Website：www.halykbank.tj Email：Info@ halykbank.tj Телефон：（+992 44）601-40-42 Адрес：г.Душанбе, проспектС.Айни 42
9	阿尔文德银行 （ЗАОБанк"Арванд"）	Website：www.arvand.tj Email：office@ arvand.tj Телефон：（+992 44）600-14-00，（+992 92）795-00-01 Адрес： Согдийская область, г. Худжанд, проспект Исмоили Сомони 1 А

表3-40（续）

序号	银行名称	通信地址和方式
10	斯皮塔曼银行 （ЗАО"Спитамен Банк"）	Website：www.spitamenbank.com； www.spitamen.com Email：info@ spitamen.com Телефон：（+992 44）600-10-92，600-13-43， 600-22-50 Адрес：г.Душанбе，улица Шамси 4
11	塔吉克斯坦国际银行 （ЗАО "Международный банк Таджикистана"）	Website：www.ibt.tj Email：info@ ibt.tj Телефон：（+992 44）640 50 88，640 03 03 Адрес：г. Душанбе，район Шохмансур，улица Бухоро 27
12	塔吉克斯坦商业银行 （ОАО"Коммерцбанк Таджикистана"）	Website：www.cbt.tj Email：info@ cbt.tj Телефон：（+992）（44）630-88-88 Адрес：г. Душанбе，район И. Сомони，улица бохтар 37/1
13	阿利夫银行 （ОАО"АлифБанк"）	Website：www. alif.tj Email：info@ alif.tj Телефон：（+992 44）625-73-71，900-90-90- 80，48 888-1111 Адрес：г. Душанбе，улица Фотеха Ниязи，51
14	国家联合企业工业出口银行 （ГУП ПЭБТ "Саноатсодиротбонк"）	Website： Email：info@ ssb.tj Телефон：（+992）（37）221-33-32 Адрес：г.Душанбе，проспект Саади Ширази 21

塔吉克斯坦的商业银行包括独资银行和股份制银行，银行股东包括法人和私人，既有国内股东还有国外股东，既有国家机构还有公司法人。具体见表3-41。

表 3-41　截至 2021 年 12 月 31 日持有合格股份的银行股东①

序号	银行名称	股份金额 /索莫尼	持有合格股份的股东
1	东方银行 （ОАО "Ориёнбанк"）	625 336 000	未发股份

---

① 参见塔吉克斯坦国家银行网站：https://www.nbt.tj/en/banking_system/spisok_
aktsionerov_bankov.php.

表3-41(续)

序号	银行名称	股份金额/索莫尼	持有合格股份的股东
2	国家联合企业工业出口银行（ГУП ПЭБТ "Саноатсодиротбонк"）	380 000 000	财政部（100%）
3	埃斯哈塔银行（ОАО "Банк Эсхата"）	125 304 690	НосировА.Д（26.6%） Носиров Х.Д（23.9%） Носиров Д.М1（0.1%） 诺西洛夫家族持有上述股份
4	塔吉克斯坦国际银行（ЗАО "Международный банк Таджикистана"）	104 500 000	塔吉克餐饮服务公司（76.9%） Холов Ш.С.（私人）（23.1%）
5	斯皮塔曼银行（ЗАО "Спитамен Банк"）	8 018 190	斯皮塔曼保险公司（100%）
6	塔吉克斯坦发展银行（Бонки рушди Точикистон）	64 180 000	未发行股份
7	阿尔文德银行（ЗАОБанк "Арванд"）	55 400 992	吉尔吉斯斯坦"边境"有限责任公司（27.5%） 塔吉克斯坦小额投资基金会（23%） 卢森堡农村发展基金"IIC.A.Sicav－SIF"投资联合会（16.3%） 德国进口小额信贷控股公司（14.2%）
8	塔吉克斯坦第一小型金融银行（ЗАО "Первый микрофинансовый банк"）	93 340 000	阿加汗经济发展基金会（60.6%） 阿加汗小额信贷机构（22.9%） 德国开发银行（10.8%）
9	塔吉克斯坦国际储蓄银行（ГСБ РТ "Амонатбанк"）	60 935 000	财政部（100%）
10	塔吉克斯坦哈利克银行（ЗАО "ХалыкБанкТаджикистан"）	34 392 000	哈萨克斯坦哈利克银行股份有限公司（100%）
11	伊朗吉特若拉特银行杜尚别分行（Филиалбанка "Тиджорат" ИРИ вг.Душанбе）	16 409 725	伊朗吉特若拉特国家银行（100%）
12	塔吉克斯坦商业银行（ОАО "КоммерцбанкТаджикистана"）	210 000 000	封闭式股份保险公司（ЗАО СО "Сугуртаи аввалини милли"）（96.5%）
13	阿利夫银行（ОАО "АлифБанк"）	92 282 000	阿利夫资本控股有限公司（100%）

与2020年同期相比，2021年信贷金融机构的资产总额下降38.927亿索莫尼，下降14.8%，主要是由于固定资产包括维持在2.241 47亿索莫尼的回笼

抵押品和证券。在此期间，与 2020 年同期相比，信贷机构的信贷组合总余额约 119.704 亿索莫尼，由于私人贷款驱动，增加 10.878 亿索莫尼，提高 10%。不良贷款（逾期超过 30 天）金额为 16.068 亿索莫尼，占信贷组合的 13.4%，与 2020 年同期相比，不良贷款份额下降 10 个百分点。信贷金融机构的不良信贷净额是 1.205 亿索莫尼，占组合信贷的 1.1%。具体见表 3-42。

表 3-42　信贷金融机构信贷组合的质量①　　单位：亿索莫尼

信贷分类	2020 年 12 月 31 日	2021 年 12 月 31 日	变化(+/−)
总额	108.825	119.704	10.878
执行贷款	83.367	103.636	17.338
不良贷款	25.458	16.068	−9.390
不良信贷比例	23.4%	13.4%	−10
不良信贷份额（净额）	2.9%	1.1%	−1.8

2021 年，塔吉克斯坦信贷金融机构总负债 17.339 亿索莫尼，与 2020 年同期相比，减少了 17.927 亿索莫尼，下降 9.4%，这主要由国内存款减少和塔吉克斯坦境外银行导致。信贷金融机构的存款总额与 2020 年同期相比减少 12.549 亿索莫尼，降低了 11%，仍有 101.593 亿索莫尼。2021 年信贷金融机构的外币存款份额占 44.5%，与 2020 年同期相比提高了 0.3 个百分点。2021 年信贷金融机构的资本充足率为 23.4%，比最低要求（12%）高出 11.4 个百分点。2021 年信贷金融机构利润 1.084 亿索莫尼，和 2020 年的 2.669 亿索莫尼相比低了很多。2021 年度信贷金融机构的资产回报率（ROA）为 0.5%，净资产收益率（ROE）为 2.1%。

经历了 1997 年的亚洲金融危机，国际社会再次深刻地认识到建立金融风险预警和预测机制的重要性。虽然国际货币基金组织和世界银行有责任对世界各国的金融状况进行监督和协调，但各国也有必要建立本国的金融监管体系，对本国的金融风险开展及时、有效的监管。为了稳定世界金融秩序，2001 年 6 月，国际货币基金组织提出了金融稳健性指标框架，在向各国征求意见的基础上，2003 年基本编纂形成了一套较为合理且被广泛接受的评价体系。金融稳健性指标体系为各国提供一个统一规范的金融风险评价体系，及时披露相关

---

① 参见塔吉克斯坦国家银行网站：https://www.nbt.tj/upload/iblock/7af/% D0% 9D%D0% B8%D0% B7% D0% BE% D0% BC% D0% B8% 20% D0% B1% D0% BE% D0% BD% D0% BA%D0%B8_2021. 12%20−%20ENG.pdf.

数据可以提高金融市场透明度，规范市场参与者和管理者的行为，提高一国的金融监管水平和金融体系的稳健程度。金融稳健性指标体系通过资本充足率、资本质量、盈利能力、流动性状况、市场风险敏感程度等方面的综合评价，来考察银行体系运作的稳健性。

塔吉克斯坦独立后，构建了本国的金融体系，但是因基础薄弱、脆弱性强，易受外界风险影响。为加强本国金融秩序监管和预防金融风险，塔吉克斯坦根据国际货币基金组织编制的《金融稳健指标汇编指南》，制定了金融稳健性指标体系，以此监管和预防本国金融风险，提高国内金融市场稳定性，促进经济健康稳定发展。2014—2021年塔吉克斯坦共和国银行体系财务稳健指标见表3-43。

表3-43　2014—2021年塔吉克斯坦共和国银行体系财务稳健指标[1]

单位：%

指标体系	2014年	2015年	2016年	2017年	2018年	2019年	2020年	2021年
1.资本充足率								
监管资本风险加权资产率	16.6	13.1	17.0	22.9	22.1	19.9	18.2	23.4
监管资本风险加权资产率	14.2	10.6	26.7	28.1	29.2	26.3	23.5	19.0
2. 资产质量								
不良资产占净资产比	38.6	66.7	105.5	23.1	36.6	19.0	16.2	3.2
不良贷款率	21.2	26.3	47.6	36.5	31.1	27.0	23.8	13.7
3. 盈利能力								
资产回报率	−2.5	0.8	−2.8	0.5	1.9	2.1	2.5	1.1
净资产收益率	−14.4	5.5	−21.0	1.7	7.0	7.6	9.1	4.8
息差占总收入比	40.6	52.2	63.7	65.2	65.3	66.3	73.5	60.9
非利息收入占总收入比	63.6	63.7	131.4	61.7	56.0	60.2	61.	64.6
4. 流动性								
流动资产占总资产比	20.0	24.1	30.9	30.1	30.8	27.7	30.0	31.9
流动资产占短期负债比	75.8	70.4	83.9	73.8	72.3	67.4	70.5	87.7
5. 市场风险敏感度								
外汇敞口头寸占监管资本比	1.7	−1.7	−10.0	−9.5	−9.6	−1.1	−11.5	4.7

---

[1]　参见塔吉克斯坦国家银行网站：https://www.nbt.tj/files/suboti-moliyavi/2022/FSI%204Q%202021%20eng.pdf.

表3-43(续)

指标体系	2014年	2015年	2016年	2017年	2018年	2019年	2020年	2021年
6. 其他								
资本占总资产比	14.8	12.1	25.5	26.6	27.0	27.4	26.3	20.9
大额信贷占监管资本比	80.1	139.9	132.0	72.2	62.9	71.8	73.5	68.0
交易收入占总收入比	25.5	11.9	-6.5	11.2	15.7	14.3	6.1	7.8
人事费用与非利息费用之比	54.7	56.8	55.3	56.9	58.7	60.0	58.6	58.7
信用借贷比	71.2	78.6	96.4	111.8	115.4	102.5	107.6	87.2
外汇贷款占贷款总额比	62.5	65.3	63.8	61.0	57.2	50.5	43.2	34.0
外币计价负债与总负债比	65.6	70.0	67.1	60.3	53.2	46.7	48.2	49.4

四、货币政策

货币政策是中央银行为实现其特定的经济目标而采用的各种控制和调节货币供应量和信用量的方针、政策和措施的总称。货币政策的实质是国家对货币的供应根据不同时期的经济发展情况而采取"紧""松""适度"等不同的政策，运用各种工具调节货币供应量来调节市场利率，通过市场利率的变化来影响民间的资本投资，影响总需求来影响宏观经济运行的各种方针措施。调节总需求的货币政策的四大工具为法定准备金率、公开市场业务、贴现政策、基准利率。

塔吉克斯坦国家银行作为一个被赋予一定范围内立法权的中央银行，负责制定和实施国家货币政策。尤其是根据《塔吉克斯坦国家银行法》第五条的规定，国家银行的主要目标是实现和维持长期价格稳定。货币政策首要任务是实现这一目标。为了实现价格稳定这一主要目标，国家银行通过使用货币政策工具持续控制经营目标绩效和银行系统流动资金水平。

（一）货币政策工具

为了确保货币政策的有效实施，控制其运营目标、银行系统流动性状况和短期银行间市场利率，塔吉克斯坦国家银行使用以下货币政策操作工具：公开市场业务、常备融资工具、最低准备金要求、外汇买卖业务等。具体见表 3-44。

表 3-44　货币政策操作工具①

目标	工具类型	工具	期限	利率	抵押品	频率与程序
吸收索莫尼流动资金	常备存款工具（由信贷机构发起）	隔夜存款	1 天	RR-2.0p.p.	—	应信贷机构的要求,任何运营日
			365 天	MR＝RR+2.0p.p.	—	根据国家银行年度存单拍卖时间表
	公开市场业务（由国家银行发起）	证券拍卖	7 天	MR＝RR-0.5 p.p.	—	根据证券发行时间表,通过拍卖进行定义
			91 天	MR＝RR+0.5 p.p.		
			182 天	MR＝RR+1.0 p.p.		
提供索莫尼流动资金		信用证拍卖	14/28 天	MR＝RR	政府证券、国家银行证券,国家银行的外汇和存款	根据信用证拍卖时间表,通过拍卖进行定义
	常备融资工具（由信贷机构发起）	隔夜贷款	1 天	RR+2.0 p.p.		应信贷机构的要求,任何运营日
		日内贷款	每个工作日	免息		常规

注：RR 是 refinancing rate 的缩写，意为再融资利率；MR 是 maximum rate 的缩写，意为最高利率。

（二）国家银行货币政策委员会

塔吉克斯坦国家银行货币政策委员会是根据《塔吉克斯坦国家银行法》第二十一条、塔吉克斯坦国家银行货币政策委员会的规定和塔吉克斯坦国家银行其他规范性法令成立的一个独立且持续运作的咨询机构。该委员会的活动旨在对货币政策取向做出决策，以便长期保持物价水平的稳定，并确定其调节利率和维持货币市场平衡的参数和优先事项。

根据《塔吉克斯坦国家银行货币委员会章程》② 第三条的规定，货币政策委员会的主要任务包括：

（1）确定货币政策的主要取向，制定和实施有效的货币政策，实现和确保国内市场价格保持长期稳定；

---

① 塔吉克斯坦国家银行. NBT'S structure of the monetary policy operational instruments [EB/OL]. https://www.nbt.tj/files/monetary_policy/fishang/2021/sohtori_amal_mon_BMT_en.pdf.

② 塔吉克斯坦国家银行. RESOLUTION of the Board of the National Bank of Tajikistan [EB/OL]. https://www.nbt.tj/files/monetary_policy/COMMEETEE/en/EN_REGULATIONS.pdf.

（2）审议宏观经济状况、货币和外汇形势的主要分析指标，确定中短期货币政策实施的任务和基准；

（3）根据宏观经济、外部条件、通货膨胀水平和经济增长等因素，决定实施某种货币政策倾向（从紧、平衡、刺激）、方法和工具；

（4）确定货币政策的优先等级和程序，用于管理货币信贷市场上的主要货币指标、利率水平和维持平衡；

（5）批准货币、汇率、市场开放管理及其他交易计划，确保实现下一时期的货币和汇率政策指标；

（6）协调各部门的活动，遵守生效的条款，简化和保持执行政策过程和决策的透明度，确保国家银行的主要目标实现。

货币政策委员会的活动以会议的形式开展，会议应根据时间表每季度至少召开一次。如果出现意外情况，根据当前宏观经济形势和货币政策执行情况，至少由一名货币政策委员会成员提出建议，经货币政策委员会主席（或货币政策委员会副主席）同意，可以召开货币政策委员会特别会议。如果货币政策委员会成员出席人数不少于三分之二，则会议合法有效。在紧急情况下，在不召开会议的情况下，经货币政策委员会主席同意，委员会可以依据成员的书面报告做出决策。

一般而言，货币政策委员会在会议期间要讨论以下几个问题：

（1）按照上个月批准的计划和方案实施货币政策；

（2）分析货币政策执行的效果和宏观经济及货币指标的变化；

（3）做出对宏观经济主要指标的预测，特别是对未来一段时期通货膨胀的预测，并考虑到存在的风险以及内外部因素的影响；

（4）独立预测货币政策倾向和货币交易主要参数的变化；

（5）根据本年度主要货币政策方向和其他批准的计划文件，确定下个月实施有效货币政策的方式；

（6）审查上月在金融市场上开展业务和其他活动的结果；

（7）审查上月计划执行情况报告，批准国家银行下个月运营计划方案等。

货币政策委员会下设货币政策执行工作组，负责及时执行货币政策委员会的决定，关注当前货币运行和相关紧急问题解决。工作组的主要任务包括：

（1）根据未来的预测形势，开展货币业务尤其是外汇和财政业务；

（2）既在收集数据的基础上确定货币市场上的货币供求水平，又在未来货币数量指标的基础上确保在一年内有效实施批准的货币政策；

（3）协调货币和汇率政策工具的实施过程；

（4）判断（预测）下一阶段当前银行系统的资金流动水平；

（5）协调货币和财政政策实施中的操作问题。

根据塔吉克斯坦国家银行货币政策委员会章程，货币政策委员会由下列成员组成：

（1）委员会主任：塔吉克斯坦国家银行行长；

（2）委员会副主任：塔吉克斯坦国家银行第一副行长；

（3）委员构成包括：银行监管部门副行长、研究开发部门货币政策司司长、国际储备管理和汇率政策司司长、科学研究院院长、金融稳定部门负责人、金融市场管理部门负责人、统计和国际收支部门负责人、风险分析部门负责人。

（三）2021—2025 年货币政策战略

《塔吉克斯坦共和国 2021—2025 年货币政策战略》①（以下简称"战略"）根据《塔吉克斯坦国家银行法》第六条、《塔吉克斯坦关于社会与经济发展的国家前景、概念、战略和方案》《塔吉克斯坦共和国至 2030 年国家发展战略》《塔吉克斯坦总统致国家议会的 2019—2020 年国情咨文》制定。

塔吉克斯坦制定货币政策战略的目标是确立货币政策的主要方向，形成发展和实施货币政策工具的有效机制，建立现代化的金融运营框架，以及实现塔吉克斯坦国家银行的最终目标——长期价格稳定。在实践中，加强货币政策机制改革进程，加强货币政策工具的运用并提高其影响力，逐步过渡到新的货币政策战略即通货膨胀目标制。

"战略"前言提出，新货币政策模式是"通货膨胀目标制"②，塔吉克斯坦国家银行要在"战略"的框架内将货币政策逐步过渡到"通货膨胀目标制"模式，增强执行国家货币政策的有效性。

"战略"指出，按照世界惯例在向新货币政策"通货膨胀目标制"模式过

---

① 塔吉克斯坦国家银行. СТРАТЕГИЯ ДЕНЕЖНО - КРЕДИТНОЙ ПОЛИТИКИ РЕСПУБЛИКИ ТАДЖИКИСТАН НА 2021-2025 ГОДЫ［EB/OL］. https://www.nbt.tj/files/monetary_policy/pdf/strateg_ru_2020_10_11.pdf.

② 通货膨胀目标制的基本含义是：货币当局明确以物价稳定为首要目标，并将当局在未来一段时间所要达到的目标通货膨胀率向外界公布，同时，通过一定的预测方法对目标期的通货膨胀率进行预测得到目标期通货膨胀率的预测值，然后根据预测结果和目标通货膨胀率之间的差距来决定货币政策的调整和操作，使得实际通货膨胀率接近目标通货膨胀率。如果预测结果高于目标通货膨胀率，则采取紧缩性货币政策；如果预测结果低于目标通货膨胀率，则采取扩张性货币政策；如果预测结果接近于目标通货膨胀率，则保持货币政策不变。

渡时，需要一定的宏观经济条件。为此，塔吉克斯坦国家银行将采取以下内外措施：

（1）加强货币政策传导机制建设，提高利率政策效率；

（2）加强国家银行的财务和运营独立性，协调货币政策和财政政策；

（3）实施稳定浮动的汇率政策；

（4）提高分析和研究能力，科学预测宏观经济指标；

（5）提高公众对信贷政策执行情况和透明度的认识；

（6）确保银行体系的财政可持续性。

（四）货币

1. 普通货币

塔吉克斯坦独立之初，本国货币政策缺失，继续使用苏联卢布。1995 年 5 月 6 日，塔吉克斯坦政府宣布自 5 月 10 日起正式使用本国货币塔吉克卢布，标志着塔吉克斯坦货币政策开始独立和经济改革向前推进了重要一步。

塔吉克斯坦的新货币塔吉克卢布进入流通领域后，与俄罗斯卢布的兑换比值为 1∶100。塔吉克卢布一共发行 9 个面额，分别是 1、5、10、20、50、100、200、500 和 1 000 卢布。本套塔吉克卢布是塔吉克斯坦货币发展的起始阶段，在图案设计、图案组合、防伪技术方面比较简单，正面是国徽，反面是国旗和议会大厦，颜色分为蓝色和橙色两种。

随着塔吉克斯坦国内政治形势实现稳定和经济恢复发展，进入 21 世纪后，塔吉克斯坦开始推进货币制度改革。2000 年 10 月 30 日，塔吉克斯坦启动货币制度改革，正式发行新货币索莫尼，辅币为迪拉姆，货币编码为 TJS。索莫尼投入流通领域以 1∶1 000 兑换比值代替旧币塔吉克卢布，成为塔吉克斯坦交易媒介。塔吉克斯坦新货币名称为"索莫尼"，其来源于塔吉克民族之父、中亚萨曼王朝的创立者伊斯梅尔·索莫尼，为了纪念这位伟大人物，塔吉克斯坦将其名字定为国家货币之名。

新货币索莫尼纸钞由 100%棉制成，由无色的安全纤维组成，在紫外线下呈红色、蓝色和绿色。在印刷技术方面，①凹版印刷包括：面部肖像、所有文字、面值数字、双色垂直装饰线、国徽图片、盲人代码标记、官方签字摹本；②平版印刷包括：正面是彩虹色涂层的背景设计、钞票中央的背景图片，彩色空间右侧的装饰，相应外观设计，郁金香形状的图形；背面是所有图片和文本；③凸版印刷包括：正面是货币序列号。在防伪技术方面，①水印：多色调肖像，在较小比例的钞票正面重复肖像；②安全线：带窗的六条金属虚线；在灯光下直视和翻转图像时，该线显示为一条连续的黑色条纹，带有光线的重复文本"БМТ";③缩印：正面以塔吉克语缩印面额；背面以英文缩印面额；④嵌入印刷元素以防静电复印：当从不同角度观看钞票时，表示纸币面额几个明暗相间的数字会显示在"郁金香"图片中；⑤透明显示：置于正面和背面光圈中的板条设计元素在光下显示形成塔吉克斯坦国家银行徽章的图片；⑥动态图像：当从不同角度观看纸币时，塔吉克斯坦国家银行的徽章图片以及塔吉克语和英语文本以不同颜色出现在垂直金属条纹上（仅20、50和100索莫尼的纸币）；⑦闪亮标志：纸币底部的八角形图案有感觉舒适的凸起浮雕；⑧磁性安全：钞票左上角的水平序列号具有磁性特征。迪拉姆纸币在材质、印刷技术和防伪技术上和索莫尼纸币基本相似。

新货币面额有1、5、20、50迪拉姆等；1、3、5、10、20、50、100、200、500索莫尼等；硬币有1、2、5、10、20、25、50迪拉姆和1、3、5索莫尼等。1索莫尼=100迪拉姆。

2013年3月5日，塔吉克斯坦国家银行对面值50索莫尼以下的纸币（不包括纸币迪拉姆）加入新的防伪技术，进行再次印刷发行。

当前塔吉克斯坦的货币从材质上分为纸币和硬币，硬币包括常规硬币和纯银质纪念币，具体如下：

索莫尼和迪拉姆纸币面额有1、3、5、10、20、50、100、200、500索莫尼和1、5、20、50迪拉姆；

1索莫尼纸币，尺寸为141mm×65mm，正面图像是塔吉克斯坦诗人、政治人物和国家英雄米尔佐·图尔松扎德（Мирзо Турсун-заде，1911—1977）的头像，背面是塔吉克斯坦国家银行大楼。

3索莫尼纸币，尺寸为141mm×65mm，正面图像是塔吉克斯坦国家英雄、政治家希林绍·绍杰穆尔（Шириншо Шотемур，1899—1937）的头像，背面图像是塔吉克斯坦最高会议大楼。

5索莫尼纸币，尺寸为144mm×65mm，正面图像是塔吉克现代文学奠基人萨德理金·艾尼（Садриддин Айни，1878—1954）的头像，背面是位于彭吉肯特地区的鲁达基之墓。

10索莫尼纸币，尺寸为147mm×65mm，正面是塔吉克思想家和诗人米尔·赛义德·阿里·哈马多尼（Мир Сайид Али Хамадони，1314—1384）的头像，背面是位于库洛布镇的米尔·赛义德·阿里·哈马多尼之墓。

20索莫尼纸币，尺寸为150mm×65mm，正面是塔吉克伟大的科学家、塔吉克百科全书编纂人伊本·西那（Абу Али ибн Сино，980—1037）的头像，背面是吉萨尔城堡。

50 索莫尼纸币，尺寸为 153mm×65mm，正面是塔吉克斯坦科学家、政治家博波永·加富罗夫（Бободжон Гафуров，1908—1977）的头像，背面是伊斯法拉区的西诺茶馆。

100 索莫尼纸币，尺寸为 156mm×65mm，正面是塔吉克第一个中央集权制国家萨曼王朝的奠基者伊斯梅尔·索莫尼（Исмоил Сомони，849—907）的头像及其陵墓，背面是塔吉克斯坦总统府。

200 索莫尼纸币，原尺寸为 159mm×68mm，2017—2018 年新发行的尺寸是 159mm×65mm，正面是塔吉克斯坦国家英雄、政治家努斯拉图诺·马克苏姆（Нусратулло Махсум，1881—1937）的头像和塔吉克共产党中央执委会旧址，背面是国家图书馆大楼和 19 世纪的烛台。

500 索莫尼纸币，原尺寸为 162mm×71m，2017—2018 年新发行的尺寸是 162mm×65mm，正面是塔吉克古典文学奠基者阿布·阿布杜勒·加法尔·鲁达基（Абуабдулло Рудаки，858—951）的头像，背面是国家民族宫及飞翔的白鸽。

1 迪拉姆纸币，尺寸为 110mm×60mm，正面是艾尼芭蕾歌剧院，背面是山地景观。

5 迪拉姆纸币，尺寸为 110mm×60mm，正面是乌伦霍贾耶夫农场的文化宫，背面是沙里图斯区的陵墓。

20 迪拉姆纸币，尺寸为 110mm×60mm，正面是塔吉克斯坦国家银行会议厅，背面是一条山路。

50 迪拉姆的纸币，尺寸为 110mm×60mm，正面是披甲骑马挥剑的伊斯梅尔·索莫尼塑像，背面是山谷。

塔吉克斯坦纸币索莫尼和迪拉姆正反面样板见表 3-45。

表 3-45　塔吉克斯坦纸币索莫尼和迪拉姆正反面样板①

纸币面额	纸币正面	纸币反面
1 索莫尼		

① 参见塔吉克斯坦国家银行网站：https://www.nbt.tj/en/banknotes_coins/banknotes.php.

表3-45(续)

纸币面额	纸币正面	纸币反面
3 索莫尼		
5 索莫尼		
10 索莫尼		
20 索莫尼		
50 索莫尼		
100 索莫尼		

表3-45（续）

纸币面额	纸币正面	纸币反面
200 索莫尼		
500 索莫尼		
1 迪拉姆		
5 迪拉姆		
20 迪拉姆		
50 迪拉姆		

塔吉克人有铸造金属货币（硬币）的古老传统。在巴特克利亚和索格迪亚纳地区，第一批铸造的硬币可以追溯到公元前 3 世纪，即赛琉古王朝和希腊语的大夏王国统治时期。这些货币被称为德拉克马，其铸造方式与希腊货币相同。这一传统在塔吉克人的整个历史中一直延续到 21 世纪。货币流通和硬币铸造的高峰始于索莫尼统治时期（875—999），当时在这个强大国家里有 30 多个铸币中心。今天，象征塔吉克斯坦主权的货币被命名为索莫尼以示纪念。

塔吉克斯坦铸造的常规硬币包括迪拉姆硬币和索莫尼硬币，迪拉姆硬币面额有 1、2、5、10、20、25、50 迪拉姆，索莫尼硬币面额有 1、3、5 索莫尼。

塔吉克斯坦硬币（索莫尼和迪拉姆）的情况见表 3-46。

表 3-46　塔吉克斯坦硬币（索莫尼和迪拉姆）的情况①

面值	正面	背面	直径/mm	厚度/mm	重量/mm	金属材质	颜色
1 迪拉姆			14.5	—	1.3	钢、铜	金色
2 迪拉姆			16.0	—	1.6	钢、铜	金色
5 迪拉姆			16.5	1.35	2.0	铜、锌、钢	金色
10 迪拉姆			17.5	1.40	2.40	铜、锌、钢	金色
20 迪拉姆			18.5	1.40	2.70	铜、锌、钢	金色

① 参见塔吉克斯坦国家银行网站：https://www.nbt.tj/en/banknotes_coins/coins.php.

表3-46(续)

面值	正面	背面	直径/mm	厚度/mm	重量/mm	金属材质	颜色
25迪拉姆			19.0	1.40	2.76	铜、锌	金色
50迪拉姆			21.0	1.45	3.60	铜、锌	金色
1索莫尼			24.0	1.60	5.20	铜、镍	银色
3索莫尼			25.50	1.80	6.30	铜、镍	银色
5索莫尼			26.50	1.85	7.00	铜、镍	银色

2. 纪念性硬币

塔吉克斯坦国家银行还发行了纪念性硬币，包括：塔吉克-波斯语诗人、作家和古典文学哲学家阿卜杜拉合曼·贾米600周年诞辰纪念币；塔吉克-波斯语诗人、作家和哲学家阿里·哈马多尼700周年诞辰纪念币；塔吉克斯坦宪法颁布20周年纪念币；三枚分别刻有艾尼芭蕾歌剧院、塔吉克斯坦国家图书馆、塔吉克斯坦国家博物馆图像的塔吉克斯坦首都杜尚别建立90周年纪念币，共发行了6种面值为500索莫尼的纯银纪念硬币。

塔吉克斯坦国家银行发行的纪念币是在分行运用现代技术和最好的锻造工艺，遵循梅耶造币厂（Mayer Mint，德国）货币印模的高标准生产的。

（1）阿卜杜拉合曼·贾米600周年诞辰纪念币

阿卜杜拉合曼·贾米600周年诞辰纪念币的规格为：面值500索莫尼、纯银材质、总重量31.10克、直径38.61毫米、发行数量2 500枚。具体见表3-47。

表 3-47　阿卜杜拉合曼·贾米 600 周年诞辰纪念币样式

正面：外圆顶部刻有塔吉克语的"塔吉克斯坦共和国"铭文，底部刻有英语铭文。硬币左侧铭文刻有纪念币金属纯度的字样（Ag925），硬币右侧铭文刻有硬币重量的字样（31.1）。硬币圆圈中央刻有塔吉克斯坦的彩色国徽图案，图案下方刻有"500 索莫尼"和"2014"两个数字，表明了面额和发行年份	背面：外圈左侧刻有塔吉克语的"阿卜杜拉合曼·贾米"铭文，右侧刻有同样的英文铭文。这两个铭文顶部用圆点隔开，底部用带有民族装饰的数字"600"隔开。塔吉克-波斯诗人和古典文学哲学家阿卜杜拉合曼·贾米的形象镌刻在硬币中心。硬币左边的数字"1414"和右边的数字"1492"，分别表明了诗人的出生年份和死亡年份。硬币的边缘是锯齿状的

（2）阿里·哈马多尼 700 周年诞辰纪念币

阿里·哈马多尼 700 周年诞辰纪念币的规格为：面值 500 索莫尼、纯银材质、总重量 31.10 克、直径 38.61 毫米、发行数量 2 500 枚。具体见表 3-48。

表 3-48　阿里·哈马多尼 700 周年诞辰纪念币样式

正面：外圆顶部刻有塔吉克语的"塔吉克斯坦共和国"铭文，底部刻有英语铭文。硬币左侧铭文刻有纪念币金属纯度的字样（Ag925），硬币右侧铭文刻有硬币重量的字样（31.1）。硬币圆圈中央刻有塔吉克斯坦的彩色国徽图案，图案下方刻有"500 索莫尼"和"2014"两个数字，表明了面额和发行年份	背面：外圈左侧刻有塔吉克语的"阿里·哈马多尼"铭文，右侧刻有同样的英文铭文。这两个铭文顶部用圆点隔开，底部用带有民族装饰的数字"700"隔开。塔吉克-波斯诗人和古典文学哲学家阿里·哈马多尼的形象镌刻在硬币中心。硬币左边的数字"1314"和右边的数字"1384"，分别表明了诗人的出生年份和死亡年份。硬币的边缘是锯齿状的

（3）塔吉克斯坦宪法颁布 20 周年纪念币

塔吉克斯坦宪法颁布 20 周年纪念币的规格为：面值 500 索莫尼、纯银材质、总重量 31.10 克、直径 38.61 毫米、发行数量 2 000 枚。具体见表 3-49。

表 3-49　塔吉克斯坦宪法颁布 20 周年纪念币样式

正面：外圆顶部刻有塔吉克语的"塔吉克斯坦共和国"铭文，底部刻有英语铭文。硬币左侧铭文刻有纪念币金属纯度的字样（Ag925），硬币右侧铭文刻有硬币重量的字样（31.1）。硬币圆圈中央刻有塔吉克斯坦的彩色国徽图案，图案下方刻有"500 索莫尼"和"2014"两个数字，表明了面额和发行年份	背面：外圆顶部刻有塔吉克语的"塔吉克斯坦共和国宪法"铭文，底部刻有同样的英文铭文。这两个铭文从两侧各用一个圆点隔开。塔吉克斯坦共和国地图和宪法手册放在圆圈的中央。地图和手册上写着"XX 年"的铭文。手册底部有一个两边都有民族装饰图案的讲台。硬币的边缘是锯齿状的

（4）塔吉克斯坦首都杜尚别建立 90 周年纪念币

塔吉克斯坦首都杜尚别建立 90 周年纪念币发行了 3 套版本，每套版本的正面相同，规格和背面不同。

①背面为塔吉克斯坦艾尼芭蕾歌剧院图案的纪念币规格为：面值 500 索莫尼、纯银材质、总重量 31.10 克、直径 38.61 毫米、发行数量 2 000 枚。具体见表 3-50。

表 3-50   背面为塔吉克斯坦艾尼芭蕾歌剧院图案的纪念币样式

正面：外圆顶部刻有塔吉克语的"塔吉克斯坦共和国"铭文，底部刻有英语铭文。硬币左侧铭文刻有纪念币金属纯度的字样（Ag925），硬币右侧铭文刻有硬币重量的字样（31.1）。硬币圆圈中央刻有塔吉克斯坦的彩色国徽图案，图案下方刻有"500 索莫尼"和"2014"两个数字，表明了面额和发行年份	背面：外圆顶部刻有塔吉克语的"杜尚别是塔吉克斯坦共和国首都"铭文，底部刻有同样的英文铭文。这两个铭文从两侧各用一个圆点隔开。艾尼芭蕾歌剧院的图案位于圆圈中央。拱门上国王王冠的符号在一栋建筑上呈现。符号两侧的图像中有"1924"和"2014"两个数字。大楼底部有一个两边都有民族装饰图案的数字"90"。硬币的边缘是锯齿状的

②背面为塔吉克斯坦国家图书馆的纪念币规格为：面值 500 索莫尼、纯银材质、总重量 31.10 克、直径 38.61 毫米、发行数量 2 000 枚。具体见表 3-51。

表 3-51　背面为塔吉克斯坦国家图书馆图案的纪念币样式

正面：外圆顶部刻有塔吉克语的"塔吉克斯坦共和国"铭文，底部刻有英语铭文。硬币左侧铭文刻有纪念币金属纯度的字样（Ag925），硬币右侧铭文刻有硬币重量的字样（31.1）。硬币圆圈中央刻有塔吉克斯坦的彩色国徽图案，图案下方刻有"500 索莫尼"和"2014"两个数字，表明了面额和发行年份	背面：外圆顶部刻有塔吉克语的"杜尚别是塔吉克斯坦共和国首都"铭文，底部刻有同样的英文铭文。这两个铭文从两侧各用一个圆点隔开。塔吉克斯坦国家图书馆图案位于圆圈中央。拱门上国王王冠的符号在一栋建筑上呈现。符号两侧的图像中有"1924"和"2014"两个数字。大楼底部有一个两边都有民族装饰图案的数字"90"。硬币的边缘是锯齿状的

③背面为塔吉克斯坦国家博物馆的纪念币规格为：面值 500 索莫尼、纯银材质、总重量 31.10 克、直径 38.61 毫米、发行数量 2 000 枚。具体见表3-52。

表 3-52　背面为塔吉克斯坦国家博物馆图案的纪念币样式

正面：外圆顶部刻有塔吉克语的"塔吉克斯坦共和国"铭文，底部刻有英语铭文。硬币左侧铭文刻有纪念币金属纯度的字样（Ag925），硬币右侧铭文刻有硬币重量的字样（31.1）。硬币圆圈中央刻有塔吉克斯坦的彩色国徽图案，图案下方刻有"500 索莫尼"和"2014"两个数字，表明了面额和发行年份	背面：外圆顶部刻有塔吉克语的"杜尚别是塔吉克斯坦共和国首都"铭文，底部刻有同样的英文铭文。这两个铭文从两侧各用一个圆点隔开。塔吉克斯坦国家博物馆图案位于圆圈中央。拱门上国王王冠的符号在一栋建筑上呈现。符号两侧的图像中有"1924"和"2014"两个数字。大楼底部有一个两边都有民族装饰图案的数字"90"。硬币的边缘是锯齿状的

塔吉克斯坦国家银行网站还公布了所发行的其他纪念硬币，包括运动系列、文物古迹、民族起源、货币发行等纪念币。

（五）保险制度

塔吉克斯坦的保险行业尚处于起步阶段。2010 年 12 月 29 日，塔吉克斯坦总统拉赫蒙发布总统令，颁布《塔吉克斯坦保险法》①。本法阐述了从事保险业务的基本规定，包括企业活动的类型、保险（再保险）组织、保险经纪人的设立、许可、监管、终止活动的特别规定、其他自然人和法人在保险市场的

----

① 塔吉克斯坦财政部. ЗАКОН РЕСПУБЛИКИ ТАДЖИКИСТАН《О СТРАХОВОЙ ДЕЯТЕЛЬНОСТИ》［EB/OL］. http：//minfin. tj/index. php？ do = static&page = Budgetniy_proces_2019_2021.

活动条件，国家对保险活动的监管目标和保险活动监管原则。本法的目的是在发生保险事故时保护自然人和法人的生命财产利益。

《塔吉克斯坦保险法》第一章第二节第十九条规定，保险人（保险组织）是根据塔吉克斯坦共和国法律，根据国家授权机构颁发的相关许可证从事保险活动的法人实体。

根据塔吉克斯坦国家银行网站发布的信息，2018年国内保险机构有22个，2019年有18个，2020年有18个，说明塔吉克斯坦国内的保险行业处于发展变化之中，印证了塔吉克斯坦的保险业处于起步阶段的事实。

在2020年第一季度统计的18个保险机构（表3-53）中，2个是国有独资公司，2个是封闭式股份公司，1个是合营有限责任公司，13个是有限责任公司。资产规模千万索莫尼以上的公司有6个，资产规模上亿索莫尼的公司只有封闭式股份公司"苏古尔塔-亚瓦利尼米利"（ЗАО《СО Сугуртаиаввалинимилли》）。其他保险机构的资产规模都比较小。具体见表3-54。

表3-53　2020年第一季度塔吉克斯坦保险市场上的保险机构①

国有保险机构	非国有保险机构	共有保险协会	总数
2	15	1	18

表3-54　2020年第一季度塔吉克斯坦国内保险机构的主要指标②

单位：千索莫尼

序号	保险机构名字	资产	债务	法定资本
1	国有独资公司"塔吉克苏古尔塔"（ГУП《Точиксугурта》）	51 876.6	45 987.2	5 200.0
2	国有独资保险公司"塔吉克萨莫亚古佐尔"（ГУСП《Таджиксармоягузор》）	33 653.5	12 610.4	15 675.0
3	合营有限责任公司"斯皮塔门-苏古尔塔"（СООО《СпитаменСугурта》）	96 589.7	3 297.5	87 742.1
4	有限责任公司"穆音"ООО（《СО Муин》）	15 773.4	10 347.7	2 727.2

① 参见塔吉克斯坦国家银行网站：https://www.nbt.tj/en/sugurta/bozori-sugurtavi/2020/semohai-yakumi-soli-2020.php.

② 参见塔吉克斯坦国家银行网站：https://www.nbt.tj/en/sugurta/bozori-sugurtavi/2020/semohai-yakumi-soli-2020.php.

表3-54（续）

序号	保险机构名字	资产	债务	法定资本
5	有限责任公司"21世纪的保险"（ООО《Страхование 21 века》）	3 807.8	-481.8	2 719.1
6	封闭式股份公司"卡菲尔"（ЗАО《СО Кафил》）	1 599.0	556.0	1 000.0
7	封闭式股份公司"苏古尔塔-亚瓦利尼米利"（ЗАО《СО Сугуртаиаввалинимилли》）	187 135.6	104 430.5	500.0
8	有限责任公司"比马"（ООО《СО БИМА》）	83 322.4	82 494.8	500.0
9	有限责任公司"博瓦利"（ООО《СОБовари》）	1 359.6	854.7	500.0
10	有限责任公司"梅瑟纳特"（ООО《СО Меҳнат》）	2 277.3	1 314.5	500.0
11	有限责任公司"艾斯哈塔-苏古尔塔"（ООО《СО ЭсхатаСугурта》）	2 559.4	1 489.7	500.0
12	有限责任公司"伊特米农"（ООО《СО Итминон》）	1 962.3	504.7	500.0
13	有限责任公司"苏古尔塔-沙尔克"（ООО《Сугуртаи Шарк》）	1 059.3	366.1	500.0
14	有限责任公司"迈赫鲁邦"（ООО《СО Мехрубон》）	1 824.9	1 068.7	500.0
15	有限责任公司"中塔保险"（ООО《Страхование Таджикистан и Китай》）	542.9	248.6	500.0
16	有限责任公司"西帕赫尔"（ООО《СО Сипахр》）	260.7	71.5	500.0
17	有限责任公司"塔卡福尔"（ООО《СО Такаффул》）	490.9	11.9	500.0
18	有限责任公司"互助保险支持中心"（ООО《Центр поддержки взаимного страхования》）	1 202.2	1 155.3	19.1
	总计	487 297.5	266 328.0	120 582.5

2019 年与 2020 年塔吉克斯坦保险市场签约动态见表 3-55。

表 3-55　2019 年与 2020 年塔吉克斯坦保险市场签约动态①　单位：份

保险单类别	签约合同			
	2019 年	2020 年	差别	
			增减/（+，-）	差率/%
国家强制保险	1 830.0	1 501.0	-329	-18
法定保险	107 452.0	116 253.0	+8 801.0	+8.2
自愿保险	347 781.0	373 761.0	+25 980.0	+7.5
合计	457 063.0	491 515.0	+34 452.0	+7.5

2019 年与 2020 年塔吉克斯坦保险市场保险费动态见表 3-56。

表 3-56　2019 年与 2020 年塔吉克斯坦保险市场保险费动态②

单位：千索莫尼

保险单类别	保险费			
	2019 年	2020 年	差别	
			增减/（+，-）	差率/%
国家强制保险	619.2	402.9	-216.3	-34.9
法定保险	16 022.0	16 525.4	+503.4	3.1
自愿保险	26 955.2	75 593.3	+48 638.1	180.4
合计	43 596.4	92 521.6	+48 925.2	112.2

2019 年与 2020 年塔吉克斯坦保险市场再保险转移金额动态见表 3-57。

---

① 参见塔吉克斯坦国家银行网站：https://www.nbt.tj/en/sugurta/bozori-sugurtavi/2020/semohai-yakumi-soli-2020.php.

② 参见塔吉克斯坦国家银行网站：https://www.nbt.tj/en/sugurta/bozori-sugurtavi/2020/semohai-yakumi-soli-2020.php.

表 3-57　2019 年与 2020 年塔吉克斯坦保险市场再保险转移金额动态①

单位：千索莫尼

保险单类别	再保险转移金额			
	2019 年	2020 年	差别	
			增减/（+,-）	差率/%
国家强制保险	—	—	—	—
法定保险	—	—	—	—
自愿保险	5 095.6	43 261.6	+38 166.0	749.0
合计	5 095.6	43 261.6	+38 166.0	749.0

2019 年与 2020 年塔吉克斯坦保险市场保险支出金额动态见表 3-58。

表 3-58　2019 年与 2020 年塔吉克斯坦保险市场保险支出金额动态②

单位：千索莫尼

保险单类别	保险支出金额			
	2019 年	2020 年	差别	
			增减/（+,-）	差率/%
国家强制保险	31.0	33.6	+2.6	+8.4
法定保险	395.7	352.3	-43.4	-11.0
自愿保险	2 417.6	3 023.3	+605.7	+25.1
合计	2 844.3	3 409.2	+564.9	+19.9

---

①　参见塔吉克斯坦国家银行网站：https://www.nbt.tj/en/sugurta/bozori-sugurtavi/2020/semohai-yakumi-soli-2020.php.

②　参见塔吉克斯坦国家银行网站：https://www.nbt.tj/en/sugurta/bozori-sugurtavi/2020/semohai-yakumi-soli-2020.php.

第四章 对外政策

塔吉克斯坦自独立以来，积极发展对外关系，为国家发展与稳定营造良好的国际环境。根据塔吉克斯坦外交部礼宾司公布的常驻杜尚别外交使团名单，截至 2021 年 1 月 22 日，有 24 个外交使团常驻杜尚别，分别是：中国、阿富汗、美国、阿塞拜疆、白俄罗斯、英国、法国、印度、德国、伊朗、日本、哈萨克斯坦、韩国、吉尔吉斯斯坦、巴基斯坦、卡塔尔、俄罗斯、沙特阿拉伯、土耳其、土库曼斯坦、乌克兰、乌兹别克斯坦、巴勒斯坦和欧盟①；根据塔吉克斯坦外交部礼宾司公布的建交国名单，截至 2021 年 9 月 21 日，塔吉克斯坦与 180 个国家建立了外交关系②。

第一节 对外贸易政策

对外贸易政策是指一国政府根据本国的政治经济利益和发展目标而制定的在一定时期内的进出口贸易活动的准则。它集中体现为一国在一定时期内对进出口贸易所实行的法律、规章、条例及措施等。它既是一国总经济政策的一个重要组成部分，又是一国对外政策的一个重要组成部分。塔吉克斯坦独立后陷入内战，国家经济发展受到极大影响。直到进入 21 世纪，国家趋于稳定，国家对外经济政策才提上日程，逐步形成具有塔吉克斯坦特色的对外经济政策体

---

① 塔吉克斯坦外交部. RESIDENT DIPLOMATIC MISSIONS, DUSHANBE［EB/OL］. https://www. mfa. tj/uploads/main/2021/01/SAFORATHOI - KISHVARHOI - KHORIJII - MUQIMI-SH-DUSHANBE-ANGLISI-2020%2022%2001%202021.pdf.

② 塔吉克斯坦外交部. LIST OF STATES WITH WHICH THE REPUBLIC OF TAJIKISTAN ESTABLISHED DIPLOMATIC RELATIONS［EB/OL］. https://www. mfa. tj/uploads/main/2022/01/dip-otnosheniya-English2020-22-01-2021.pdf.

系。塔吉克斯坦的对外经济政策正在形成和发展中，既体现在不同文件中，还体现在国家领导人的重要讲话中。

一、对外政策构想

2002年9月24日，塔吉克斯坦总统拉赫蒙批准了外交政策构想。它确定了塔吉克斯坦对外政策的优先事项和国际关系领域的具体措施。2002年12月31日，拉赫蒙在向塔吉克斯坦人民发表新年讲话时首次阐述了对外政策的概念，提出了"门户开放"的对外政策。

2015年1月27日，塔吉克斯坦总统拉赫蒙批准了新的对外政策构想[1]，强调塔吉克斯坦将继续深化"门户开放"政策，在相互尊重、平等和互惠互利中与世界各国发展友好合作关系。在对外经济合作中，构想提出大力吸引外国投资刺激经济发展，促进国家经济安全，融入区域和世界经济发展中。为了促进双边和多边对外经济关系，开展国际经济合作，塔吉克斯坦要争取完成以下各项任务：

（1）维护塔吉克斯坦在国际经济体系中的经济利益和经济安全，强化融入世界经济关系中的国家行为，并在此领域促进经济活动有效运作；

（2）为增强和扩大国家经济基础和国家经济潜力，积极创造外部有利条件；

（3）建立通过尖端专业知识和国家有利条件促进"绿色经济"监管框架的合作，并在该领域开展互利的国际合作；

（4）促进塔吉克斯坦在交通、能源和通信等基础设施方面与区域和全球互联互通；

（5）在国际经济体系内创造有利于塔吉克斯坦的对外贸易机会，并保护塔吉克斯坦国内企业的利益；

（6）吸引外国投资，欢迎其他国家的政府和商业公司以及海外侨胞参与实施具有区域意义的大型基础设施、能源和交通基础设施项目建设；

（7）积极参加世界贸易组织活动，在全球经济活动和全球贸易中促进和保护塔吉克斯坦国家利益；

（8）积极开展与联合国区域经济委员会、联合国援助机构合作，为实施

---

[1] 塔吉克斯坦外交部. CONCEPT of the Foreign Policy of the Republic of Tajikistan [EB/OL]. https://www.mfa.tj/en/main/view/988/concept-of-the-foreign-policy-of-the-republic-of-tajikistan.

塔吉克斯坦国家发展战略奠定坚实基础;

（9）深化与国际货币基金组织、世界银行、亚洲开发银行、欧洲复兴开发银行、伊斯兰开发银行、欧亚开发银行、欧洲投资银行等全球和区域金融机构的合作，促进塔吉克斯坦获得优惠贷款和金融资源;

（10）加强与周边国家的经济贸易关系，促进边境安全和相互信任。

二、《塔吉克斯坦 2016—2020 中期发展规划》 中的对外经济政策

2016 年 12 月 28 日，塔吉克斯坦议会批准了《塔吉克斯坦 2016—2020 中期发展规划》，指出当前塔吉克斯坦的进出口业务主要面向亚洲国家和其他地区的国家。塔吉克斯坦向贸易伙伴出口的商品主要是原铝、棉纤维、铅矿、干果和其他矿石，进口石油产品、小麦和服装等主要商品。加强吸引外国直接投资和私人投资，平衡国际收支。提出优先发展对外贸易的方向：促进导向性电子产品出口和非初级商品多样化出口，提高产品国际竞争力；发展国家选择性进口替代商品，尤其是农工联合企业；简化进出口贸易手续。

为实现上述对外经贸活动中的优先事项，《塔吉克斯坦 2016—2020 中期发展规划》提出一系列具体的对外贸易措施：①修改和完善国家海关法和《贸易法》，实施海关优惠政策；②制定出口集群发展方案；③消除政府的重复职能，提高进出口监管机构的透明度；④建立合理的产品认证体系；⑤简化对外经济活动参与者的预清关程序；⑥在进出口业务中引入"一个窗口"系统；⑦建立塔吉克斯坦出口商/进口商和投资者登记册，为"可靠的市场参与者"提供优惠；⑧建立国家支持国内产品出口商的机制；⑨建立国家和非国家出口促进机构和选择性进口替代机构；⑩在世界贸易组织规则范围内改进海关和关税管制措施，以保护国内生产者；⑪改善信贷和金融政策，为工业提供可接受的信贷资源；⑫完善税收政策，鼓励私营企业家的投资活动；⑬完善进出口替代的监管框架；⑭提高国内工业产品在国内外市场的质量和形象；⑮组织"塔吉克斯坦最佳出口商"竞赛；⑯为在对外经济活动中的小企业组织有针对性的培训；⑰修订对外经济部门工作人员的培训、再培训和进修制度；⑱为公司制定和实施出口营销战略以及在国外市场定位提供组织、技术和财务支持；⑲开发和传播有助于促进贸易的信息门户；⑳在国内外市场协助国内生产产品的展销活动；㉑发展国家产品专利制度，以复兴和出口民间艺术产品。

第二节　对外经济贸易

塔吉克斯坦独立之前，作为苏联的加盟共和国，不具有独立的对外贸易权，其贸易活动主要与各加盟共和国相互开展。随着苏联国内形势的变化，1989 年 9 月，苏联共产党中央决定下放对外贸易权，塔吉克斯坦和其他加盟共和国获得对外经济交流的权利，对外贸易活动逐渐开展起来。随着对外贸易的发展，塔吉克斯坦根据国内外形势变化，出台相关对外经济活动法，组建了主管外贸的国家机关。

1993 年 12 月 27 日，塔吉克斯坦议会制定了第一部《塔吉克斯坦对外经济活动法》，明确管理对外经济活动的机构是塔吉克斯坦国家经济和对外经济联络部，负责组织、管理和协调相关的对外经济活动。

2001 年 1 月 11 日，塔吉克斯坦政府发布"关于组建塔吉克斯坦国家经济和贸易部"第 445 号总统令，将原有的主管对外经济活动的经济和对外经济联络部与国内贸易部、合同贸易委员会合并，组建成新的主管经济的国家机关塔吉克斯坦国家经济和贸易部，其下设对外经济和贸易政策总局，负责具体管理对外经济活动事务。

2010 年 5 月 3 日，塔吉克斯坦政府发布第 245 号政府决议，将国家经济主管部门的名称修改为"塔吉克斯坦国家经济发展和贸易部"，下设"对外经济合作局"，具体履行制定对外经济政策、管理对外经济活动的职能。

2012 年 6 月 14 日，塔吉克斯坦议会审议批准了新的《塔吉克斯坦对外贸易法》，以此来应对和适应塔吉克斯坦对外贸易形势的变化，为融入世界经济体系奠定法律基础。

2012 年 12 月 10 日，世界贸易组织在日内瓦召开总理事会非正式会议，通过了塔吉克斯坦加入世界贸易组织的一揽子协议。2013 年 3 月 2 日，塔吉克斯坦成为世界贸易组织正式成员。

2015 年 6 月，根据世界贸易组织的要求，塔吉克斯坦成立了"贸易程序简化委员会"，制定对外贸易程序简化政策，以加快塔吉克斯坦融入世界贸易体系的步伐。

随着塔吉克斯坦对外贸易制度和法律的不断完善以及国内经济的稳步发展，对外贸易活动日趋活跃。2018 年外贸总额约为 42.23 亿美元。其中，出口额约为 11 亿美元，进口额约为 31 亿美元。其主要贸易伙伴依次为：俄罗斯、哈萨克斯坦、中国、土耳其①。2019 年外贸总额为 45.23 亿美元，其中，出口额约为 11 亿美元，进口额约为 33 亿美元。其主要出口贸易伙伴为土耳其、瑞士、哈萨克斯坦和乌兹别克斯坦，其主要进口贸易伙伴为俄罗斯、哈萨克斯坦、中国②。

2020 年，尽管受到新冠肺炎疫情影响，塔吉克斯坦对外贸易额仍达到 45.57 亿美元，其中，出口额约为 14.069 亿美元，进口额约为 31.509 亿美元。其主要出口贸易伙伴为瑞士、土耳其、哈萨克斯坦、阿富汗和乌兹别克斯坦，其主要进口贸易伙伴为俄罗斯、哈萨克斯坦、中国③。

2021 年，塔吉克斯坦外贸额达到 63.59 亿美元，其出口额约为 21.49 亿美元，进口额为 42.095 0 亿美元。其主要出口贸易伙伴为瑞士、哈萨克斯坦、土耳其、中国和乌兹别克斯坦，其主要进口贸易伙伴为俄罗斯、哈萨克斯坦、中国④。

2018—2021 年，塔吉克斯坦对外贸易形势总体呈上升趋势，外贸总额增长了约 50.58%，其中出口额翻倍，进口额增长了 33.63%。受疫情影响，2020 年的进口额比 2019 年减少了 1.984 亿美元。具体见表 4-1。

表 4-1　2018—2021 年塔吉克斯坦外贸统计⑤　　单位：亿美元

年份	2018	2019	2020	2021
外贸总额	42.23	45.237	45.578	63.591
出口额	10.74	11.744	14.069	21.496
进口额	31.50	33.493	31.509	42.095

---

① 参见中国驻塔吉克斯坦经济商务处网站：http://tj.mofcom.gov.cn/article/jmxw/201901/20190102828077.shtml.

② 参见中国驻塔吉克斯坦经济商务处网站：http://www.mofcom.gov.cn/article/i/jyjl/e/202002/20200202936545.shtml.

③ 参见中国驻塔吉克斯坦经济商务处网站：http://www.mofcom.gov.cn/article/i/jyjl/e/202102/20210203036346.shtml.

参见塔吉克斯坦国家经济发展和贸易部网站：https://tajtrade.tj/menu/index/28? l=en.

④ 参见中国驻塔吉克斯坦经济商务处网站：http://tj.mofcom.gov.cn/article/jmxw/202202/20220203283206.shtml.

参见塔吉克斯坦国家经济发展和贸易部网站：https://tajtrade.tj/menu/index/28? l=en.

⑤ 参见塔吉克斯坦国家经济发展和贸易部网站：https://tajtrade.tj/menu/index/28? l=en.

塔吉克斯坦和其他独联体国家原来都是苏联的组成部分，因此相互之间经济关系比较密切。在一定程度上讲，塔吉克斯坦的经济发展与稳定有赖于独联体国家的支持和援助，尤其是与俄罗斯及哈萨克斯坦的经济关系更为密切。塔吉克斯坦在对外政策中明确提出，优先发展与独联体国家的经济关系。2018年塔吉克斯坦与独联体国家的贸易额约为23.4亿美元，同比增长约12%；2019年塔吉克斯坦与独联体国家的贸易额约为25亿美元，同比增长约6.8%；2020年塔吉克斯坦与独联体国家的贸易额约为23.5亿美元，同比下降约6%；2021年塔吉克斯坦与独联体国家的贸易额约为31亿美元，同比增长约31.9%。塔吉克斯坦与独联体国家近四年的贸易中，2020年贸易额出现下降趋势，主要是进出口活动受疫情影响；2021年对外贸易形势出现好转，贸易额大幅提升。具体见表4-2。

表4-2　2018—2021年塔吉克斯坦与独联体国家贸易情况①

单位：美元

序号	国家	2018年		2019年		2020年		2021年	
		外贸	金额	外贸	金额	外贸	金额	外贸	金额
1	亚美尼亚	出口	—	出口	5 320	出口	88 141	出口	57 000
		进口	322 962	进口	372 581	进口	233 029	进口	343 593
		差额	-322 962	差额	-367 261	差额	-144 888	差额	-286 593
2	阿塞拜疆	出口	82 395	出口	—	出口	50 641	出口	80 215
		进口	6 784 433	进口	5 792 945	进口	6 238 991	进口	6 063 190
		差额	-6 702 038	差额	-5 792 945	差额	-6 188 350	差额	-5 982 975
3	白俄罗斯	出口	3 283 156	出口	2 079 394	出口	2 061 307	出口	3 483 373
		进口	35 224 554	进口	26 416, 239	进口	52 348 388	进口	37 959 583
		差额	-31 941 398	差额	-24 336 845	差额	-50 287 081	差额	-34 476 210
4	吉尔吉斯斯坦	出口	14 339 315	出口	11 259 613	出口	9 812 332	出口	5 555 334
		进口	48 483 338	进口	41 441 823	进口	27 105 538	进口	20 623 308
		差额	-34 144 023	差额	-30 182 210	差额	-17 293 206	差额	-15 067 974
5	哈萨克斯坦	出口	299 973 595	出口	218 378 957	出口	152 213 624	出口	360 080 581
		进口	536 590 552	进口	739 334 844	进口	757 546 873	进口	818 545 021
		差额	-236 616 957	差额	-520 955 887	差额	-605 333 249	差额	-458 464 440

① 参见塔吉克斯坦国家海关网站：https://customs.tj/index.php/2020-10-11-20-11-15/2018-06-14-07-44-16/2018-06-14-07-46-17.

表4-2（续）

序号	国家	2018 年		2019 年		2020 年		2021 年	
		外贸	金额	外贸	金额	外贸	金额	外贸	金额
6	摩尔多瓦	出口	927 500	出口	174 595	出口	—	出口	2 388 226
		进口	475 589	进口	312 026	进口	339 388	进口	433 447
		差额	451 911	差额	-13 731	差额	-33 988	差额	1 954 779
7	俄罗斯	出口	55 233 052	出口	44 304 513	出口	41 032 617	出口	72 467 326
		进口	967 937 099	进口	1 009 150 482	进口	932 583 250	进口	1 280 483 306
		差额	-912 704 047	差额	-964 845 969	差额	-89 155 033	差额	-1 208 015 980
8	塔吉克斯坦（经济特区）	出口	555 020	出口	740 115	出口	561 478	出口	714 088
		进口	5 692 830	进口	7 350 133	进口	7 246 377	进口	14 315 691
		差额	-5 137 810	差额	-6 610 018	差额	-6 684 899	差额	-13 601 603
9	土库曼斯坦	出口	589 082	出口	260 041	出口	—	出口	5 580
		进口	46 576 814	进口	11 924 787	进口	7 783 815	进口	22 197 217
		差额	-45 987 732	差额	-11 664 746	差额	-7 783 815	差额	-22 191 637
10	乌克兰	出口	305 154	出口	660 899	出口	37 520	出口	507 440
		进口	36 978 957	进口	37 629 379	进口	26 555 793	进口	26 324 581
		差额	-36 673 803	差额	-36 968 480	差额	-26 180 773	差额	-25 817 141
11	乌兹别克斯坦	出口	155 268 720	出口	171 975 085	出口	82 372 334	出口	126 669 602
		进口	126 261 351	进口	169 948 585	进口	238 446 960	进口	326 070 986
		差额	29 007 369	差额	2 026 500	差额	-156 074 626	差额	-199 401 384
出口额合计		出口	530 556 989	出口	449 838 532	出口	288 567 494	出口	572 008 765
进口额合计		进口	1 811 328 479	进口	2 049 673 824	进口	2 056 428 402	进口	2 553 359 923
差额合计		差额	-1 280 771 490	差额	-1 599 835 292	差额	-1 767 860 908	差额	-1 981 351 158

2018—2021 年，塔吉克斯坦出口商品金额排名前四的分别是：矿物类、棉花、铝及其制品、珠宝和贵重金属。尤其是珠宝和贵重金属，出口几乎翻了4倍，其他3类商品出口金额有波动，但依然是塔吉克斯坦出口的主打产品。2021 年塔吉克斯坦的珠宝和贵重金属出口金额占整个出口金额的58%，矿物类占9.5%，铝及其制品占9.1%，棉花占8%①。具体见表4-3。

---

① 参见塔吉克斯坦国家经济发展和贸易部网站：https://tajtrade.tj/menu/index/28？l=en.

表 4-3　2018—2021 年塔吉克斯坦出口商品结构①

单位：百万美元

序号	商品	2018 年	2019 年	2020 年	2021 年
1	矿石、矿渣和灰烬	400.1	296.8	131.9	343.9
2	棉花	205.0	182.2	149.1	202.6
3	铝及其制品	202.2	180.3	129.2	135.1
4	矿物燃料、矿物油及其蒸馏产品；沥青物质；矿物蜡	79.1	35.5	53.0	88.8
5	盐、硫黄、泥土和石头；粉刷材料、石灰和水泥	65.7	68.3	54.3	46.1
6	价值小的金属、陶瓷	26.7	23.1	28.7	32.4
7	服装和服装附件，非针织或钩编的服装	19.5	15.9	16.0	18.3
8	铁路或有轨电车车辆以外的车辆及其零部件和附件	16.1	10.4	4.8	7.7
9	食用的水果和坚果	11.4	9.5	10.1	24
10	机械、机械设备、核反应堆、锅炉及其附属产品	9.5	5.7	4.0	6.8
11	无机化学品；贵金属、稀土金属的有机或无机化合物	6.8	6.2	2.5	6.3
12	钢铁及其制品	5.6	10.5	9.8	12.5
13	食用的蔬菜和某些植物根和块茎	4.3	8	7.8	12
14	虫胶、树胶、树脂和其他植物汁液和提取物	3.2	7.3	5.2	5.9
15	生皮和兽皮（毛皮除外）及皮革	2.4	2.6	2.8	3.1
16	烟草和人造烟草替代品	2.4	2.5	4.5	6
17	天然或养殖珍珠、宝石或半宝石、贵金属、金属包壳	2.1	225.7	689.7	896.7
18	蚕丝	1.1	1.0	0.5	1.1
19	电动机械和设备及其零件；录音机、录像机、收录机、刻录机	1.0	1.2	0.5	0.8
20	纸和纸板；纸浆、纸或纸板制品	0.9	1.2	0.4	0.6

2021 年塔吉克斯坦与贸易伙伴的交易总额排名前五的分别是俄罗斯（13.53 亿美元，占比 21.3%）、哈萨克斯坦（11.786 亿美元，占比 18.5%）、中国（8.393 亿美元，占比 13.1%）、瑞士（9.164 亿美元，占比 14.4%）、乌

---

① 参见塔吉克斯坦国家经济发展和贸易部网站：https://tajtrade.tj/menu/index/28？l＝en.

兹别克斯坦（4.478 亿美元，占比 7.1%）。与俄罗斯的外贸主要是矿物类、木材及其制品类和钢铁类商品，与中国的外贸主要是机械类商品，与哈萨克斯坦的外贸主要是谷物类和矿物类商品，与瑞士的外贸主要是珠宝和贵重金属类商品，与乌兹别克斯坦的外贸主要是矿物类商品。具体见表 4-4。

表 4-4 2021 年塔吉克斯坦的贸易伙伴一览表① 单位：百万美元

国家		贸易总额	出口额	进口额	所占比例/%
俄罗斯		1 353	72.5	1 280.5	21.3
商品	矿物燃料、矿物油及其蒸馏产品	194.1	0	194.1	26.9
	木材和木制品；木炭	83.5	0	83.5	11.6
	动物或植物脂肪和油及其衍生物；制作食用脂肪；动物	54.9	0	54.9	7.6
	铁路或有轨电车车辆以外的车辆	17.6	1.7	15.9	2.4
	钢和铁	64.8	0	64.8	9
哈萨克斯坦		1 178.6	360.1	818.5	18.5
商品	谷物	145.1	0	145.1	22.9
	矿物燃料、矿物油及其蒸馏产品；沥青物质；矿物蜡	46.7	0	46.7	7.4
	矿石、矿渣和灰烬	97.7	97.1	0	15.3
	钢和铁	58.7	0	58.7	9.3
	无机化学品；贵金属、稀土金属的有机或无机化合物	74.1	0	74.1	11.7
中国		839.3	159.6	679.7	13.1
商品	机械、机械设备、核反应堆、锅炉及附件	74.6	0	74.6	21.8
	电动机械和设备及其零件；录音机、录像机、收录机、刻录机	29.4	0	29.4	8.6
	铁路或有轨电车车辆以外的车辆及其零部件	19.6	0	19.6	5.7
	钢和铁	30.1	0	30.1	8.8
	塑料及其制品	20.5	0	20.5	6.0

① 参见塔吉克斯坦国家经济发展和贸易部网站：https://tajtrade.tj/menu/index/28？l=en.

表4-4(续)

国家		贸易总额	出口额	进口额	所占比例/%
土耳其		390.5	232.2	158.3	6.1
商品	铝及其制品	102.0	101.5	0.5	43.4
	棉花	44.9	44.9	0	19.0
	机械、机械设备、核反应堆、锅炉及附件	14.2	0	14.2	6
	混杂商品	11.2	0	11.2	4.8
	塑料及其制品	8.7	0	8.7	3.7
乌兹别克斯坦		447.8	129.6	318.2	7.1
商品	矿物燃料、矿物油及其蒸馏产品;沥青物质;矿物蜡	51.3	13.6	37.7	21.2
	矿石、矿渣和灰烬	3.3	3.3	0	1.4
	盐类、硫黄、泥土和石头;粉刷材料、石灰和水泥	27.9	26.6	1.3	11.5
	棉花	4.2	4.0	0.2	1.7
	肥料	29.4	0	29.4	12.1
瑞士		916.4	896.7	19.7	14.4
商品	天然或养殖珍珠、宝石或半宝石、贵金属、包贵金属的金属及其制品;仿制珠宝;硬币	894.0	894.0	0	93.7
	药品	0.3	0	0.3	0.04
	谷物、面粉、淀粉或牛奶的制备;糕点厨师的产品	2.1	0	2.1	0.3
	光学、摄影、电影、测量、检查、精密、医疗或外科仪器和器具;零配件	0.4	0	0.4	0.05
	机械、机械设备、核反应堆、锅炉及附件	0.2	0	0.2	0.03
德国		107.4	0.3	107.1	1.7
商品	铁路或有轨电车车辆以外的车辆及其零部件	30.1	0	30.1	56.8
	机器、机械设备、核反应堆、锅炉及附件	12.3	0	12.3	23.2
	机电设备及其零部件;录音机和录像机、刻录机、收录机	0.7	0	0.7	1.3
	印刷书籍、报纸、图片和其他产品;手稿、打字稿和图纸	0.4	0	0.4	0.8
	光学、摄影、电影、测量、检查、精密、医疗或外科仪器和器具及其零部件	1.3	0	1.3	2.5

表4-4(续)

国家		贸易总额	出口额	进口额	所占比例/%
日本		88.9	2	86.9	1.4
商品	铁路或有轨电车车辆以外的车辆及其零部件	28.5	0	28.5	94.4
	机电设备及其零部件;录音机和录像机、刻录机、收录机	0.07	0	0.07	0.2
	虫胶、树胶、树脂和其他植物汁液和提取物	1.0	1.0	0	3.3
	机械、机械设备、核反应堆、锅炉及附件	0.3	0	0.3	1.0
	光学、摄影、电影、测量、检查、精密、医疗或外科仪器和器具及其零部件	0.08	0	0.08	0.2
伊朗		121	38.9	82.1	1.9
商品	棉花	5.3	5.3	0	14.7
	塑料与塑料制品	6.7	0	6.7	18.5
	陶瓷制品	3.1	0	3.1	8.6
	肥皂、有机表面活性剂、洗涤制剂、润滑制剂、人造蜡	1.8	0	1.8	5.0
	钢或铁及其制品	1.9	0	1.9	5.3
巴基斯坦		32.3	15.2	17.1	0.5
商品	糖和糖制品	0.3	0	0.3	1.9
	食用水果和坚果、柑橘类果皮或甜瓜	5.9	0.1	5.8	36.4
	棉花	4.6	4.6	0	28.4
	食用的蔬菜和某些植物根和块茎	3.1	1.6	1.5	19.1
	谷物	0.4	0	0.4	2.5

第三节　吸引外国投资

吸引外资是现代国家实施对外开放政策的重要目的。通过引进外资可以弥补国内经济发展资金的不足,引进先进生产技术和管理方式,促进产业结构升级,提高生产要素的价值,增加和扩大就业渠道。

塔吉克斯坦独立后，在"门户开放"政策指引下，积极改善投资环境，吸纳各种形式外资，先后颁布了外国投资法、投资法、投资协议法、企业经营法、土地法、税法、保险法、租赁法、自由经济区法、产品分成协议法等40多部保护投资的法律法规，实施许多具有吸引力的优惠政策和特许权。塔吉克斯坦丰富的水力资源和矿产资源亟须各种资金和技术投入，农业和工业领域内亟须资金注入改造升级产业结构和生产技术。尤其是近几年，塔吉克斯坦政局稳定，投资政策加快放宽，投资环境持续优化，对吸引外资流入更具有优势。

　　塔吉克斯坦主管投资的部门为投资和国有资产管理委员会及国家经济发展和贸易部下属的外资管理局，为外国投资提供各种服务和政策咨询，保护外国投资者利益。

　　根据塔吉克斯坦投资和国有资产管理委员公布的直接吸引外资进入的行业名单，包括以下行业：①能源领域，主要是水电站和电网的修建和改造；②交通领域，主要是各类道路和桥梁的建设和改造、运输工具的购置和改造、各种物流中心的建设；③教育领域，主要是各类教育基础设施建设；④工矿业领域，主要是各类矿藏开发、各类食品工业和加工工业；⑤医疗健康领域，主要是各类医疗基础设施建设；⑥旅游业，主要是各类旅游基础设施建设。

　　2007—2021年，外国直接投资流入塔吉克斯坦的主要经济领域包括：①地质勘探与采矿领域，16.572亿美元；②工业领域，7.478亿美元；③能源部门，5.983亿美元；④通信领域，5.279亿美元；⑤金融服务领域，4.768亿美元；⑥房屋建筑领域，3.966亿美元；⑦农业领域，1.061亿美元；⑧贸易领域，0.553亿美元；⑨教育领域，0.473亿美元；⑩旅游领域，0.394亿美元；⑪工业建筑领域，0.162亿美元；⑫道路建设领域，0.143亿美元；⑬食品工业领域，0.124亿美元；⑭运输领域，0.076亿美元；⑮医疗健康领域，0.051亿美元；⑯其他领域，1.322亿美元①。具体见图4-1。

---

　　①　参见塔吉克斯坦投资和国有资产管理委员会网站：https://investcom.tj/uploads/docfiles/620b3bb38c898.pdf.

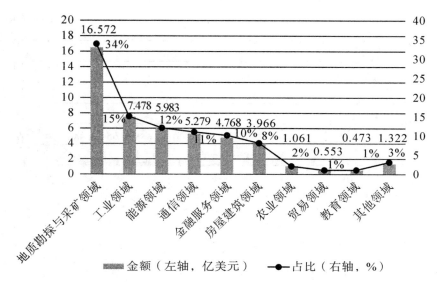

图 4-1　2007—2021 年外国直接投资流入领域

2007—2021 年，外国直接投资流入领域最多的矿产资源开发部门，占外国直接投资总额的三分之一多，这是塔吉克斯坦国内资源丰富和对外开放的直接反映，是经济发展的优势之一；剩下占比较大的是工业、能源和交通部门，流入这三大部门的外国直接投资超过总投资额的三分之一，是塔吉克斯坦重点支持和发展的产业部门。

2007—2021 年其他类型的外国投资主要流入领域包括：①金融服务领域，30.795 亿美元；②工业领域，6.214 亿美元；③能源领域，5.667 亿美元；④道路建设领域，3.05 亿美元；⑤建筑领域，2.681 亿美元；⑥通信领域，2.383 亿美元；⑦给水和湖岸加固领域，0.901 亿美元；⑧地质勘探与采矿领域，0.655 亿美元；⑨航空领域，0.654 亿美元；⑩农业领域，0.566 亿美元；⑪公共管理领域，0.182 亿美元；⑫综合型学校建设，0.176 亿美元；⑬教育领域，0.129 亿美元；⑭医疗健康领域，0.087 亿美元；⑮贸易领域，0.069 亿美元；⑯运输领域，0.027 亿美元；⑰其他工业领域（技术装备），7.363 亿美元①。具体见图 4-2。

---

① 参见塔吉克斯坦投资和国有资产管理委员会网站：https://investcom.tj/uploads/docfiles/620b3bb38c898.pdf.

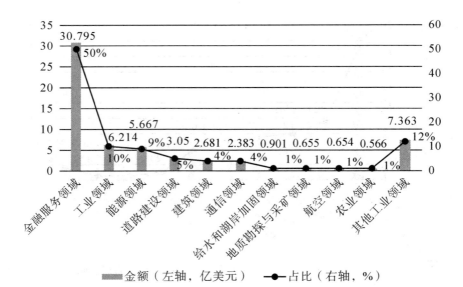

图4-2 2007—2021年其他类型外国投资流入领域

2007—2021年，其他类型外国投资流入的主要领域是金融服务行业、工业领域、能源领域和其他工业领域（技术装备），其中吸纳外资最多的行业是金融服务业，占外资的50%。

2007—2021年，对塔吉克斯坦经济领域进行投资的国家超过65个，投资领域主要涉及金融服务、矿产开发、工业部门和贸易等部门。其中，投资额最多的国家是中国，投资总金额32.52亿美元，占外国投资总额的29.5%；其次是俄罗斯，投资额16.479亿美元，占外国投资总额的15%。具体见表4-5。

表4-5 2007—2021年对塔吉克斯坦经济领域进行投资的国家各项指标①

序号	国家	金额/亿美元	投资占比/%	投资领域
1	中国	32.52	29.5	通信、建筑和金融服务、地质和采矿勘察、技术设备安装、工业、建筑和其他服务业
2	俄罗斯	16.479	15	建筑、通信、地质勘探、金融服务、医疗保健、建筑工业、贸易、能源、旅游和其他服务业

---

① 参见塔吉克斯坦投资和国有资产管理委员会网站：https://investcom.tj/uploads/docfiles/620b3bb38c898.pdf.

表4-5（续）

序号	国家	金额/亿美元	投资占比/%	投资领域
3	美国	7.128	6.5	通信、金融服务、教育、农业经济、医疗保健、供水和海岸保护、建筑、地质和采矿研究、工业
4	英国	7.146	6.5	采矿和地质研究、建筑、金融服务、煤矿、工业和贸易服务业
5	哈萨克斯坦	5.857	5.3	金融服务、地质和采矿研究、工业、贸易
6	菲律宾	5.817	5.3	农业、道路建设、技术设备安装和服务、金融服务、公共管理、卫生、教育业
7	卢森堡	4.618	4.2	金融服务业
8	伊朗	3.144	2.9	工业、建筑、金融服务、贸易服务业
9	阿塞拜疆	2.42	2.3	金融服务业
10	奥地利	2.548	2.3	金融服务业、技术设备安装服务业
11	塞浦路斯	2.378	2.2	建筑、旅游和贸易服务业
12	沙特阿拉伯	2.88	2.6	金融服务业、工业和贸易服务业
13	阿拉伯联合酋长国	2.045	1.9	金融服务业、地质和采矿研究、工业和贸易服务业
14	土耳其	2.217	2	金融服务业、工业和贸易服务业
15	德国	1.972	1.8	金融服务业
16	瑞士	2.045	1.9	金融服务业
17	法国	1.258	1.1	金融服务业、工业和贸易服务业
18	其他国家	7.652	6.9	—

2008—2021 年，流入塔吉克斯坦的外国投资，就地区而言，流入首都杜尚别市最多，额度达 73.848 亿美元，占比 68%；索格特州 24.064 亿美元，占比 21%；哈特隆州 8.761 亿美元，占比 8.3%；戈尔诺-巴达赫尚自治州 1.037 亿美元，占比 1%；中央直辖区 2.315 亿美元，占比 2.2%。① 具体见图 4-3。

---

① 参见塔吉克斯坦投资和国有资产管理委员会网站：https://investcom.tj/uploads/docfiles/620b3bb38c898.pdf.

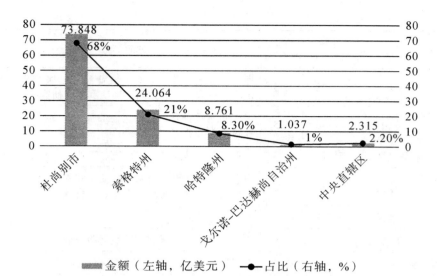

图 4-3　2008—2021 年外国投资流入塔吉克斯坦各地区情况

第四节　自由经济区建设

（一）自由经济区的设立与优惠政策

随着塔吉克斯坦经济与社会进入稳定发展阶段，融入世界经济、参与国际分工成为塔吉克斯坦发展中的一个重要问题，建立自由经济区是解决上述问题的重要形式。2004 年 5 月 17 日，塔吉克斯坦议会通过了《塔吉克斯坦共和国自由经济区法》，决定建立自由经济区。2005 年 12 月 5 日，塔吉克斯坦议会通过了《塔吉克斯坦共和国自由经济区条例》。2006 年 12 月 28 日，塔吉克斯坦政府通过决议，决定国家经济发展和贸易部负责协调建立自由经济区及其进一步完善的相关工作。2008 年 3 月 5 日，塔吉克斯坦政府通过《关于建立自由经济区的优先措施》决议，明确规定自由经济区由国家经济发展和贸易部全权负责。塔吉克斯坦建设自由经济区的步伐加快。

塔吉克斯坦建设国家自由经济区的目的：①开发国家各地区的经济与社会潜力；②为实体经济部门吸引外资创造更好的条件；③保持现有就业岗位，创造新的就业岗位；④吸引现代生产设备和创新技术；⑤发展和创造现代交通、工业和社会基础设施；⑥提高管理水平和生产效率以及本国商品在世界市场上的竞争力；⑦增加出口潜力，发展进口替代产业；⑧满足国内消费市场需求；

⑨促进国家和各地区的对外经济活动；⑩促进城郊发展；⑪保护和有效利用可再生与不可再生自然资源。

2008 年 5 月 2 日，塔吉克斯坦政府发布总统令，宣布建立喷赤和索格特两个自由经济区；2008 年 10 月 29 日，塔吉克斯坦议会通过了成立喷赤和索格特自由经济区的议案。2009 年 2 月 2 日，塔吉克斯坦政府发布总统令，宣布建立伊什卡希姆和丹加拉自由经济区；2010 年 1 月 1 日，塔吉克斯坦议会通过了成立伊什卡希姆和丹加拉自由经济区的议案。

塔吉克斯坦自由经济区是国内一个相对独立的经济发展区域，享有特殊经济政策、优惠的关税和税收制度以及便捷的注册程序等。自由经济区享有的具体优惠政策如下：①不论企业所有制形式，对自由经济区内的商业活动免予征收各种税种，但社会税和自然人收入税除外；②为塔吉克斯坦国内市场提供的服务只征收增值税；③对受雇佣的当地员工免征个人所得税；区内的外籍雇员在工作许可证有效期内，如果当前的收入在国籍所在国已缴纳个人所得税，并附上证明，即可免缴个人所得税；如果其在国籍所在国未缴纳个人所得税，则应缴纳个人所得税，但是税收减半征收；④土地租金为每平方米每年 1 美元；⑤区内的外国企业、外国自然人的经营利润和工资可以自由汇出，无须缴纳任何税；⑥在区内从事供水、供电、排水等业务的员工不缴纳增值税及其他税；⑦区内设立海关保税区。具体见表 4-6。

表 4-6　自由经济区优惠条件和平常条件下税收对比①

	税种指标	同时段收入	
		优惠条件下/%	平常条件下/%
1	增值税	0	18
2	法人所得税	0	15
3	道路使用税	0	2
4	土地税/每公顷	0	375 索莫尼
5	车辆税	0	7
6	社会税	25	25
7	不动产税/每平方米	0	0.75 索莫尼
8	所得税	8~13	8~13

---

① 参见塔吉克斯坦国家经济发展和贸易部网站：http://www.fez.tj/uploads/doc/sez-tadzhikistana-1_58d9b898185cb.pdf.

表4-6(续)

	税种指标	同时段收入	
		优惠条件下/%	平常条件下/%
9	企业最低收入税	0	1
10	零售税	0	3
11	棉花纤维销售税	0	10
12	简化税	0	4
13	消费税	0	10
14	农产品统一税	0	102 索莫尼
15	关税	0	5~15

（二）自由经济区的发展状况

截至 2021 年第一季度，已经有 73 家国内外企业入驻自由经济区，其中索格特自由经济区 30 家，丹加拉自由经济区 26 家，喷赤自由经济区 11 家，伊什卡希姆自由经济区 5 家，库里亚布自由经济区 1 家。有 1 143 人在自由经济区内就业。

2021 年第一季度，索格特自由经济区吸引投资 540 万索莫尼，丹加拉自由经济区吸引投资 400 万索莫尼，喷赤自由经济区吸引投资 20 万索莫尼，库洛布自由经济区吸引投资 40 万索莫尼。

截至 2021 年第一季度，各自由经济区的工业产值：索格特自由经济区为 79 120 万索莫尼，丹加拉自由经济区为 12 500 万索莫尼，喷赤自由经济区为 17 000 万索莫尼，伊什卡希姆自由经济区为 7 000 万索莫尼。

1. 索格特自由经济区

索格特自由经济区是根据 2008 年 10 月 29 日塔吉克斯坦议会第 1146 号法令建立的，坐落于索格特州的首府苦盏市西南部的工业区内，占地总面积 320 公顷，期限 50 年，职能类型定位是工业和创新型经济区，管理机构是索格特自由经济区管理局。未来计划将自由经济区扩大到 2 000 公顷，并修建一条通往园区的铁路支线。

创建索格特自由经济区的主要目标：①促进塔吉克斯坦共和国经济潜力的开发，包括吸引国内外投资，引进先进的管理经验；②有效参与地区和全球经济分工，发展对外经济贸易合作，提高国际竞争力和国家出口潜力；③促进与自由经济区接壤的地区进行市政工程开发，建立现代工程运输、电信、生产和社会基础设施；④生产原生态产品，创造具有竞争力的产品和重点出口商品；

⑤为地区和国家提供就业机会，创造更多的就业岗位，改善居民福利，提高消费者能力，增加区内员工的收入以及解决该地区的其他社会与经济问题。

在索格特自由经济区的建设与发展中，欧洲安全与合作组织曾经对该区的建设提供了技术援助，帮助制定了 2010—2011 年自由经济区发展规划，具体涉及制定经济区发展战略、完善初步基础设施、建立海关保税区、建立会展中心、主办和参加国际展会、会议及论坛、光缆铺设及信息保障、简化注册、许可证发放、通关手续、发展服务贸易、发展再生能源、发展废物处理及再加工、提高商品出口竞争力、协助企业扩大再生产、培训自由经济区专业管理人才、完善自由经济区法等。

截至 2020 年底，索格特自由经济区入驻 29 家企业，其中 11 家企业已投入运营生产，创造就业岗位 599 个，工业产值约为 1.652 亿索莫尼。

2. 喷赤自由经济区

喷赤自由经济区是根据 2008 年 10 月 29 日塔吉克斯坦议会第 1147 号法令建立的，坐落于塔吉克斯坦南部哈特隆州的卡拉杜姆·库姆桑吉尔区，靠近塔阿（阿富汗）边境，规划面积为 401.63 公顷的开发区分为两部分，第一部分面积为 186 公顷土地，用于工业企业园建设；第二部分面积为 215.63 公顷土地，用于贸易和商业、物流行业建设等。目前，自由经济区内有 371.53 公顷的自由土地，用于新建项目和基础设施开发，期限 50 年，职能类型定位是复合型工业区。该区拥有丰富的原材料资源，包括石英砂、籽棉和其他农产品，基础设施完备，海关监管、供水、供电条件较好，适合外资进入。同时，塔吉克斯坦计划利用地缘优势，打开南亚国家市场，向南亚国家出口塔吉克斯坦南部地区丰富的蔬菜、水果、干果等，对农产品开展深加工，发展同南亚国家的过境贸易。建设该自由经济区的主要任务如下：①组合利用国内各种所有制形式的资产和资金，在外国投资的基础上开发哈特隆州地区的经济潜力；②吸引外资、先进技术、国外管理经验和新的管理方法；③引进国内外科技成果和发明，并在国内其他地区进一步利用；④促进哈特隆州地区的社会与经济可持续发展；⑤降低生产成本，最大限度地利用自由劳动力资源、自然资源和其他当地资源，生产国内外市场上需要的商品；⑥发展与南亚国家的经贸联系，开发塔吉克斯坦出口潜力；⑦促进附近的城市化建设，建立现代化交通、通信和生产体系；⑧发展现代物流等。

喷赤自由经济区优先发展的产业包括：①化工产品和石化产品；②机械生产与金属加工；③创新建筑材料产品；④环境卫生产品；⑤创新发电厂产品；

⑥建设运输物流中心；⑦农业产品加工和深加工；⑧创新棉花纤维加工；⑨发展其他轻工业等。

截至 2020 年底，喷赤自由经济区入驻 16 家企业，其中 2 家企业已投入运营生产，创造就业岗位 52 个，工业产值约为 5 万索莫尼。

3. 伊什卡希姆自由经济区

伊什卡希姆自由经济区是根据 2010 年 1 月 29 日塔吉克斯坦议会第 1545 号法令设立的，位于东部戈尔诺-巴达赫尚自治州伊什卡希姆区，距首都杜尚别市 714 千米，距州首府霍罗格市 106 千米，距中塔边境阔勒买口岸 440 千米，规划占地面积 200 公顷，期限 50 年，职能类型定位为生产—商业区。该地区具有丰富的旅游、水电资源和矿产资源，对外国投资具有很大吸引力。同时，该自由经济区地理位置具有独特性，与吉尔吉斯斯坦、中国和阿富汗接壤，为该区吸引外资和进出口贸易创造了必要条件。

截至 2020 年底，伊什卡希姆自由经济区入驻 5 家企业，创造就业岗位 14 个。

4. 丹加拉自由经济区

丹加拉自由经济区根据 2010 年 1 月 20 日塔吉克斯坦议会第 1545 号法令设立，位于哈特隆州丹加拉区，于 2011 年开始建设，规划占地面积 521.32 公顷，期限 50 年，职能类型定位为工业创新区。该区的建设目标是有效参加地区和国家经济发展，引进国内外投资和先进技术，采用现代管理模式，开发国家自然资源经济潜力，提高国家出口潜力，创造新工作岗位，参与国际劳动分工，解决当地的社会与经济问题，提高居民生活水平。当地交通路网发达，有国际公路通过，为商品进出口贸易及服务贸易创造了必要条件。

丹加拉自由经济区位于塔吉克斯坦总统拉赫蒙的故乡，各种汇集的优势推动着园区发展，入驻的企业主要是石化加工、金属产品加工、塑料管材生产、皮革加工、皮棉加工、羊毛加工、水果加工等企业。

中国新疆中泰新丝路农业投资有限公司在丹加拉自由经济区投资建设农业产业园，项目分成四期建设，其中一期 6 万锭纺纱车间已于 2016 年 8 月投产，主要生产精梳紧密纺 30~60 支针织、机织系列产品，二期 5 760 头气流纺项目（折合环锭纺 5 万锭）已于 2018 年 8 月全面投产，主要生产 10~32 支纱线，产品销往埃及、土耳其、意大利、德国、俄罗斯、白俄罗斯、伊朗、乌克兰、吉尔吉斯斯坦以及中国等十余个国家。第三、四期项目于 2019 年 3 月 18 日动工，三期项目为针织—印染—成衣的建设，四期为 216 台喷气织机车间，于

2021 年 3 月底建成投产。此项目建成后，从棉花种植、籽棉加工、纺纱、织布、印染到成衣，形成了一条完整的纺织产业链，是中亚地区目前最大的纺织园区。

截至 2020 年底，丹加拉自由经济区入驻 25 家企业，有 9 家企业已投入运营，创造就业岗位 407 个，工业产值约为 3 450 万索莫尼。

5. 库里亚布自由经济区

库里亚布自由经济区于 2019 年开始建设，位于哈特隆州库里亚布市以北 14 千米处，靠近库里亚布国际机场，距塔阿（阿富汗）边境仅 70 千米，占地 309 公顷，定位为生产创新区。该区建设目标为吸引国内外投资、发展进口替代产业并增强出口能力、推广使用新工艺设备、开展国际经济合作，计划布局的产业包括：纺织、皮革加工、棉花加工、果蔬加工、饲料加工、建材生产、车辆设备和农机组装、制药、照明设备及配件制造、石油开采及加工等。

截至 2021 年第一季度，库里亚布自由经济区入驻 1 家企业，创造就业岗位 8 个。

第五章 "一带一路"建设背景下的中国—塔吉克斯坦合作

第一节 睦邻友好的中塔关系

一、中国—塔吉克斯坦友好关系的建立与发展

1992年1月4日，塔吉克斯坦与中国在杜尚别签订了中国与塔吉克斯坦建交公报，两国正式建立外交关系。1993年3月9日，双方在北京签署《关于中华人民共和国和塔吉克斯坦共和国相互关系基本原则的联合声明》，联合声明包括12项原则，成为以后中国与塔吉克斯坦建立整个双边友好、合作关系的正式法律文件基础。

1996年9月16日，双方在北京签署《中华人民共和国和塔吉克斯坦共和国联合声明》，重申恪守1992年1月4日中塔建交联合公报和1993年3月9日中塔相互关系基本原则的联合声明所确定的各项原则，决心不断加强两国之间的睦邻友好与互利合作关系，并使之长期稳定地发展。为此目的，双方决定在政治、经济、军事、人文和国际关系五个领域开展积极合作。

1996年塔吉克斯坦内战接近尾声，国内和平谈判异常艰难，寻求外部对国内和平的支持显得尤为急迫。在此大背景下，中国对塔吉克斯坦做出政治、经济、军事等方面的承诺和保障，对内政动荡、经济凋敝、战火未息的塔吉克斯坦来说十分珍贵。

1996年4月26日，中国、塔吉克斯坦、哈萨克斯坦、吉尔吉斯斯坦和俄罗斯在上海签署加强边境军事安全的协定。

1997年4月4日，中国、塔吉克斯坦、哈萨克斯坦、吉尔吉斯斯坦和俄罗斯在莫斯科签署在边境地区相互裁军的协定。10月30日，中国与塔吉克斯坦

在北京就边界问题签署了一项议定书，并讨论了塔吉克斯坦—中国边界现存的问题。这些涉及边境安全稳定的多边和双边文件对中、塔建立边境安全稳定互信起到了积极的正面影响。

1998—1999 年，中国与塔吉克斯坦解决边界问题的友好谈判继续深入。在 1998 年 5 月和 1999 年 7 月，中国与俄罗斯、哈萨克斯坦、吉尔吉斯斯坦、塔吉克斯坦在北京围绕边界问题相继展开谈判。

1999 年 8 月 13 日，塔吉克斯坦与中国就双方边界问题签署《中塔国界协定》以及其他双边合作文件。该文件在法律上确定了双方的意愿，为解决塔吉克斯坦和中国之间剩余的边界问题并最终确定两国之间的边界提供了法律基础。

2000 年 7 月 4 日，中国与塔吉克斯坦在杜尚别签署了《中华人民共和国与塔吉克斯坦共和国关于面向 21 世纪睦邻友好合作关系的联合声明》，提出了十条关于不以任何包括"人权高于主权"以及"人道主义干涉"在内的借口干涉别国内政的条款，强调了维持边境稳定、中国支持塔吉克斯坦主权独立和社会稳定、关注阿富汗问题等，着重表明了双方在 21 世纪建立"友好的邻居和好伙伴关系"的立场。

2000 年 7 月 4 日，塔吉克斯坦和中国在杜尚别签署关于最终解决两国边界问题的谅解备忘录；7 月 5 日，塔吉克斯坦、吉尔吉斯斯坦和中国在杜尚别签署关于三国国界交汇点的协定。

2001 年 1 月 8 日，双方在北京签署《塔吉克斯坦共和国政府与中华人民共和国政府关于最终解决两国边界问题的议定书》。

2002 年 5 月 17 日，中国与塔吉克斯坦在北京签署《中华人民共和国与塔吉克斯坦共和国联合声明》和《中华人民共和国与塔吉克斯坦共和国关于中塔国界的补充协定》。

2003 年 9 月 2 日，双方签署关于塔吉克斯坦—中国国家边境检查站的协定。

这些法律文件增加了双方政治互信，推动了双方友好邻居关系进一步深化，为最终圆满解决双方边界问题打下了坚实的法律基础。

2006 年 9 月 16 日，双方签署《中华人民共和国政府和塔吉克斯坦共和国政府联合公报》，双方表示愿进一步加强高层交往，深化政治互信，积极落实双方业已达成的共识，扩大各领域交流与合作，将中塔睦邻友好与互利合作关系提高到新的水平。

2007 年 1 月 15 日，双方在北京签署《中华人民共和国与塔吉克斯坦共和国睦邻友好合作条约》，这份文件是对中塔建交 15 年以来相互友好关系发展的总结，也是开启下一阶段双方深化合作的声明。

该友好合作条约涉及政治、经济、军事、文化、教育等众多领域，规定了双方长期友好合作的优先方向。在边界方面，强调了解决边界问题的重要性，要把边境建设成世代友好、永久和平的边境。

在经济合作领域，要注重扩大双方在经贸、能源、矿产、交通通信、科学技术、农业发展、人文环境和基础设施等领域的合作，尤其是促进边境和地方经贸合作。

双方友好互利合作要扩大到各个层级，深入到两国的省州、友好城市、民间团体和企业等，毫无疑问将大大增加双方全方位交流的层次，扩大双方交流的规模。

该友好合作条约强调了维护中亚地区和平与稳定、持续发展符合本地区各国人民的意愿，对维护亚洲和世界和平具有重要意义。

该友好合作条约签署后，2007 年 6 月 28 日，塔吉克斯坦国家议会通过决议批准；2007 年 6 月 29 日，中国全国人大常委会通过决议批准。两国最高立法机构几乎同时批准条约，反映了条约符合两国人民的意愿和利益，进一步提高了双方互信程度，为双方关系长期稳定健康发展奠定了坚实的法律基础。

2008 年 8 月 27 日，双方在杜尚别签署了《中华人民共和国和塔吉克斯坦共和国关于进一步发展睦邻友好合作关系的联合声明》。声明强调，双方要扩大和深化两国政治、经贸、安全、人文等各领域的交流与合作，不断提升中塔睦邻友好合作关系水平。

2010 年是中国与塔吉克斯坦友好关系发展的重要一年。4 月 27 日，双方签署《塔吉克斯坦共和国政府与中华人民共和国政府关于塔吉克—中国边界标界的议定书》，标志着解决两国边界问题的政治法律进程最终完成，进入了实际标界阶段。6 月 10 日，两国元首在塔什干讨论双方关系持续深入发展问题。11 月 25 日，双方在杜尚别签署《中华人民共和国政府和塔吉克斯坦共和国政府联合公报》，双方表示将恪守《中华人民共和国和塔吉克斯坦共和国睦邻友好合作条约》，加强高层交往，深化政治互信，落实双方共识，扩大各领域交流与合作，推动中塔睦邻友好合作关系全面深入发展。另外双方还签署了《中华人民共和国地质部门与塔吉克斯坦地质总局协议》《中华人民共和国银行业监督管理部门与塔吉克斯坦共和国国家银行之间谅解合作备忘录》《中华人民共和国政府在丹加拉地区无偿捐赠乡村学校的议定书》《中国进出口银行向塔吉克斯坦共和国财政部提供"苦盏-艾尼"220KV 输电线路工程项目援外优惠贷款协议》《中国进出口银行向塔吉克斯坦共和国财政部提供塔吉克—中国公路第 2 工段第 1 阶段项目援外优惠贷款协议》《塔吉克斯坦共和国能源和工业部与塔中矿业有限责任公司之间合作采矿备忘录》。双方这次合作协议可谓量多面广，除了政府联合公报外，还涉及金融合作与援助、教育援助、矿业开发等，是落实政府联合公报的实际操作。

2012 年 6 月 5 日，双方签署了《中华人民共和国与塔吉克斯坦共和国联合宣言》和《中华人民共和国政府与塔吉克斯坦共和国政府技术和经济合作协定》。联合宣言对中塔建交 20 年的友好合作给予高度肯定，双方提出全面加强高层交往，扩大能源、农业、交通基础设施建设等领域合作，促进人文交流，携手安全合作，维护地区和平、安宁和发展。另外，相关部门签署了 5 项具体合作协议：《中国国家开发银行与塔吉克斯坦国家储蓄银行开展农业领域融资的协议》《中国对塔吉克斯坦金融业和银行业人员开展培训的协议》《中国国家质量监督检验检疫总局与塔吉克斯坦农业部关于签署植物管理和检疫领域合作备忘录》《中国河南省煤田地质局与塔吉克斯坦政府地质总局谅解备忘录》《中国建材集团与塔吉克斯坦铝业公司合作协议》等。

二、中国—塔吉克斯坦战略互信合作伙伴关系的形成与发展

2013 年 5 月 20 日，中、塔双方在北京签署《中华人民共和国和塔吉克斯坦共和国关于建立战略伙伴关系的联合宣言》，联合宣言回顾了双方政治互信关系的发展历程，进一步明确要在更高层次、更高质量上建立双方的战略伙伴关系。联合宣言提出，双方决定将两国关系提升至战略伙伴关系水平，并强调中塔关系是双方外交政策的优先方向。双方表示，中塔关系已迈上新台阶，要开启更加广泛领域的合作，扩大在能源、运输、通信、采矿、农业、信息技术、科技、教育、文化、旅游等领域合作。除了联合宣言外，双方还签署了 7 份文件：《中华人民共和国政府与塔吉克斯坦共和国政府间技术和经济合作协定》，中国国家质量监督检验检疫总局与塔吉克斯坦农业部签署的《关于塔吉克斯坦向中国出口新鲜水果的植物检疫要求合作议定书》、中国国家体育总局与塔吉克斯坦旅游部门签署的《中华人民共和国和塔吉克斯坦共和国关于体育领域合作的协定》、中国进出口银行与塔吉克斯坦国家储蓄银行签署的贷款协议、中国进出口银行与塔吉克斯坦财政部签署的两项贷款协议、中国东营合力投资发展有限公司与塔吉克斯坦能源和工业部签署的谅解备忘录等。

2014 年 9 月 13 日，两国元首在杜尚别讨论了在政治、经济、安全、投资、农业、教育、科技和文化等领域内的战略伙伴关系，尤其是对双边贸易非常满

意。会晤后双方签署了一系列合作文件:《中华人民共和国与塔吉克斯坦共和国关于进一步发展和深化战略伙伴关系的联合宣言》《中华人民共和国与塔吉克斯坦共和国 2015—2020 年期间合作规划》《中华人民共和国与塔吉克斯坦共和国引渡条约》《中华人民共和国与塔吉克斯坦共和国关于移管被判刑人的条约》《中华人民共和国政府与塔吉克斯坦共和国政府关于经贸和技术合作协定》《中华人民共和国贸易部与塔吉克斯坦共和国财政部关于向塔吉克斯坦提供优惠外贸出口贷款的标准协议》《中华人民共和国国家发展和改革委员会与塔吉克斯坦共和国经济发展和贸易部之间推动建设丝绸之路经济带备忘录》《中华人民共和国农业部与塔吉克斯坦共和国农业部关于在塔吉克斯坦建立中国创新技术农业示范中心的备忘录》《中国科学院与塔吉克斯坦共和国科学院合作协议》《孔子学院总部与塔吉克斯坦共和国教育科学部关于建立孔子中心的合作协议》《塔吉克斯坦共和国政府与中塔天然气管道有限公司之间主要合作方向协议》《塔吉克天然气运输公司与中亚天然气管道公司贷款协议》《中国国家开发银行与塔吉克斯坦国家储蓄银行贷款协议》《中国新疆塔城国际资源有限公司与塔吉克斯坦共和国工业和新技术部关于矿业领域"中塔工业区"项目谅解与合作备忘录》《中国农业银行与塔吉克斯坦共和国农业投资银行合作协议》《塔吉克斯坦共和国政府与中国华新水泥有限公司关于水泥厂二期、三期的建设和投产投资协议》《塔吉克斯坦共和国政府土壤改良及灌溉局和新疆建材生产集团公司合作备忘录》。11 月 7 日,在中国举办的 APEC 会议期间,双方签署了《中华人民共和国政府与塔吉克斯坦政府关于中方向塔吉克斯坦提供优惠贷款的标准协议》,中国进出口银行与塔吉克斯坦财政部签署关于杜尚别热电厂二期工程优惠贷款的协议、"塔吉克铝业公司"升级改造框架下冰晶石、含氟铝、硫酸生产企业优惠贷款协议等。2014 年双方元首两次会晤所签署的合作协议是一个大手笔,合作领域非常广泛,处处体现了战略伙伴关系。

2015 年 9 月 2 日,双方在北京签署几份重要文件:《中华人民共和国政府与塔吉克斯坦共和国政府关于编制中塔合作规划纲要的谅解备忘录》《中华人民共和国政府与塔吉克斯坦共和国政府科学技术合作协定》《中华人民共和国文化部与塔吉克斯坦共和国文化部文化交流方案》,中国开发银行与塔吉克斯坦储蓄银行签署协议,中国河南省与塔吉克斯坦哈特隆州签署工农业综合体项目合作协议。这次合作主要在上海合作组织框架下开展,提升两国贸易额,加强经贸联系,推进能源、矿业等优先方向深入合作。

2017 年 8 月 31 日,两国元首在北京会晤,双方希望加大在"一带一路"

倡议框架下发展和扩大经贸合作，同时在双边基础上以及地区和全球组织框架内就确保地区安全、协助阿富汗改善军事政治局势、打击"三股势力"及毒品走私等开展广泛合作。会后双方签署了 13 份文件：《中华人民共和国与塔吉克斯坦共和国关于建立全面战略伙伴关系的联合声明》《中华人民共和国与塔吉克斯坦共和国之间的合作规划》《中华人民共和国农业部与塔吉克斯坦共和国农业部关于共同推进建立农业合作示范园区的备忘录》《中华人民共和国商务部与塔吉克斯坦共和国劳动、移民和就业部关于发展劳务资源领域合作的备忘录》《中华人民共和国商务部与塔吉克斯坦共和国经济发展和贸易部关于加强基础设施领域合作的协议》《中华人民共和国审计署与塔吉克斯坦审计院公共部门审计合作谅解备忘录》《中华人民共和国政府与塔吉克斯坦共和国政府关于提供无偿援助的经济技术合作协定》《中华人民共和国政府与塔吉克斯坦共和国政府关于提供优惠贷款的框架协议》《中华人民共和国科学技术部与塔吉克斯坦共和国科学院成立中塔科技合作委员会的备忘录》《中华人民共和国政府与塔吉克斯坦共和国政府关于知识产权领域合作的备忘录》《中国新华社与塔吉克斯坦霍瓦尔国家通讯社合作备忘录》《中华人民共和国陕西省与塔吉克斯坦共和国哈特隆州建立友好省州关系的协议书》《中华人民共和国山西省太原市与塔吉克斯坦共和国索格特州胡占德市建立友好城市关系意向书》等①。

通过上述一系列协议，双方要打造新的合作增长点，做大做强农业合作，深化产能合作，支持科技创新和交流。双方要加强经贸合作，中方支持塔方同中国金融机构、丝路基金、亚洲基础设施投资银行建立合作联系，愿与塔方共同促进贸易和投资便利化。中、塔同为丝绸之路文明古国，应加强文化、教育、青年等领域交流合作，筑牢两国友好民意基础。

2019 年 6 月 16 日，双方国家元首在杜尚别会晤，肯定了各领域的合作成果，一致同意深化真诚互信、合作共赢的全面战略伙伴关系，致力于发展全天候友谊，推动构建人类命运共同体，实现共同发展共同繁荣。会后双方签署了一系列文件：《塔吉克斯坦共和国和中华人民共和国关于进一步深化全面战略伙伴关系的联合声明》《塔吉克斯坦共和国政府和中华人民共和国政府关于无偿援助的协定》《关于塔吉克斯坦共和国向中华人民共和国出口的柠檬植物检疫要求合作议定书》《塔吉克斯坦共和国科学院和中华人民共和国社会科学院科学合作协定书》《塔吉克斯坦共和国国家投资和国有资产管理委员会与中华

---

① 塔吉克斯坦总统府. Встречи и переговоры высшего уровня между Таджикистаном и Китаем［EB/OL］. http://www.president.tj/ru/node/16060.

人民共和国贸易部关于在投资合作领域设立联合工作组的备忘录》《塔吉克斯坦共和国政府环境保护委员会与中华人民共和国生态与环境保护部合作备忘录》《塔吉克斯坦共和国农业部与中华人民共和国农业和农村部 2019—2021 年合作计划》《塔吉克斯坦共和国文化部与中华人民共和国文化和旅游部 2019—2021 年合作计划》《塔吉克斯坦共和国政府和中华人民共和国政府关于在反恐合作领域进一步加强信息交流的备忘录》以及在电影摄影领域的合作协议，关于建立稀有、贵金属和有色金属加工基地的合作协议，关于在线质量控制平台项目的合作协议，关于建立一座水泥厂的设计、保障、安装、管理调试和生产方面的协议，关于在塔吉克斯坦建立有色冶金加工设施联合企业的协议等①。

中国是最早承认塔吉克斯坦独立和主权的国家之一。两国关系在 30 年间走过了一条合作共赢的光荣之路，一路上做出了许多大事要事喜事。双方成功解决了许多复杂问题，双边关系实现了前所未有的提升。尤其是最近十来年，两国之间建立起高度政治互信，引领并推进中塔关系全方位快速发展。中塔关系历经 30 年高质量发展，已提升至全面战略伙伴关系水平。双边合作已拥有坚实的条约法律基础，签署了涵盖近乎所有领域的近 300 份文件。30 年的中塔关系表明，双方视彼此为好邻居、靠得住的朋友、可预测且稳定的经济合作伙伴。

第二节 "一带一路"建设与中塔经贸合作

近十年来，伴随着中国和塔吉克斯坦全面战略合作伙伴关系的建立和进一步深化、共建"一带一路"倡议的提出，两国经贸合作规模逐渐扩大，领域不断拓展，合作模式日渐创新，尤其是在"五通"领域内取得了令双方都十分满意的丰硕成果。

在塔吉克斯坦对外经济合作优惠政策吸引下，许多有资质的中国企业带着资金、技术、设备纷纷赴塔吉克斯坦投资建厂、开矿修路、架线建桥。目前，在塔吉克斯坦有中资背景企业 300 多家，主要分布在交通和电力基础设施设备、矿产勘探开发、天然气管道建设、农业合作示范区建设、农牧产品深加工、建材生产和市场销售、教育基础设施等领域内从事各类经营活动。如特变

---

① 塔吉克斯坦总统府. State visit of the President of the People's Republic of China Xi Jinping to Tajikistan [EB/OL]. http://www.president.tj/en/node/20425.

电工、中塔矿业、中泰化学、华新水泥、河南种业等公司。

中国对塔吉克斯坦的资金、技术及其他物质援助捐助改善、新建一系列经济和民生项目，包括公职人员培训、学校基本建设、饮水工程改善、技术设备安装等，这些项目为塔吉克斯坦的经济与社会发展带来了活力。

中国的资金、技术及其他援助捐助物资等注入塔吉克斯坦的经济体系，推动了塔吉克斯坦经济体系现代化，提高了资源开发利用效率和国民经济整体水平，增加了就业和居民收入，推动了塔吉克斯坦的经济与社会发展。

一、贸易合作

中国与塔吉克斯坦贸易合作 30 年来，在各种贸易协定的指导下，两国的贸易合作得到良性发展，形成了内涵丰富、充满活力、互惠互利的经贸关系，无论是贸易数量还是贸易质量都得到了双方的认可。目前，中国已经成为塔吉克斯坦的第三大贸易伙伴国，双方的贸易关系正在不断深化、不断互补、不断创新，两国政府都在不断探索在全新的贸易领域中展开交流。

根据中塔海关进出口商品种类统计数据分析，近几年，中国出口到塔吉克斯坦的商品主要包括：机械、机器类及其零配件；机电电器类及其零配件；收录机、刻录机及影像设备等类及其零配件；车辆类及其零配件（铁路车辆除外）；鞋类及其附件；钢铁类；非针织或非钩编服装类及其附件；塑料及其制品；化学纤维类；针织服装类及其附件；光学、计量、检测、医学等仪器及其零配件、精密仪器及其零配件等。中国从塔吉克斯坦进口的商品主要包括：矿产类，棉花类，生皮及皮革类，铝及其制品类，珠宝类，贵重金属、首饰类，蚕丝类等。

2014—2021 年，中国对塔吉克斯坦贸易出口额在 2017 年和 2018 年出现波动，连续两年保持 6 位数（以千美元计算），其他年份均稳定保持 7 位数（以千美元计算），尤其是 2014 年的出口额几乎是其他 7 位数（以千美元计算）年份的 2 倍。中国对塔吉克斯坦贸易进口额也有波动，除 2021 年增长到 6 位数（以千美元计算）外，其他年份均稳定保持 5 位数（以千美元计算）。在贸易差方面，中国均处于顺差地位，这是由中、塔两国经济规模决定的。

2014—2021 年，在中国与塔吉克斯坦的进出口贸易中，除 2014 年双方贸易数额较大外，近几年虽有变化，但总体保持稳定。具体见表 5-1 和图 5-1。

表 5-1 2014—2021 年中国与塔吉克斯坦进出口贸易数据统计①

单位：千美元

年份	中国出口	同比/%	中国进口	同比/%	进出口总额	同比/%	贸易差额
2014	2 469 045	32.1	47 697	−46.3	2 516 742	28.5	2 421 348
2015	1 119 449	−26.2	32 349	10.5	1 151 797	−25.5	1 087 100
2016	1 139 359	1.9	20 638	36.2	1 159 997	0.8	1 118 721
2017	895 465	−21.4	31 673	53.5	927 138	−20.1	863 792
2018	945 563	7.4	50 889	60.6	996 452	9.3	894 674
2019	1 099 748	16.2	58 408	14.8	1 158 156	16.2	1 041 340
2020	707 636	−35.7	31 513	−46	739 149	−36.2	676 123
2021	1 088 650	54.0	113 443	259.8	1 202 092	68.8	975 207

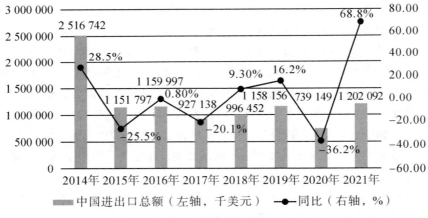

图 5-1 2014—2021 年中国与塔吉克斯坦进出口贸易总额变化

2014 年中国对塔吉克斯坦出口额最高，2020 年出口额最低。这主要受新冠肺炎疫情影响，海关过货率下降所致。具体见图 5-2。

① 中国海关总署. 统计月报 [EB/OL]. http://www. customs. gov. cn/customs/302249/zfxxgk/2799825/302274/302277/4185050/index.html.

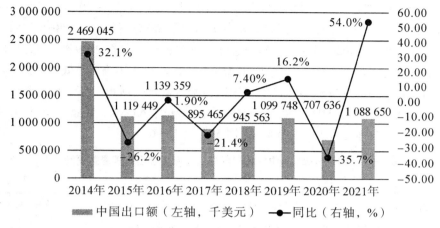

图 5-2　2014—2021 年中国对塔吉克斯坦出口贸易数据变化

中国自塔吉克斯坦进口贸易额 2016 年最低，只有 2 千万美元多一些。2020 年受新冠肺炎疫情影响，中国进口额有所下降。2021 年中国自塔吉克斯坦进口金额大反弹，达到 6 位数（以千美元计算），为 1.1 亿美元多一些。具体见图 5-3。

图 5-3　2014—2021 年中国对塔吉克斯坦进口贸易数据变化

中国与塔吉克斯坦的陆路口岸卡拉苏口岸位于中国新疆喀什地区，是中塔贸易的主要通道。随着卡拉苏口岸的基础设施不断升级改造，现代化的运营方式逐步落地，通关过货率大幅度提升。凭借地缘优势，中国新疆与塔吉克斯坦的贸易持续发展。

2016—2021年，中国新疆与塔吉克斯坦进出口贸易额在2016年最高，达到7位数（以千美元计算）；2020年双方贸易额降到最低，仅有2016年的一半左右。2017—2020年双方贸易额总体呈下降趋势，仅在2019年小幅回升，但贸易额仍保留6位数（以千美元计算），其中2020年下降到最低水平，主要原因是新冠肺炎疫情影响。2021年中国新疆对塔吉克斯坦贸易开局良好，双方贸易额与2020年相比呈现回升趋势，同比增长了63.8%，接近2019年的贸易额水平。具体见表5-2、图5-4、图5-5、图5-6。

表 5-2　2016—2021年中国新疆与塔吉克斯坦进出口贸易数据统计①

单位：千美元

年份	新疆出口	同比/%	新疆进口	同比/%	进出口总额	同比/%	贸易差额
2016	1 261 423	−8.5	5 474	−63.8	1 266 896	−9.1	1 255 649
2017	1 076 873	−14.3	4 941	−9.7	1 081 814	14.2	1 071 932
2018	910 059	−13.7	12 956	162.2	923 015	−12.9	897 103
2019	968 167	6.3	18 650	44.0	986 817	6.8	949 517
2020	591 880	−38.9	7 471	−59.9	599 351	−39.3	584 409
2021	966 381	63.3	15 117	102.3	981 498	63.8	951 264

图 5-4　2016—2021年中国新疆对塔吉克斯坦出口贸易额变化

---

① 参见中国乌鲁木齐海关网站：http://urumqi.customs.gov.cn/urumqi_customs/556675/556651/556655/cae7e225-2.html.

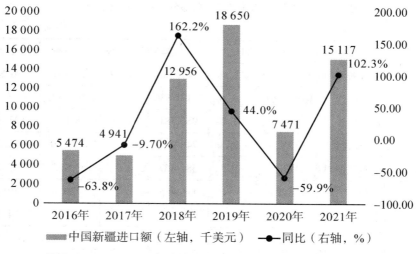

图 5-5　2016—2021 年中国新疆对塔吉克斯坦进口贸易额变化

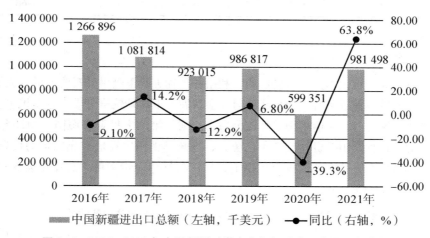

图 5-6　2016—2021 年中国新疆对塔吉克斯坦进出口贸易总额变化

2021 年，在中国新疆对外贸易伙伴中，塔吉克斯坦为中国新疆第三大贸易伙伴。在中国新疆前十大贸易伙伴中，唯有塔吉克斯坦与比利时同中国新疆的贸易呈增长趋势，其中塔吉克斯坦居第二。具体见表 5-3。

表 5-3　2021 年新疆进出口情况部分国别（地区）统计①

单位：千美元

序号	国家	进出口额	同比/%	出口额	同比/%	进口额	同比/%
1	吉尔吉斯斯坦	5 465 272	272.1	5 452 661	274.7	12 610	-6.8
2	哈萨克斯坦	10 534 675	-3.6	7 497 830	3.3	3 036 845	-17.3
3	塔吉克斯坦	981 498	63.8	966 381	63.3	15 117	102.3
4	俄罗斯联邦	858 131	-51.0	740 291	-52.9	117 840	-33.5
5	乌兹别克斯坦	632 283	-0.3	581 667	2.7	50 617	-25.2
6	匈牙利	116 516	—	116 485	—	30	-89.1
7	马来西亚	142 750	-22.1	140 416	-21.1	2 334	-54.2
8	比利时	153 023	22.2	147 312	18.8	5 711	365.3
9	印度尼西亚	300 059	-6.9	67 619	-14.5	232 440	-4.5
10	乌克兰	90 905	121.1	88 322	163.9	2 583	-66.2

二、投资合作

塔吉克斯坦国内投资市场广阔，利用各种优惠政策吸引外资流入塔吉克斯坦经济领域，促进塔吉克斯坦经济与社会发展。中国是较早对塔吉克斯坦进行投资的国家之一，目前中国已经成为塔吉克斯坦第一大投资来源国。2021 年，中国对塔吉克斯坦投资达到 2.1 亿美元，远超其他国家在塔吉克斯坦的投资。塔吉克斯坦在强劲的外国投资支持下，经济与社会稳步发展。具体见表 5-4、图 5-7、表 5-5、图 5-8。

表 5-4　2012—2021 年中国对塔吉克斯坦直接投资流量统计②

单位：万美元

年份	2012	2013	2014	2015	2016	2017	2018	2019	2020	2021
投资额	23 411	7 233	10 720	21 931	27 241	9 501	38 824	6 961	-26 402	21 000

---

① 参见中国乌鲁木齐海关网站：http://urumqi.customs.gov.cn/urumqi_customs/556675/556651/556655/cae7e225-2.html.

② 中国商务部网站. 2020 年度中国对外直接投资统计公报 [EB/OL]. http://images.mofcom.gov.cn/hzs/202111/20211112140104651.pdf.

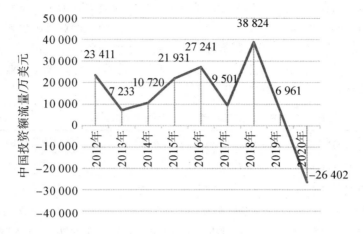

图 5-7　2012—2021 年中国对塔吉克斯坦直接投资流量统计

表 5-5　2012—2020 年中国对塔吉克斯坦直接投资存量统计①

单位：万美元

年份	2012	2013	2014	2015	2016	2017	2018	2019	2020
投资额	47 612	59 941	72 896	90 909	116 703	161 609	194 483	194 608	156 801

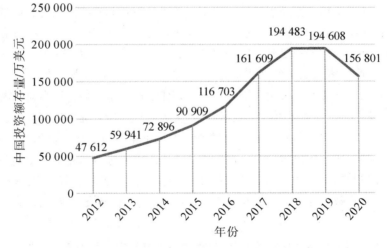

图 5-8　2012—2020 年中国对塔吉克斯坦直接投资存量

---

①　中国商务部. 2020 年度中国对外直接投资统计公报 [EB/OL]. http://images.mofcom.gov.cn/hzs/202111/20211112140104651.pdf.

目前，在塔吉克斯坦开展投资经营活动的中资企业有300余家，主要投资企业有：中石油中塔天然气管道有限公司、中泰新丝路纺织产业有限公司、中色帕鲁特公司、中塔泽拉夫尚有限责任公司、塔中矿业股份有限公司、亚洲化工股份有限公司、华新亚湾水泥有限公司、海力公司等，主要涉及农业、矿业、纺织、电信、水泥等领域①。具体见表5-6。

表5-6　中国企业在塔吉克斯坦大型投资项目②

公司名称	主要大型工程项目	项目股份比例
塔中矿业股份有限公司	铅锌银矿开采、中塔工业园	中方全资
金色谷地农业有限公司	中塔农业合作示范园区	中方全资
特变电工杜尚别矿业公司	艾尼地区金矿开采	中方全资
中泰新丝路纺织产业有限公司	塔吉克斯坦农业纺织产业园	中方70%，外方30%
中石油中塔天然气管道有限公司	中亚天然气管道D线项目	中方50%，外方50%
中塔泽拉夫尚有限责任公司	金矿开采	中方75%，外方25%
中国有色帕鲁特有限责任公司	金矿开采	中方40%，外方60%
华新水泥有限公司	亚湾、索格特水泥生产线	中方75%，外方25%
塔铝金业封闭式股份公司	金矿、锑矿开采	中方50%，外方50%

外资企业给塔吉克斯坦带去了资金、技术、设备和标准，既为当地带来了就业、创造了税收，也推动了该国的工业化发展。例如，塔中矿业股份有限公司当前处理矿石的能力已从20万～30万吨/年提高到400万吨/年，销售额达到50亿～60亿索莫尼（约合4.4亿～5.3亿美元），是该国最大的工业企业之一；华新亚湾水泥有限公司在塔吉克斯坦兴建了两个水泥厂，把当地水泥价格从高达200美元/吨降至70～80美元/吨，大大降低了塔吉克斯坦国内建筑和基建的成本，不但满足了其本国水泥材料需求，还能向阿富汗、吉尔吉斯斯坦、乌兹别克斯坦等邻国出口创汇，把塔吉克斯坦由水泥进口国转变为出口国。

2012—2020年，中国对中亚国家投资中，中国在吉尔吉斯斯坦每年的投资流量都是正数，在塔吉克斯坦只有2020年的投资流量是负数，其他三个国

①　丝路国际产能合作促进中心.中国何以成为塔吉克斯坦第一大投资来源国［EB/OL］.http://weixin.bricc.org.cn/Module_Think/ThinkPortal/ArticleDetail.aspx? aid = 4263.

②　中国商务部.对外投资合作国别（地区）指南：塔吉克斯坦［EB/OL］.http://www.mofcom.gov.cn/dl/gbdqzn/upload/tajikesitan.pdf.

家则不均衡，投资流量为负数的年份比较多。具体见表5-7和表5-8。

表5-7　2012—2020年中国对中亚国家直接投资流量统计①

单位：万美元

国家	2012年	2013年	2014年	2015年	2016年	2017年	2018年	2019年	2020年
塔吉克斯坦	23 411	7 233	10 720	21 931	27 241	9 501	38 824	6 961	−26 402
吉尔吉斯斯坦	16 140	20 339	10 783	15 155	15 874	12 370	10 016	21 566	25 246
土库曼斯坦	1 234	−3 243	19 515	−31 457	−2 376	4 672	−3 830	−9 315	21 104
乌兹别克斯坦	−2 679	4 417	18 059	12 789	17 887	−7 575	9 901	−44 583	−3 677
哈萨克斯坦	299 599	81 149	−4 007	−251 027	48 770	207 047	11 835	78 649	−11 529

表5-8　2012—2020年中国对中亚国家直接投资存量统计②

单位：万美元

国家	2012年	2013年	2014年	2015年	2016年	2017年	2018年	2019年	2020年
塔吉克斯坦	47 612	59 941	72 896	90 909	116 703	161 609	194 483	194 608	156 801
吉尔吉斯斯坦	66 219	88 582	98 419	107 059	123 782	129 938	139 308	155 003	176 733
土库曼斯坦	28 777	25 323	44 760	13 304	24 908	34 272	31 193	22 656	33 647
乌兹别克斯坦	14 618	19 782	39 209	88 204	105 771	94 607	368 988	324 621	326 464
哈萨克斯坦	625 139	695 669	754 107	509 546	543 227	756 145	734 108	725 413	586 937

三、承包工程合作

塔吉克斯坦政府欢迎有实力的外国企业参与其国内项目工程建设，随着"一带一路"建设的不断深入推进，进军塔吉克斯坦相关建设市场的中国企业越来越多。2019年，中国企业参与承建的塔吉克斯坦国内项目总额为4.83亿美元，约占塔吉克斯坦国内市场份额的70%；中国企业参与承建的项目主要有7个，承建项目的合同金额总额为3.07亿美元。2020年，中国企业在塔吉克斯坦新签承包工程合同13份，新签合同总额5.09亿美元，完成营业额3.69亿美元。具体见表5-9。

---

①　中国商务部. 2020年度中国对外直接投资统计公报［EB/OL］. http://images.mofcom.gov.cn/hzs/202111/20211112140104651.pdf.

②　中国商务部. 2020年度中国对外直接投资统计公报［EB/OL］. http://images.mofcom.gov.cn/hzs/202111/20211112140104651.pdf.

表 5-9　2018—2021 年中国在塔吉克斯坦承建大型工程项目统计①

序号	中资企业名称	主要大型项目名称	备注
1	中国路桥工程有限责任公司	中塔天然气管道 D 线 1#隧道项目	2020 年 1 月 5 日贯通
		库里亚布-卡拉库姆公路重建项目 F 段	施工中
		援塔吉克斯坦两城市道路修复三期	2021 年 10 月竣工
		塔乌公路新增明洞项目	2020 年初竣工
2	中铁五局（集团）有限公司	中亚道路连接线塔吉克斯坦路段项目	2018 年 6 月底竣工
3	中国重型机械有限公司	塔铝冰晶石和氟化铝工厂项目	已投产
4	新疆特变电工集团	220 千伏艾尼-鲁达基输变电(Lot2)项目	2018 年 3 月投产
		塔政府直辖区电网 500 千伏高压输变电项目	2018 年 11 月投产
5	中国电建集团塔吉克有限公司	格拉芙纳亚水电站技改项目	部分项目已投产
		努列克电站水机设备修复	2021 年 9 月已开工
		杜尚别-库尔干秋别道路修复与改善项目（2 期）	已竣工
6	新疆北新路桥工程有限公司塔吉克分公司	杜尚别-库尔干秋别道路修复项目	2021 年 11 月贯通
7	新疆交通建设集团塔吉克分公司	杜尚别 M41 立交桥项目	施工中
8	中建新疆建工（集团）有限公司塔吉克分公司	库里亚布-卡拉库姆公路重建项目 A 段	2019 年 6 月开工，工期 640 天
		塔吉克斯坦独立与自由公园（二期）项目	2021 年 8 月竣工
9	浙江交工集团股份有限公司与中航国际成套设备有限公司联合体	奥比加姆-诺罗伯德公路 2 标段	
10	湖南路桥建设集团有限责任公司	奥比加姆-塔吉卡马尔段公路建设项目	
11	中建新疆建工有限公司	库尔布克-铁木尔马利克-康古尔特高速公路	2021 年 9 月签约
12	浙江交工集团塔吉克斯坦分公司	奥比加姆-诺罗伯德公路 2 标段升级改造	2021 年 6 月开工

①　中国商务部. 对外投资合作国别（地区）指南：塔吉克斯坦［EB/OL］.
http：//www.mofcom.gov.cn/dl/gbdqzn/upload/tajikesitan.pdf.

中国参与塔吉克斯坦国内大中型基础设施项目建设的企业多为大型中央国有企业或国有企业及大型的民营企业，业务水平、技术标准、建设能力早就得到塔吉克斯坦政府部门和社会各界的广泛认可，未来参与塔吉克斯坦国内基础设施建设的机会将更多。

四、劳务合作

近年来，随着塔吉克斯坦交通、能源、水力等基础设施建设的发展，一大批工业企业相继建成，就业岗位逐渐增多。不但需要国内劳动力，在某些领域还必须引进外籍劳动力。塔吉克斯坦为了保证国内劳动力就业数量最大化，严格控制外籍劳动力入境数量，实施了配额制和申请制。塔吉克斯坦国内的大多数外籍劳动力来自独联体国家，其他外籍劳动力主要来自中国、伊朗等国家。具体见表 5-10。

表 5-10　2013—2019 年在塔吉克斯坦工作的外籍劳动力人数统计①

年份	2013	2014	2015	2016	2017	2018	2019
外国公民总数	6 000	7 668	10 218	11 330	6 645	6 837	7 000
独联体国家公民	302	181	153	178	136	148	690
其他国家公民	5 698	7 487	10 065	10 913	6 509	6 339	610
中国人	3 727	5 086	8 133	9 210	5 486	5 164	4 900
伊朗人	311	586	583	662	403	605	250
阿富汗人	802	840	742	667	140	427	550

中国赴塔吉克斯坦的劳动力主要是跟随工程项目的劳务派出，一般是技术人员、管理人员、技工人员，主要分布在基础设施建设、矿业、农业、建筑领域，其次是赴塔吉克斯坦从事商贸、餐饮、种植的个体经商户。中国派出劳务人员的数量与中国在塔吉克斯坦的各种建设项目的实际需要相符，中国严格遵守塔吉克斯坦劳务配额制度。

五、经贸合作区

中国与塔吉克斯坦的经贸合作区是中国企业在塔吉克斯坦境内投资兴建的

① 中国商务部. 2020 年度中国对外直接投资统计公报 [EB/OL]. http://images. mofcom.gov.cn/hzs/202111/20211112140104651.pdf.

经济与贸易合作园区。当前，中国在塔吉克斯坦兴建的经贸合作区有：中塔工业园区、中泰新丝路塔吉克斯坦农业纺织产业园区、中塔农业合作示范园区、中塔（河南）农业产业科技示范园区等。

（一）中塔工业园区

中塔工业园区由上海海成资源（集团）有限公司、中国国际经济合作投资公司共同投资，于2014年4月开始兴建。园区坐落在塔吉克斯坦北部索格特州的伊斯提克洛尔（距第二大城市苦盏30千米）。中塔工业园区实施"一园多区"发展规划，以铅锌采选产业区为战略基础，以冶炼产业区为战略延伸，以索格特自由经济区为战略依托，逐步发展多个产业区。中塔工业园资源产业（冶炼）区占地面积69万平方米，将以铅锌等有色金属冶炼为主，结合产出的副产品延伸综合加工产业链，涉及冶炼、化工、建材等多个行业。园区分为三个功能区：资源产业区、冶炼产业区和自由贸易区。

（二）中泰新丝路塔吉克斯坦农业纺织产业园区

中泰新丝路塔吉克斯坦农业纺织产业园区由中泰集团成立的新丝路农业投资有限公司、中国农业银行与塔吉克斯坦"索蒙尊4341"生产合作社三方合作，投资13亿人民币在塔吉克斯坦分期兴建的20万亩（1亩≈667平方米，后同）棉花种植、11万锭棉纺、1.5亿米织布项目。产业园区坐落于哈特隆州的丹加拉区的库列孜镇，于2014年12月开工建设。该项目采用世界先进农机设备和环锭纺设备，同时利用塔吉克斯坦产棉优势，努力将园区建成世界一流的棉花产品区。2019年上半年，园区一、二期项目已经建成18万亩棉花种植、2座轧花厂、6万锭精梳紧密纺纱线、9万锭气流纺纱线的生产规模。产品远销亚洲、欧洲。2021年9月，三、四期纺织项目联动、试车、投产成功。

中泰新丝路塔吉克斯坦农业纺织产业园项目用全球领先的技术设备把农业种植与工业生产紧密结合起来，改变了塔吉克斯坦当地棉花种植、采摘、原料加工的方式，培育了棉花新品种，提高了棉花产量及质量，改变了当地纺织业纱线质量，使塔吉克斯坦的棉纺技术和产品闯进了国际高端纱线市场，促进了当地经济与社会发展。

（三）中塔农业合作示范园区

中塔农业合作示范园区由新疆利华棉业股份有限公司出资，在塔吉克斯坦组建金谷农业联合体有限责任公司，其中利华棉业持股70%，塔方持股30%。项目坐落于哈特隆州孔桑区，2013年11月开工建设，2014年建成使用。园区除了种植棉花外，还种植水稻、小麦等粮食作物，已形成从种子研发、农业种植到农产品精深加工的全产业链模式，具备健全的农机、农资服务、交通运输、仓储物流、烘干冷链等配套设施，并联合国内多家企业共同投入境外农业产业园区的建设。目前，园区已经建成一个农产品加工园和三个加工仓储基地，用于棉花的收购、加工及粮食仓储、烘干、加工。目前入区企业已有5家，分别为中泰集团、中泰（丹加拉）新丝路纺织产业有限公司（棉纺织）、中新建国际农业合作有限公司、吉峰农机连锁股份有限公司、塔中农业开发有限公司、新疆农业科学院。公司还与新疆农业科学院、塔吉克斯坦农业大学、技术大学、农科院等国内外多家科研单位签订了科技合作协议，针对农业生产中的新品种、新技术、新产品等，在塔吉克斯坦当地开展了相关的农业技术研究、培训和交流。

（四）中塔（河南）农业产业科技示范园区

中塔（河南）农业产业科技示范园由河南省经研银海公司投资兴建。2012年3月，经研银海公司在塔吉克斯坦哈特隆州亚湾区开始建设农业科技示范园和加工园区。园区占地面积453公顷，经营年限49年。示范园区建设内容主要包括基础设施、农业建设、农业机械设备有机整合。示范园区规划建设以来运营平稳，已形成集农业种植、种业研发、畜牧养殖和农产品加工、出口贸易、仓储、冷链物流为一体的现代产业体系。尤其是农作物种植方面，园区已实现小麦、玉米"一年两熟"，改变了塔吉克斯坦传统的"一年一熟"种植模式，推动当地农业生产技术水平大幅提高。示范园区的建设发展，不仅直接带动了当地就业，培养了大量农技人员，更为农业新技术在当地的推广应用搭建了良好平台。

第三节 "一带一路"建设与中塔人文合作

人文合作是中国与塔吉克斯坦友好合作关系的主要方向之一。早在塔吉克斯坦独立不久，就与中国初步开展人文交流合作。1993年12月27日，《中华人民共和国与塔吉克斯坦共和国文化合作协议》在杜尚别签署，这是首份两国人文合作的法律文件。2005年5月18日，在杜尚别签署了《2005—2009年中华人民共和国文化部与塔吉克斯坦共和国文化部文化交流计划》，这是两国建交以来第一份年度执行计划，内容涵盖推动两国文化团体广泛交流、组织美术和实用装饰艺术展、举办文化日活动以及放映两国艺术片和纪录片等。此后，两国人文交流合作逐步迈入"蜜月期"。2006年9月16日，在杜尚别签署了《中华人民共和国卫生部与塔吉克斯坦共和国卫生部关于卫生与医学领域合作协议》《中华人民共和国国家广播电影电视总局与塔吉克斯坦共和国政府广播电视委员会合作协议》。2012年，双方签署了《中华人民共和国文化部和塔吉克斯坦文化部2012—2014年文化交流计划》。这些文件都是中国与塔吉克斯坦早期开展人文合作的法律基础和依据。

中国与塔吉克斯坦合作共建"一带一路"以来，两国的人文合作持续深入发展。2015年9月2日，在北京签署了政府间合作协议《关于编制中塔合作规划纲要的谅解备忘录》和《中华人民共和国文化部和塔吉克斯坦共和国文化部交流计划》。2017年8月31日，在北京签署了《中华人民共和国和塔吉克斯坦共和国合作规划纲要》和《中华人民共和国科学技术部和塔吉克斯坦共和国科学院关于成立中塔科技合作委员会的谅解备忘录》，上述文件都涉及了两国之间的人文合作。

（一）科学教育合作

中国与塔吉克斯坦签署的一系列人文合作法律文件为双方在科学教育领域合作奠定了坚实的基础。在科学领域内，无论是自然科学还是社会科学，两国都开展了密切合作，签署了几十分文件。2006年6月，在中国新疆乌鲁木齐签署了《中塔科学合作谅解议定书》。2007年8月，在杜尚别签署了《中华人民共和国新疆维吾尔自治区科技厅和塔吉克斯坦共和国科学院合作协定》。2009年6月，在杜尚别签署了《中华人民共和国新疆维吾尔自治区科技厅和塔吉克斯坦共和国科学院关于科学技术和干部培养的协定》。2013年5月，在北京签署了《中国社会科学院和塔吉克斯坦共和国科学院合作谅解议定书》。上述文件为"一带一路"倡议提出后双方科学合作深入发展提供了条件。

2014年9月，在杜尚别签署了《中国科学院与塔吉克斯坦科学院关于共建中国科学院中塔中亚生态与环境研究中心合作备忘录》，双方决定联合开展气候变化、地质学、地球物理学、矿产资源勘察、农业、生物多样性与安全、环境保护等领域的科学研究。2014年11月，在杜尚别签署了《新疆生态与地理研究所文献信息中心与塔吉克斯坦科学院中央科学图书馆合作意向书》，并在此基础上签署了相关合作合同。2017年8月，在北京签署了《中华人民共和国科学技术部和塔吉克斯坦共和国科学院关于成立中塔科技合作委员会的谅解备忘录》。

2016年3月11日，塔吉克斯坦科学院院长访问了中国科学院新疆生态与地理研究所，随后在北京参加了中国—塔吉克斯坦科技合作研讨会，与中国科学院院长进行了会谈，还访问了科技部国际合作司、中国科学院国际合作局、中科院物理所、中科院高能物理研究所、中国社会科学院、中国航空技术进出口公司、中核集团等单位。

2018 年 3 月 29 日，中国—塔吉克斯坦科技合作委员会第一次会议在塔吉克斯坦首都杜尚别举行。双方就进一步深化中、塔科技创新合作交换意见并达成共识，商定进一步密切科技领域人文交流，继续深化两国地区级科技合作发展，推动开展务实项目合作，并在实施具体项目基础上推动建立联合实验室等长效合作平台。

2018 年 4 月 10 日，塔吉克斯坦科学院院长访问中国科学院，双方探讨了为塔吉克斯坦培养核物理领域的人才和在"一带一路"倡议下开展更多合作等议题。

2018 年 11 月，在中国新疆乌鲁木齐签署了《中科院新疆天文台与塔吉克斯坦天体物理研究所合作备忘录》。

2019 年 9 月，中国科学院副秘书长高鸿钧访问塔吉克斯坦，并与塔吉克斯坦科学院院长拉希米进行工作会谈，就加强双边科教合作进行了详细沟通。

2020 年 11 月，中国社会科学院与塔吉克斯坦科学院共同举办"中塔'一带一路'合作：机遇与挑战"视频会议。双方专家学者围绕新冠肺炎疫情对"一带一路"合作的影响、中塔交通运输和贸易便利化、投资与科技合作、产业园建设、共建"一带一路"高质量发展等议题展开深入研讨和交流。

2021 年 12 月 14 日，中国—塔吉克斯坦科技合作委员会第二次会议以视频方式召开。双方就两国科技创新领域政策和最新科技发展规划等交换信息，商定将进一步扩大中塔科技合作，正式启动中塔双边联合项目征集和资助，加强双方青年科学家及科研人员交流，深化在上海合作组织框架内的科技合作。

"一带一路"倡议为中国与塔吉克斯坦在教育领域提供了更多机遇。在双方政治互信不断加强、经贸合作日趋深化背景下，双方在教育领域内的合作如火如荼，成果累累。

2014 年 9 月 13 日，在杜尚别签署了《孔子学院总部和塔吉克斯坦共和国教育和科学中心关于合作建立孔子中心的协定》和《中国石油大学（华东）和塔吉克斯坦冶金学院合作设立塔吉克斯坦冶金学院孔子学院协议》。

2015 年 8 月 20 日，塔吉克斯坦冶金学院孔子学院揭牌仪式在该校举行。

2017 年 3 月 22 日，温州大学与塔吉克斯坦驻华大使达夫拉特佐达·帕一行就教育合作事宜进行洽谈。

2017 年 4 月，塔吉克斯坦国立大学访问考察陕西咸阳职业教育，并签订教育合作框架协议，计划在师资队伍建设、学生联合培养等方面进行合作。

2017 年 8 月，双方签署了《中华人民共和国政府和塔吉克斯坦共和国政府关于开展知识产权合作的议定书》。

2017年10月，塔吉克斯坦教科部第一副部长米尔波波耶夫与西安石油大学校长签署合作谅解备忘录，计划为塔吉克斯坦培养石油采炼人才。

2018年5月，中国上海政法学院与塔吉克斯坦国立民族大学签署了合作备忘录，合作领域涉及学者互访、学生交流、联合研究、共同举办研讨会等内容。

2018年9月14日，中国西北农林科技大学与塔吉克斯坦国立农业大学就丝绸之路农业教育科技创新联盟、选派留学生、青年教师互访交流、举办学生夏令营冬令营、合作共建汉语教育中心，以及联合开展棉花、兽医、农机、农产品贮藏保鲜与加工等方面的研究工作达成了合作意向，双方签署校级合作协议。

2019年4月30日，塔吉克斯坦总统拉赫蒙访问中国社会科学院并发表演讲，希望推动两国科学教育深入交流发展。

2019年11月27日，北京城市学院与塔吉克斯坦共和国驻华大使馆就共建"中国—塔吉克斯坦文化交流中心"签署了共建谅解备忘录，中方要进一步在扩大"一带一路"留学项目在塔吉克斯坦的招生名额、中草药资源开发、传统医学发展、民族舞蹈、特色文化艺术设计等方面，推进与塔吉克斯坦高校、医疗、文化机构等方面的合作，努力把中心打造成为中塔教育、文化、科技交流的重要平台。

2021年9月17日，塔吉克斯坦共和国工业与新技术部、塔中矿业有限公司及兰州资源环境职业技术学院在杜尚别签署了合作共建塔中职业技术培训中心框架协议。根据该协议，培训中心每年为塔吉克斯坦共和国培养地质、测量、采矿、选矿、冶金、电力工程、机械工程、特色餐饮、宝玉石鉴定与加工、首饰设计与工艺等专业的当地高素质技术人才300人以上。

中国和塔吉克斯坦在科学教育领域的合作蒸蒸日上，既是双方政治经济合作的必然结果，也是双方政治经济合作的必然要求，它必然会加强其他领域内的双方合作。随着双方全面战略伙伴关系的发展，中国的科研教育机构与塔吉克斯坦的科研教育机构合作数量、规模、质量会更上一层楼。

（二）文化旅游合作

1993年12月，中国与塔吉克斯坦签署文化合作协议以来，双方文化交流合作日益频繁，合作领域不断拓展。双方的文化合作在很多重要的政府间协议、声明和宣言中都得到了很好的体现，政府部门间的协议具体落实双方的合作领域和项目，同时省一级政府的文化合作日趋兴起。不论合作的层次如何，中国和塔吉克斯坦的文化合作都是双边关系的优先方向之一。"一带一路"倡议提出以来，为保障和规范合作关系，双方签署了多份合作协议，用于调节文化合作关系。

2015 年 9 月，在北京签署了《中华人民共和国文化部和塔吉克斯坦共和国文化部 2015—2018 年文化交流纲要》。

2017 年 8 月，双方签署了《中华人民共和国陕西省和塔吉克斯坦共和国哈特隆州关于确定友好省州关系的协定》和《中华人民共和国山西省太原市和塔吉克斯坦共和国索格特州苦盏市建立友好城市关系意向书》。

2019 年 11 月 17 日，由塔吉克斯坦驻华大使馆和北京城市学院共建的"中国—塔吉克斯坦文化交流中心"揭牌，该交流中心将举办论坛、展览、文艺汇演、推介会等各种活动，并通过信息服务，为两国机构和公民在教育、文化、旅游、科技、医学等领域加强沟通提供便利。

为落实双方各个层面签署的文化合作协议，两国每年都要进行各个层次的文化交流，包括官方的和民间的。双方通过保持经常性接触，推动彼此的文化合作不断发展。双方的文化组织和艺术家们为彼此的文化交流合作做出了很大贡献。尤其是民间文化交流，极大地丰富了两国人民的文化生活，加深了彼此了解，提升了互信互爱。两国的文化交流形式生动多样，例如摄影展、音乐会、舞蹈、文化节、欢乐春节、汉语桥等，都得到了两国人民的赞同和喜爱。

2014 年 2 月 26 日，北京市对外友好协会举办了"历史镜头中的塔吉克斯坦和中国"摄影展。

2014 年 5 月 11~17 日，中国举办了塔吉克斯坦文化节。

2015 年 8 月 6 日，中国爱乐交响乐团在塔吉克斯坦艾尼歌剧院举办了音乐会，得到与会听众的高度赞美。

2016 年 5 月 8~16 日，塔吉克斯坦创作代表团积极参加了丝绸之路国际民俗文化节。

2016 年 6 月 16~17 日，中国残疾人歌舞团在塔吉克斯坦艾尼歌剧院演出。

2016 年 6 月 18 日，中国残疾人歌舞团在塔吉克斯坦的伊拉姆公园进行歌舞表演，这次演出是塔吉克斯坦规模最大和最具欣赏性的文化活动之一。

2016 年 11 月 19~24 日，中国新疆歌舞团积极参加在塔吉克斯坦杜尚别举办的"舞蹈将我们团结起来"为主题的国家舞蹈节，演员们进行了精彩的表演。

2017 年 2 月，中国民族乐团对塔吉克斯坦进行访问，在塔吉克斯坦吉萨尔市艾尼歌剧院进行了颇具民族特色的精彩演出。

2017 年 5 月 22 日，塔吉克斯坦艺术家在北京天桥剧院举办了音乐会，

2 万多北京各界群众聆听了这次音乐会演出。塔吉克斯坦艺术家的精湛表演，向中国听众展示了塔吉克民族艺术的精美和魅力，倾倒了中国听众。

2017 年 9 月，上海合作组织总部在北京举行了"塔吉克斯坦文化日"，本次活动突出展示了塔吉克斯坦音乐、绘画、服饰等多种文化，结合融入中国传统文化演绎，为此次中塔文化交流活动留下浓重一笔。

2018 年 10 月，塔吉克国立大学孔子学院孔子中心办公楼破土动工，成为向世界展示中国的又一个窗口。

2019 年 5 月 17 日，"塔吉克斯坦文化日"开幕式在北京二七剧场举行，塔吉克斯坦的艺术家们在北京、西安等地巡回演出，文化展现形式多样，有民族舞蹈、歌曲、画展等，吸引了众多观众欣赏。

塔吉克斯坦国内旅游资源十分丰富。近几年塔吉克斯坦国内稳定，塔吉克斯坦大力开发各类旅游产品，吸引了世界各地的游客观光旅游。为了提升旅游业的规模和数量，塔吉克斯坦积极发展和完善旅游基础设施，包括和旅游业相关的软硬件建设。2017 年，塔吉克斯坦对新成立的旅游公司实行税收优惠政策；将 2018 年定为"旅游和民间手工艺发展年"；2018 年 4 月，塔吉克斯坦政府宣布对进口旅游设施产品实行免税和减税政策；制定《塔吉克斯坦共和国 2018—2020 年旅游发展规划》等。

2018 年 5 月，上海合作组织成员国首届旅游部部长会议达成《2019—2020 年落实〈上海合作组织成员国旅游合作发展纲要〉联合行动计划》共识，包括加强在国际旅游组织中的协调行动，促进旅游往来便利化，简化签证手续，扩大交通运输往来，促进旅游投资便利化等。塔吉克斯坦旅游发展委员会主席率团参加了此次会议。该计划的顺利实施，不断促进成员国的旅游业发展，对塔吉克斯坦旅游业发展也是一次重大的机遇。

2021 年，塔吉克斯坦跻身世界十大热门旅游目的地之列。

中国与塔吉克斯坦山水相连，具有与塔吉克斯坦共同发展旅游业的地缘优势。中国积极支持和参与塔吉克斯坦的旅游业发展，并已成为世界上前往塔吉克斯坦观光旅游游客最多的国家之一。特别是中国新疆与塔吉克斯坦山水相连，具有独特的地缘优势和人文优势，旅游资源丰富，合作前景广阔。事实上，中国新疆已经与塔吉克斯坦展开实质性旅游合作。

2018 年 5 月 16 日，中国新疆旅游发展委员会与塔吉克斯坦、乌兹别克斯坦、吉尔吉斯斯坦、白罗斯等 4 国的 26 位旅游部门官员进行了座谈，共商丝绸之路经济带沿线国家旅游合作事宜，并就进一步构建丝绸之路经济带沿线国家旅游合作协商机制交换了意见。

第四节　中塔友好合作前景

近年来，在"一带一路"倡议背景下，中国与塔吉克斯坦的经贸人文合作取得了较大进展，推动了塔吉克斯坦经济与社会发展。但是在实际合作过程中，还存在一些不协调的问题，制约着双方经贸人文项目的合作发展。对于制约和困难，只有双方积极面对并协调一致克服，才能促进双方在共建丝绸之路经济带中更好地合作发展，实现发展中的互利共赢，共享合作发展成果，增加两国人民福祉，为世代友好奠定更加坚实的物质和精神基础。

毋庸置疑，中国与塔吉克斯坦在经贸领域具有较强的互补性，双方合作的空间和领域还很宽广。随着两国共建丝绸之路经济带向纵深发展，在建立全面战略伙伴关系的背景下，两国的全方位合作必将顺势进入新的境界。相应地，两国理应围绕以下几个领域持续开展工作，加强交流、增进理解、加深合作。

一、加深两国人文交流合作，增进理解，增强互信

在人文合作中，要持续发挥官方的各层次主导作用，要提供政策供给、搭建合作平台、创造合作机会。除双方国家层面主导合作外，要给予省州一级甚至地市一级官方交流合作的机会，扩大主体范围、增加了解机会，合作方式和合作领域更加灵活多样，充分发挥双方提供的积极向上的人文产品的人文价值和商业价值。要发挥在塔吉克斯坦投资合作的中国大型企业的人文交流作用，中国企业可以凭借自身的经济人文优势，为塔吉克斯坦培养其急需的各类技术型工人，提高在中国企业中工作的塔吉克斯坦各层次工作人员的整体素质。民间交流是中国与塔吉克斯坦人文交流的一个重要方式，民间艺术文化团体发挥自身优势，既可以是纯粹的人文交流合作，还可以商业的形式开展人文交流。

孔子学院是两国人文交流的最佳平台之一。目前，中国在塔吉克斯坦已经建立了两所孔子学院，为双方人文交流做出了很大贡献。在未来的人文合作中，应该继续挖掘孔子学院的人文交流潜力，同时在条件允许的前提下，扩大孔子学院现有的教育、交流、培训功能，让更多的塔吉克斯坦民众有机会利用孔子学院学习中国文化。双方要通过更多的形式让更多的民众了解、喜欢、体验彼此的人文产品，增加感情亲近，助力民心相通，增进互信互助，为中国与塔吉克斯坦共建丝绸之路经济带持续奠定良好的民意基础。

二、创新合作模式，搭建高端合作平台

中国与塔吉克斯坦在经贸和人文领域内的合作模式不断得到创新，有力地拓展了双方经贸和人文合作领域，合作成果不断推陈出新。在建立全面战略伙伴关系的背景下，双方经贸和人文领域合作潜力巨大，合作模式应密切联系双方实际需要和条件持续创新。尤其是在经贸合作方式上，在双方政策法律允许的范围内，小规模的合作可以以点成线、以线成面、循序渐进、积累经验、扩大范围、形成规模的方式开展。在广阔的农业合作领域，中国投资者拥有较为先进的技术和充裕的资金，可以在有限让利的情况下，灵活地以新思路、新方式开展农业生产合作。

创造新颖的合作模式，必须遵循切实可行、实施有效、互惠互利原则。中国应走在前面，当务之急是搭建高端合作平台，建立对应合作领域的高端研究机构，吸纳双方高端人才对塔吉克斯坦的政策、制度、法律、市场甚至习俗等方面进行高质量研究，为政府、科研院所、企业乃至个人提供创造新的合作模式的可行建议，保障中国与塔吉克斯坦以新的模式开展经贸、人文合作，并且行之有效、互利双赢。

三、持续完善双边各领域合作机制，保证机制的有效性

中国与塔吉克斯坦经贸和人文合作将近 30 年，签署了多项合作协议，建立了多领域的合作制度，保障了双方合作成果累累。随着塔吉克斯坦国内经济与社会的发展、全球和区域形势的变化，中国与塔吉克斯坦的经贸和人文合作的机制、制度需要与时俱进。尤其是中国方面应该具有前瞻性，及时找到合作盲区和矛盾萌发点。例如，在矿业合作中，塔吉克斯坦的保护生态政策、法律在某些方面就会与中国的企业行为发生矛盾，这就需要双方协调建立符合实际的新机制和新制度，保证双方合作顺利开展。

中国与塔吉克斯坦国情不同，各领域制度差异很大。在两国经贸和人文交流规模逐渐扩大的情况下，货物、人员、资金等来往十分频繁，繁琐的海关、检验检疫、证件签发等程序不可避免地延误时间。这需要两国及时磋商，简化过关程序，实施便利化制度。

中国在塔吉克斯坦有 400 多家大大小小的企业从事各行业经营活动，中方人员人身和财产安全是一个非常重要的事情。两国应根据各种形势变化，及时做好政府层面的保护制度调整和社会层面的风险预警机制，降低来自各方的风险，保护中国投资合作者的人身与财产安全。

第六章 结束语

2013 年 5 月 20 日，中国与塔吉克斯坦签署《中华人民共和国和塔吉克斯坦共和国关于建立战略伙伴关系的联合宣言》。2014 年，中国与塔吉克斯坦签署《关于共同推进丝绸之路经济带建设的谅解备忘录》，塔吉克斯坦成为最早与中国签署 "一带一路" 合作备忘录的国家。2014 年 9 月 13 日，中国与塔吉克斯坦签署《中华人民共和国和塔吉克斯坦共和国关于进一步发展和深化战略伙伴关系的联合宣言》。2017 年 8 月 31 日，中国与塔吉克斯坦签署《中华人民共和国和塔吉克斯坦共和国关于建立全面战略伙伴关系的联合声明》。2019 年 6 月，中国与塔吉克斯坦签署《中塔关于进一步深化全面战略伙伴关系的联合声明》等。中国和塔吉克斯坦的政治互信与共建 "一带一路" 交织发展、相得益彰。

在贸易方面，经贸合作领域拓宽到前所未有的程度，合作项目涉及塔吉克斯坦经济与社会发展的基础领域，贸易额增幅达 300 多倍。中国已经成为塔吉克斯坦最大的经济合作伙伴，中国的直接投资超过塔吉克斯坦吸引外国直接投资总额的三分之一。两国的经贸合作取得了巨大成功，无论是在工业领域还是在农业领域，合作项目和资金额度年年攀升。两国的经贸合作初步改变了塔吉克斯坦基础设施领域的落后状态，一些工业项目甚至把塔吉克斯坦带到了国际先进水平，一些项目把之前的纯进口国变为了出口国，一些涉及国计民生的项目便利了塔吉克斯坦人民出行等。两国经贸合作给塔吉克斯坦人民带去了实惠，得到了当地人民的认可和赞赏。

在人文方面，科学、教育、文化、旅游合作有序发展，科研院所、教育机构、文化单位、旅游机构等签署了多个协议并逐步落实。科学合作提升了两国共同关注领域内的研究水平；教育合作为更多的塔吉克斯坦适龄教育者提供了学习科学文化知识的机会，提高了塔吉克斯坦国内各类教育机构的教育水平和质量；文化合作形式多样、层次多级，有官方主导的、企业响应的、民间团体推出的等，文化合作内容十分丰富，舞蹈、歌曲、画展、书展等，都得到各方精心组织、细心安排，使参与者体验到双方文化的魅力；旅游合作悄然深化，中国（特别是新疆）与塔吉克斯坦山水相连，具有旅游合作的天然优势。目前中国（特别是新疆）正在积极策划旅游合作事宜，相信未来旅游合作一定会后来居上。

随着中国的"一带一路"倡议与塔吉克斯坦的《国家发展战略》逐步对接，两国关系在全面战略伙伴关系的保障下，双方全面合作进入快车道。塔吉克斯坦基础设施领域亟须更多的投资合作，人文合作领域潜力期待创新合作模式。当前，双方都十分重视发展经济、改善民生，在互利双赢的意愿下，随着两国政治互信不断巩固提高、共建"一带一路"持续推进，双方全方位合作一定会实现。

参考文献

（一）中文参考书目

[1] 张永明，蒲开夫. 塔吉克斯坦共和国经济社会发展研究 [M]. 乌鲁木齐：新疆大学出版社，2014.

[2] 杨波. 塔吉克斯坦国家发展与社会文化研究 [M]. 北京：中国出版集团·世界图书出版公司，2015.

[3] 张真真. 塔吉克斯坦独立后的政治经济发展 [M]. 上海：上海大学出版社，2017.

[4] 祖雪晴，冀蕊，闫谨. "一带一路"国别概览：塔吉克斯坦 [M]. 大连：大连海事大学出版社，2018.

[5] 黄雅婷. 塔吉克斯坦文化教育研究 [M]. 北京：外语教学与研究出版社，2010.

[6] 刘启荟. 列国志：塔吉克斯坦 [M]. 北京：社会科学文献出版社，2006.

[7] 刘启荟. 塔吉克斯坦 [M]. 北京：社会科学文献出版社，2018.

[8] 马慧兰，刘英杰，张巨松. 塔吉克斯坦能源开发利用与农业投资环境调查研究 [M]. 北京：中国农业出版社，2015.

[9] 拉希德·阿利莫夫. 塔吉克斯坦与中国战略合作共同发展 [M]. 北京：民族出版社，2015.

[10] 农业农村部对外经济合作中心. 塔吉克斯坦农业外资政策法律制度研究 [M]. 北京：中国农业大学出版社，2021.

[11]《走进塔吉克斯坦》编委会编. 走进塔吉克斯坦 [M]. 北京：石油工业出版社，2019.

[12] 中国国际贸易促进委员会法律事务部，中国经济信息社. "一带一路"国别法律研究（第三辑）：塔吉克斯坦 [M]. 北京：新华出版社，2018.

［13］《"一带一路"沿线国家法律风险防范指引》系列丛书编委会."一带一路"沿线国家法律风险防范指引：塔吉克斯坦［M］.北京：经济科学出版社，2018.

［14］中国甘肃省社会科学院，塔吉克斯坦总统战略研究中心.中国—塔吉克斯坦友好关系发展史［M］.北京：中国书籍出版社，2019.

［15］薛小荣，张维群，向寿生.中国-中亚国家投资、经济技术合作与政策选择研究［M］.北京：中国经济出版社，2021.

［16］董和平.中亚国家宪法变迁研究［M］.北京：中国社会科学出版社，2020.

［17］高志刚.中国（新疆）与中亚国家的能源与贸易互联互通建设战略研究［M］.北京：经济管理出版社，2019.

［18］王华."一带一路"倡议下中国与中亚国家纺织产能合作研究［M］.北京：中国纺织出版社，2020.

（二）中文硕博论文

［1］李蓉.中塔战略伙伴关系研究［D］.乌鲁木齐：新疆师范大学，2016.

［2］艾明江.塔中双边关系演变与发展研究（1991年至今）［D］.北京：中国石油大学，2019.

［3］阿廖娜.中国与塔吉克斯坦贸易互补性和竞争性研究［D］.沈阳：辽宁大学，2021.

［4］巴哈.塔吉克斯坦与中国经贸合作研究［D］.海口：海南大学，2020.

［5］郝运."一带一路"背景下中国对塔吉克斯坦投资的机遇与挑战研究［D］.武汉：湖北大学，2021.

［6］秦飞虎.中国与塔吉克斯坦农业合作模式研究［D］.杭州：浙江大学，2020.

［7］严晓峰."一带一路"背景下Y企业在塔吉克斯坦发展战略研究［D］.北京：中国石油大学，2019.

［8］莎瑞瓦.中国对塔吉克斯坦的直接投资与出口贸易的关联性研究［D］.南京：东南大学，2019.

［9］QURBONOV SAMANDAR.《塔吉克斯坦国家发展战略2030》与中国丝绸之路经济带倡议对接的可行性研究［D］.济南：山东大学，2020.

［10］李玥莹.塔吉克斯坦对外政策及对外关系研究［D］.兰州：兰州大

学，2020.

　　［11］阿杜.“一带一路”背景下中塔经济增长关联性及其对策研究［D］. 上海：华东师范大学，2020.

　　［12］古再丽努尔·阿卜杜热木. 中亚视野下塔吉克斯坦双重性及其对外政策研究［D］. 上海：华东师范大学，2020.

　　［13］LUTFULLOI DAVLATI. 中国加大对塔吉克斯坦农业领域投资评析（2010—2017）［D］. 长春：吉林大学，2021.

（三）中文网站

　　［1］中华人民共和国商务部网站：http：//www.mofcom.gov.cn/.

　　［2］中华人民共和国外交部网站：https：//www.fmprc.gov.cn/.

　　［3］中华人民共和国国家税务总局网站：http：//www.chinatax.gov.cn/.

　　［4］中华人民共和国国家发展和改革委员会网站：https：//www.ndrc.gov. cn/？code＝&state＝123.

　　［5］中华人民共和国农业农村部网站：http：//www.moa.gov.cn/.

　　［6］中华人民共和国海关总署网站：http：//www.customs.gov.cn/.

　　［7］中华人民共和国驻塔吉克斯坦大使馆网站：http：//tj.china－embassy. gov.cn/chn/.

　　［8］中华人民共和国驻塔吉克斯坦大使馆经济商务处网站，http：//tj.mof-com.gov.cn/article/jmxw.

　　［9］中华人民共和国乌鲁木齐海关网站：http：//urumqi.customs.gov.cn/.

　　［10］中国新疆维吾尔自治区商务厅网站：http：//swt.xinjiang.gov.cn/.

　　［11］中国新疆维吾尔自治区文化和旅游厅网站：http：//wlt.xinjiang.gov.cn/.

　　［12］新丝路观察网：http：//www.siluxgc.com/tjk/.

　　［13］新华丝路网：https：//www.imsilkroad.com/news/p/437978.html.

（四）外文网站

　　［1］塔吉克斯坦总统府网站：http：//president.tj/en.

　　［2］塔吉克斯坦国家财政部网站：http：//minfin.tj/.

　　［3］塔吉克斯坦国家能源水利部网站：https：//www.mewr.tj/.

　　［4］塔吉克斯坦国家海关总署网站：https：//customs.tj/.

　　［5］塔吉克斯坦国家经济发展与贸易部网站：https：//medt.tj/en/.

　　［6］塔吉克斯坦国家外交部网站：https：//www.mfa.tj/en/main.

　　［7］塔吉克斯坦国家工业与新技术部网站：http：//sanoat.tj/.

　　［8］塔吉克斯坦国家劳动、移民就业部网站：http：//www.mehnat.tj/.

［9］塔吉克斯坦国有资产和投资委员会网站：http://www.amcu.gki.tj/.

［10］塔吉克斯坦国家统计署网站：http://www.stat.tj/ru.

［11］塔吉克斯坦国家税收委员会网站：https://www.andoz.tj/.

［12］塔吉克斯坦国家银行网站：https://www.nbt.tj/en/.

［13］塔吉克斯坦国家教育与科学部网站：https://www.maorif.tj/.

［14］塔吉克斯坦国家地矿总局网站：https://gst.tj/int/.

后记

在中塔建交 30 周年之际，笔者敬献此书，为对塔吉克斯坦感兴趣的读者提供较为全面、客观的知识。

笔者早已有撰写这本书的心愿，但受种种原因影响，一直未能全力以赴，写作断断续续，写作进展甚为缓慢。2022 年 3 月结束驻村工作后，笔者终于返回单位，加速撰写这本书的工作被提上日程。经过两个多月的加班加点赶稿，书稿终于撰写完成。

本书由新疆社会科学院中亚研究所策划编写。本书稿能如期完成，得到了新疆社会科学院领导和同事们的关心鼓励与倾心相助。石岚研究员从书稿定题到书稿架构、从筹集出版费用到联系出版单位、从撰写进度计划安排到资料选用，都倾注了大量心血，同时对笔者给予了经常性的督促、鼓励、照顾、关心，对她的无私相助与甘心付出，笔者万分感激！马媛研究员在书稿架构和资料搜集上也给予了很大帮助，在此表示衷心感谢！本书稿超过 50% 以上的资料来自外文资料的翻译，其中大量的俄文资料翻译得益于同事胡红萍副研究员和颉利丽两位老师，她们不分时间随问随答，并且力求精确，让笔者十分感动，在此对两位老师的无私帮助深表感谢！

感谢笔者的夫人王芳老师。在笔者驻村和田的日子里，王芳老师一人在乌鲁木齐持家养子。2022 年 3 月笔者驻村回来，原计划让她好好休息，无奈书稿需集中精力攻坚写作。她无怨无悔，继续负责接送孩子上学和操持所有家务，让笔者无后顾之忧，得以全身心投入，笔者深感愧疚！内心愧疚之余，愈发情意满满；往事铭刻于心，爱意浓浓。

最后还要感谢新疆社会科学院党委、科研外事处在本书出版过程中给予的大力支持与帮助。感谢西南财经大学出版社的编辑老师付出的艰辛劳动，确保了本书的顺利出版。

由于笔者水平有限，书中错漏之处在所难免，恳请读者朋友批评、指正。

王富忠

2022 年 10 月